変貌する時代のなかの歌舞伎

幕末・明治期歌舞伎史

日置貴之
Hioki Takayuki

笠間書院

変貌する時代のなかの歌舞伎——幕末・明治期歌舞伎史　【目次】

はじめに……7

凡例……15

第一章　散切物《ざんぎりもの》と古典……17

第一節　「於岩稲荷験玉櫛《おいわいなりりしょうのたまぐし》」と五代目尾上菊五郎……19
――「四谷怪談」大詰の演出をめぐって――

はじめに……19　一、「於岩稲荷験玉櫛」……20　二、五代目菊五郎の怪談狂言における敵討……25

三、「祭礼の場」のその後……27　おわりに……29

第二節　黙阿弥「東京日新聞《にちにち》」考――鳥越甚内と景清――……34

はじめに……34　一、散切物の定義とその初作……35　二、「東京日新聞」……39

三、甚内と景清……46　おわりに……51

第三節　黙阿弥散切物と古典……55

はじめに……55　一、初期作品における古典的イメージの利用……56　二、西南戦争以降……60

三、筆売り幸兵衛の誕生……66　おわりに……73

第四節　三遊亭円朝「英国孝子之伝《えいこくこうしのでん》」の歌舞伎化……79

はじめに……79　一、円朝「英国孝子之伝」について……80　二、歌舞伎への脚色と従来の評価……82

三、「翻訳西洋話」の内容……84　四、「西洋噺日本写絵」の真の姿……88　五、団十郎の切腹の演技……93

おわりに……96

第二章　戦争劇と災害劇　101

第一節　上野戦争の芝居——黙阿弥・其水の作品を中心に——……103

はじめに……103　一、「狭間軍紀成海録」……104　二、「明治年間東日記」……109

三、「皐月晴上野朝風」……112　四、その他の上野戦争物狂言……117　おわりに……118

第二節　「会津産明治組重《あいづさんめいじのくみじゅう》」考——其水の日清戦争劇にみる黙阿弥の影響——……122

はじめに……122　一、日清戦争劇の上演と「会津産明治組重」……124　二、会津戦争と騙り……131

三、「組重」の意味……134　四、黙阿弥からの継承……137　おわりに……139

第三節　幕末・明治の芝居と災害……144
はじめに……144　一、幕末・明治の芝居と現実の災害……145　二、災害の演出……148
三、災害劇と戦争劇……154　四、戦争劇との共通性――「真に迫る」ということ――……158
おわりに……161

第三章　上方劇壇と「東京」……165

第一節　明治初期大阪劇壇における「東京風」……167
はじめに……167　一、新作狂言の増加……169　二、三栄、河竹能進・勝諺蔵親子と黙阿弥受容……171
三、劇場と興行……177　四、「東京風」から東京への「還流」……180　おわりに……183

第二節　上方における初期の散切物について――「娼妓誠開花夜桜」を中心に――……187
はじめに……187　一、上方における散切物の始まり……188　二、「娼妓誠開花夜桜」……192
三、古典の利用と描かれた東京……198　おわりに……200

第三節　狂言作者佐橋富三郎《さばしとみさぶろう》……204

はじめに……204　一、佐橋富三郎の経歴……204　二、佐橋富三郎の作品……207　おわりに……212

第四節　桜田門外の変の劇化について……216

はじめに……216　一、上方の明治維新物狂言……217　二、黙阿弥による「暗示」……222
三、上方における劇化（一）――旅芝居から中芝居、そして大芝居へ――……226
四、上方における劇化（二）――内容の変遷――……231　五、東京での上演……235　おわりに……240

第五節　明治期大阪の歌舞伎と新聞――続き物脚色狂言の誕生――……245

はじめに……245　一、明治期大阪の新聞と演芸……246　二、新聞続き物の歌舞伎化……250
三、原作との距離……256　おわりに……260

第六節　明治期上方板役者評判記とその周辺……264

はじめに……264　一、明治期の役者評判記……265　二、明治期上方板役者評判記（一）――櫓連系――……268
三、明治期上方板役者評判記（二）――中井恒次郎系――……275　おわりに……278

第七節　東京の中の「上方」――鳥熊芝居以降の春木座について――……282
はじめに……282　一、鳥熊芝居とその影響……283　二、鳥熊以後の春木座……287
三、「大阪風」と「東京風」……292　おわりに……298

附録　東京都立中央図書館加賀文庫蔵『合載袋』――明治期狂言作者の手控え――……303
はじめに……305　書誌……305　翻刻……305　解題……318　おわりに……322

おわりに……325

初出一覧……333
人名索引……左開(1)346
書名・作品名索引……左開(6)341

はじめに

本書の目的

幕末から明治という時代は、日本の歴史において一大転換期であった。そして、歌舞伎という江戸時代に誕生した演劇もまた、この時期に大きな変化を迫られたのであった。この時期の歌舞伎の変容の中から、今日私たちが目にする歌舞伎につながるさまざまな要素が誕生した。

たとえば、現代の観客はほとんどの場合、椅子席に座って歌舞伎の舞台を眺めるが、いうまでもなく観客席に椅子が導入されたのは明治時代の出来事である。いま、「ほとんどの場合、椅子席に座」ると書いたが、近年では「江戸時代の芝居見物」に対する憧憬からか、近代的な劇場にあえて枡席《ますせき》を設けたり、江戸時代の芝居小屋を模すような形の仮設の劇場で歌舞伎を興行することがしばしば見られる。だが、ことさらに「江戸」を強調した感のある平成中村座にしても、その実質は近代的なプロセニアム形式の劇場のプロセニアムの内側に多少の座席を設け（「桜席」と称している）、一階席を枡席にしたに過ぎないのであり、近世の江戸の劇場▼注[1]の形式とは似て非なるものである。これは何も、平成中村座はニセモノである、という批判ではない。今日の役者にとっても観客にとっても、もはや歌舞伎を見る空間とは明治以降に形作られたそれ以外にはあり得ず、そこで演じられる芝居も、そうした空間で近代に形作られてきたものでしかあり得ない（現代の役者で「江戸時代の芝居小屋」で育ち、演技を身につけた人は当然皆無である）、というだけのことである。これはやはり近年目に付く、全国に残る古い芝居小屋での歌舞伎公演にもいえることである。文化財に指定された芝居小屋での公演を行うある現代の人気役者は、その芝居小屋について「本当に江戸時代にタイムスリップしたような小屋ですね」と記者会見で語った。▼注[2] もちろん、彼はこの芝居小屋が明治三十四年に作られたという歴史は知っているであろうし、この発言自体も芝居小屋の周囲の街並みなども含めた空間に対する感想ではある。しかしながら、この言葉には結果的に、役者にしろ、観客にしろ、「江戸」を追い求めながらも、どう頑張ってもそこには戻り得ない——せいぜい明治期の空間で、明治以降に形成された芝居を身につけて育った役者の演技を見るしかない、という今日の歌舞伎の状況が表れているように思われる。これは唯一、明治維新以前から残る芝居小屋である金丸座《かなまるざ》（香川県仲多度郡琴平町）にしても同様であろう。そこで「江戸の芝居」を見ることは叶わない。

「江戸の芝居」を見ることができないとすれば、いま私たちが見ているものは何か。現在上演されている多くの芝居の演出史をたどっていくと、多くの場合、明治期の団菊、九代目市川団十郎と五代目尾上菊五郎に行き着くという説明はしばしばなされる。たしかにそれは事実であり、主に時代物において団十郎が、世話物において菊五郎が初演した演目、練り上げた演出等々が、その後、団十郎の場合は門弟の七代目松本幸四郎や初代中村吉右衛門、幸四郎の子である十一代目団十郎、八代目幸四郎（白鸚《はくおう》）、二代目尾上松緑《おのえしょうろく》らに、菊五郎の場合は子息六代目菊五郎、十七代目中村勘三郎、松緑といった人々に継承され、さらに今日活躍する役者たちに受け継がれている。今日の歌舞伎を支える土台が明治期に作りあげられたことは言うまでもない。

だが、「明治の芝居」にしても、そうした、「江戸時代の芝居」の次に現れて、今日の歌舞伎につながるもの、というような図式でのみ捉えられるものではないのではないか。団十郎、菊五郎が今日の歌舞伎の基礎を築いたことも、彼らの存在が従来の演劇史の中で大きな位置を占めていることもわかるが、では、彼らの演じた芝居は同時代の他の人々のそれと何が違ったのか。あるいは、彼らの演じた芝居でも、今日まで残らなかったものは無数にあるわけで、そういった作品はどういったものであったのか、また、なぜ残らなかったのか。明治期の東京以外の地域、たとえば大阪や京都、あるいはそういった大都市の役者が旅芝居で回ったような地方では、どういった芝居が演じられていたのか。こういった疑問について見ていくと、明治期の歌舞伎が、日本の歴史上屈指の激動の時代にふさわしい、多様な姿を持ったものであることがわかってくる。と同時に、そうした多様性の中から、ある方向への「統一」の機運も現れてくる(それこそが私たちが漠然と思い描く、今日の芝居の礎となった「明治の芝居」である、といえるかもしれない)。本書では、そうした変わりゆく時代のなかの歌舞伎の姿を描き出していきたい。

先行研究

明治期の歌舞伎に関する従来の研究状況を概観しておきたい。明治期の歌舞伎の最初の通史が[注3]、伊原敏郎『明治演劇史』(早稲田大学出版部、昭和八年)であるが、この中で著者は、明治を大きく三期に分け、中期(ほぼ明治十年代に相当)では新富座、後期(二十年代以降に相当)では歌舞伎座と明治座をいわば東京劇壇の中心、正統と位置づけ、それ以外の劇場に関しては「非新富座系」「非両座系」といった言葉で括っている。これは、すなわち団菊および左（初代市川左団次）が本拠とした劇場とそれ以外、ともいえるが、ともかく伊原は東京劇壇の「正統」と「傍流」を峻別した。この区別は伊原が明治三年生まれであることを思えば、ある程度同時代の観客の実感に即したものといえる。しかしながら、ここで形作られた枠組みによって、その後の演劇史が新富座・歌舞伎座の線に偏重したものとなってしまったことは否めない。▼注[4]

結果として、（主に新富座で試みられた）演劇改良運動とそこから新派や新劇といった後続の演劇形式につながっていく流れに関しては、比較的豊富な研究の蓄積が見られる。特に松本伸子『明治前期演劇論史』（演劇出版社、昭和四十九年）、『明治演劇論史』（演劇出版社、昭和五十五年）は右の区分でいう「正統」の歌舞伎の周辺における近代化の動きを、主に当時の演劇をめぐる議論から分析したものである。小櫃万津男による諸論考（『日本新劇理念史　明治前期篇』（白水社、昭和六十三年）、『同　明治中期篇』（未來社、平成十年）、『同　続明治中期篇』（未來社、平成十三年））も明治期の演劇論に焦点をあてたものであるが、本書の関心からすると、小櫃の研究成果ではむしろ、大阪における演劇改良の動きに着目した点が重要である。▼注[5]

また、幕末から明治にかけての最大の狂言作者であり、団菊左《だんきくさ》に多くの作品を提供した河竹黙阿弥についても、すでに多くの論考がある。▼注[6]特に本書で扱う明治期について詳しいものとしては、渡辺保『黙阿弥の明治維新』（新潮社、平成九年）があり、今尾哲也による評伝『河竹黙阿弥』（ミネルヴァ書房、平成二十一年）も明治期のいくつかの作品について注目すべき解釈を示している。

黙阿弥を含めた明治期の作者による、新風俗を取り入れた芝居、いわゆる散切物《ざんぎりもの》に関しては、低い評価を受ける時代が続いた（第一章第二節参照）。これに対して、散切物の評価の見直しを図ったのが、神山彰による『近代演劇の来歴　歌舞伎の「一身二生」』（森話社、平成十八年）所収の諸論考や、右の渡辺『黙阿弥の明治維新』であった。

近代の目から散切物を未熟な形式と見て批判するのではなく、これらの作品が同時代の観客に訴えかけた新鮮な魅力をすくい取る姿勢には、本書も大きく影響を受けている。また、神山は明治期の戦争劇にも光を当てている。

先に触れた「正統」「傍流」の区分でいえば、「傍流」として位置づけられてきた、明治期の上方歌舞伎や小芝居に関しても見ておきたい。伊原の『明治演劇史』や、高谷伸『明治上方演劇史伝　上方篇』(建設社、昭和十九年)、狂言作者という自身の職を生かして多数の直話を引用した尾澤良三『女形今昔譚　明治演劇史考』(筑摩書房、昭和十六年)等は、今日の研究水準からすれば見直すべき点も多々あるものの、貴重な情報を数多く提供している。ただし、明治期の上方歌舞伎に関しては、先述の大阪における演劇改良運動に着目した小櫃万津男のような例はあるものの、近年の研究は少ない。『近代歌舞伎年表』(国立劇場近代歌舞伎年表編纂室編、八木書店、大阪篇昭和六十一～平成六年、京都篇平成七～十七年)という基本資料が備わった今こそ、光を当てられるべき領域であろう。明治期の小芝居については、伊原以後、阿部優蔵『東京の小芝居』(演劇出版社、昭和四十五年)等があり、近年では佐藤かつら『歌舞伎の幕末・明治　小芝居の時代』(ぺりかん社、平成二十二年)等が、一次資料の活用からこの時代の小芝居の実態をより明確にしつつある。

本書では、これら先学による成果を参照しつつ、主に台本や番付等の上演に関わる資料、新聞等の周辺資料を用いながら、考察を進めていきたい。

本書の構成

本書は三章十四節と附録から成る。

まず、第一章「散切物と古典」では、古典演目と、開化風俗を描いた明治期の新作である散切物の明治期東京における上演に注目し、古典演目がこの時期にどのように変容したのか、散切物のなかにどのような形で在来の古典の要素が摂取され、どういった効果を生み出したのかを探る。第一節では、五代目菊五郎が自らの家の芸である「四谷怪談」を明治五年に演じた際の演出に注目する。第二節では、黙阿弥の最初期の散切物「東京日新聞《とうきょうにちにちしんぶん》」を取り上げ、そこに同じ興行の一番目に上演された時代物の登場人物の面影が投影されていることを論じる。第三節では、それ以降の黙阿弥の散切物においてもさまざまな形で古典からの摂取が見られ、その結果として従来ない登場人物の造形が成し遂げられたことを示す。第四節では、西洋の小説を翻案した人情噺をさらに黙阿弥が歌舞伎化した作品を取り上げ、そこに見える革新性や上方での改作上演との相違点等について論じる。

第二章「戦争劇と災害劇」では、初期には団菊らも出演し、明治期の歌舞伎のなかで無視することのできないレパートリーでありながら、今日あまり顧みられることのない戦争劇および災害を描いた作品について見ていく。第一節では、上野戦争を描いた黙阿弥および門弟竹柴其水《たけしばきすい》の作品について考察する。第二節では、其水が日清戦争時に執筆した作品に注目し、其水が黙阿弥から継承した要素や、芝居をとりまく環境の変化等について述べる。第三節では、災害を描いた芝居の変遷を紹介し、災害劇と戦争劇の共通点について論じる。

第三章「上方劇壇と「東京」」では、従来言及されることの少ない明治期の上方劇壇（特に大阪劇壇）に注目する。第一節では、明治初期の大阪劇壇で「東京風」の名の下に行われた諸改革の実態を明らかにする。第二節では、上方初演の散切物を取り上げ、東京の散切物との違いを論じる。第三節では、明治初期に上方で活動し、東京にも移り住んだ狂言作者佐橋富三郎《さばしとみさぶろう》について紹介する。第四節では、桜田門外の変を扱った作品に注目し、明治維新期の事件の劇化に対する態度の東西差を論じる。第五節では、明治期大阪の歌舞伎と新聞の関係について見ていく。第六節では、明治期に上方で出版された役者評判記について紹介し、その出版意図等を考察する。第七節では、東京にありながら「上方的」な要素を多く取り入れた劇場であった春木座について論じる。

附録「東京都立中央図書館加賀文庫蔵『合載袋』――明治期狂言作者の手控え――」は、明治期の狂言作者三代目勝諺蔵《かつげんぞう》が残した手控えの翻刻および解題である。この時期の狂言作者がどのような事柄に関心を持ち、どういったものを狂言の材料にしようとしていたのかが窺える資料である。

以上の考察を通じて、明治期歌舞伎の全貌を、従来より少しでも明確な像を持ったものとすることを目指したい。

【注】

［1］明治初期までの江戸・東京の劇場では、客席に張り出す形で付舞台が設けられるのが普通であった。上方（京坂）の劇場では、近世期から近代のプロセニアム形式に近い形の舞台が用いられた。

［2］兵庫県豊岡市の永楽館で、平成二十二年十一月五日～十日に行われた「永楽館大歌舞伎」の記者発表（同年八月六日）における六代目片岡愛之助の発言。「歌舞伎公式総合サイト　歌舞伎美人」平成二十二年八月十八日付の記事による（平成二十七年七月十日閲覧）。

［3］ただし、『明治演劇史』が扱うのは、明治改元から団十郎、菊五郎が没する明治三十年代後半までである。伊原は『団菊以後』（正続二冊、相模書房、昭和十二年）でこれ以後の時期について記している。

［4］しかし、伊原は『明治演劇史』の中で「傍流」の劇場や役者、狂言作者等についてもかなりの紙数を割いており、そこには今日でも他で得ることのできない貴重な情報が少なからず含まれていることも確かである。このほか、比較的早い時期

の通史としては、秋庭太郎『東都明治演劇史』（中西書房、昭和十二年）がある。

［5］「中村宗十郎の演劇改良とその理念」（『日本演劇学会紀要』第六号、昭和三十八年一月）、「大阪演劇改良会とその周辺」（『日本演劇学会紀要』第八号、昭和四十一年六月）。

［6］黙阿弥に関する研究の状況については、吉田弥生『黙阿弥研究の現在』（雄山閣、平成十八年）が参考となる。また、早稲田大学演劇博物館編『没後百年　河竹黙阿弥――人と作品――』（早稲田大学演劇博物館、平成五年）は黙阿弥研究の基礎文献というべきものである。

【凡例】

・資料の引用にあたっては、以下の通り改変を行った。

　・漢字、変体仮名は通行の字体に改め、合字は通常の仮名に改めた。

　・適宜句読点と濁点を補った。

　・振り仮名は適宜省略した。

・歌舞伎台本からの引用は適宜ひらがなに漢字を宛て、難読箇所等には（　）付きで振り仮名を補った。

・歌舞伎、浄瑠璃の題名は「　」で表記し、初演番付によって読みを確定できる場合には現代仮名遣いによって振り仮名を付した。

・劇場名の前には所在地（都市名）を記した。ただし、江戸および東京の劇場の場合や、文脈上所在地が明らかな場合はこれを略した。

・明治五年十二月の改暦以前の年月日は旧暦により、以後は新暦による。

第一章　散切物《ざんぎりもの》と古典

第一節　「於岩稲荷験玉櫛《おいわいなりしょうのたまぐし》」と五代目尾上菊五郎

―「四谷怪談」大詰の演出をめぐって―

はじめに

五代目尾上菊五郎は九代目市川団十郎と並んで、今日につながる近代歌舞伎の基礎を形作った明治期の名優として知られている。幕末・明治期という近世から近代への移行期に生きた彼らは、江戸時代の名優から多くの芸を受け継ぐと同時に、大きく変化していった社会からの影響と自らの探求心によって、歌舞伎という演劇のあり方やその演技術を革新し、それを後の世代へと伝えた。本節では、五代目菊五郎が「四谷怪談」のお岩・小仏小平《こぼとけこへい》・佐藤与茂七《さとうよもしち》の三役を初めて演じた際の演出に注目して、先人からの継承と新たな創造、時代の動向からの影響といった問題について述べたい。古典歌舞伎の中でも屈指の人気狂言である「四谷怪談」は、文政八年七月、中村座において初演された。初演の外題は「東海道四谷怪談《とうかいどうよつやかいだん》」で、その後様々な外題で再演を繰り返したが、今日では初演通りの外題で上演されることがほとんどである。▼注[1] 初演で夫に騙されて死んだ後に幽霊となる伊右衛門女房お岩と小仏小平、お岩の妹お袖の夫である佐藤与茂七の三役を演じたのは三代目尾上菊五郎であった。三代目の養父初代松助《まつすけ》以来、幽霊役は音羽屋の「家の芸」であったが、「四谷怪談」も三代目から四代目、菊五郎家の親戚に当たる五代目坂東彦三郎、そして五代目菊五郎へと受け継がれていった。近年では五代目のひ孫に当たる十八代目中村勘三郎が現代劇の演出家による新演出も含めたびたび演じたのが記憶に新しく、さらにその下の世代の役者も「四谷怪談」を手掛け始めている。「四谷怪談」伝承の系譜にあっても近世と近代のつなぎ目に位置する五代目菊五郎が初めて演じた「四谷怪談」はどのようなものだったのであろうか。

一、「於岩稲荷験玉櫛」

明治五年七月中村座で五代目菊五郎は、祖父の三代目以来の家の芸である「四谷怪談」を初めて演じた。外題は「於岩稲荷験玉櫛《おいわいなりしょうのたまぐし》」で、佐藤与茂七・お岩・小仏小平の三役が菊五郎、直助権兵衛《なおすけごんべえ》が三代目中村仲蔵《なかぞう》、民谷伊右衛門《たみやいえもん》が四代目中村芝翫《しかん》といった配役であった。この上演の際の台本の所在は現在確認できないが、同興行の番付を参考に場割りを示すと次の通りである。

序幕　浅草寺境内の場
二幕目　藪内灸点屋の場
　　　中田甫闇討の場
三幕目　四谷町屋舗の場
四幕目　隠亡堀怪談の場

五幕目　深川三角邸《やしき》の場
六幕目　豹尾山《へびやま》庵室の場
　　　　若宮社祭礼の場

図1　「於岩稲荷験玉櫛」（明治五年七月中村座）絵本番付
〔早稲田大学演劇博物館ロ 23-17-63〕

右の場名は役割番付記載のものであるが、絵本番付の絵柄から、三幕目は伊右衛門浪宅と隣家である伊藤屋敷、さらに元の浪宅を廻り舞台で見せる、初演時から現行に至るまで変わらない構成となっていたと考えられる。五幕目も同様に、深川三角屋敷、小塩田又之丞の隠れ家、元の三角屋敷を交互に見せたようである。このうち、三角屋敷と小塩田隠れ家の五幕目は近年では上演が稀であるが、▼注[2]基本的には文政八年の初演時、あるいは現行上演の場割と大きく変わるところはない。菊五郎は祖父三代目の「四谷怪談」の舞台を見ておらず、「祖父《じい》さんの型をそのままやっていた四代目菊五郎（梅幸）の型」で演じているとし、初めてこの芝居を上演するに際して「始終祖父さんに付いていて仕掛物の手伝をしておりました小《こ》の蔵」という門弟に「委わしく聞いた」のだという。▼注[3]場割に関しても「祖父さんの型をそのまま」という言葉は肯けるのだが、一点気になるところがある。

それは、役割番付に見える「若宮社祭礼の場」である。この場面を絵本番付で確認すると、(図1)のように祭礼の群衆の前で与茂七（菊五郎）、お花（三代目岩井紫若）が伊右衛門（芝翫）を追い詰めている様子が描かれ、「於岩稲荷祭」「稲荷御祭礼」の文字が見える。すなわち、「於岩稲荷験玉櫛」では、与茂七による伊右衛門に対する敵討という結末は、於岩稲荷の祭礼の中で行われる設定となっているのである。文政八年の初演時には、与茂七の敵討は「蛇山庵室の場」の末尾において、次のように演じられた。▼注[4]

伊右　死霊のたゝりと人殺し、どうで逃れぬ天の網。しかしいつたん逃るゝだけは
　　ト門口へ出かゝる。外より、雪をつぶてに打つ。心得て抜きはなす。この時、合羽、菅笠脱ぎ捨てる、与茂七の菊五郎、伊右衛門とちよつと立ち廻つて、きつと止る
与茂　民谷伊右衛門、こゝ、動くな
伊右　ヤ、我は与茂七、なんで身どもを
与茂　女房お袖が義理ある姉、お岩が敵のその方ゆゑ、この与茂七が助太刀して
伊右　いらざる事を、そこのけ佐藤
与茂　民谷は身どもが
　　ト立ち廻つて、きつとなる。これより、薄ドロ〳〵、心火立ちのぼり、両人、立廻りのうち、伊右衛門を苦しめる思ひ入れ。この時、鼠あまた現はれ、伊右衛門が白刃にまとひ、思はず白刃を取り落す。すかさず、与茂七、伊右衛門に切りつける立廻りよろしく、両人、きつとなつて

伊右　おのれ与茂七

　ト立ちかゝる。ドロ〳〵、心火とゝもに、鼠むらがり、伊右衛門を苦しむる。与茂七、つけ入つて、きつと見得。ドロ〳〵はげしく、雪しきりに降り、この見得にて　幕

この場面が雪中となっているのは、よく知られるように「東海道四谷怪談」初演が「仮名手本忠臣蔵」とともに上演され、この後に「忠臣蔵」十一段目の討ち入りの場面が演じられたためである。再演以降では必ずしも雪降りとは限らず、現行演出では、小塩田又之丞の筋は基本的に省かれ、蛇山庵室の場から舞台を転換して、▼注[5]雪中での伊右衛門と与茂七、お花（登場しない場合もあり）の立ち廻りへと続くことが多い。▼注[6]

図2「東海道四谷怪談」（天保七年七月森田座）絵本番付〔早稲田大学演劇博物館 ロ23-2-179〕

要するに、初演においても、近年の上演でも、この敵討の場面は伊右衛門と与茂七、お花ら筋に絡む主要な登場人物のみが登場する場面となっているのである。それに対して、「於岩稲荷験玉櫛」では大勢の祭礼姿の「取まき」（絵本番付による）の前での敵討が演じ

図3 「東海道四谷怪談」（文久元年七月中村座）絵本番付〔東京大学国文学研究室 TJ22.6-16-4〕

られた。初演と近年の演出には存在しないものの、「四谷怪談」の敵討の場面を祭礼の場としたのは、実はこの時だけではない。初演者の三代目菊五郎の演出を見ていくと、江戸での四演目、天保七年七月森田座の際に大切を「鎮守御祭礼」の場にしていることがわかる（図2）。ただ、この演出は必ずしも定着せず、三代目が最後に演じた弘化元年七月中村座（「昔尾岩怪談《むかしむかしおいわのかいだん》」）では、大切は「忠臣蔵」の義士討入であった。三代目の女婿である四代目菊五郎（四代目梅幸）は嘉永四年に「四谷怪談」を演じたが、やはり祭礼の場を設けてはいない。▼注[7] また、一時江戸で四代目の養子となったものの、離縁されて出身地の上方へ戻った尾上梅幸《おのえばいこう》（現在代数に数えない）も、文久元年八月京都・南側芝居と、初代実川延若《じつかわえんじゃく》と改名した後の慶応二年八月大坂・筑後芝居で「四谷怪談」を演じているが、絵尽や番付の役名等を見ると、やはり祭礼の場面を仕組むことはなかったようである。三代目菊五郎の江戸四演目の次に「四谷怪談」に祭礼の場が盛り込まれたのは、文久元年七月中村座の五代目坂東彦三郎による上演である。絵本番付には伊右衛門（八代目片岡仁左衛門）を取り巻く与茂七（彦三郎）、お花（五代目市川団之助）と「まつりの人足」たちが描かれている（図3）。なお、彦三郎は五代目菊五郎の義兄に当たる。

三代目菊五郎、彦三郎の先例はあったが、「四谷怪談」大詰に祭礼の場を置く演出に関して重要な位置を占めるのは、やはり五代目菊五郎である。五代目は生涯に三度「四谷怪談」を演じているが（初演時が「於岩稲荷験玉櫛」、以降は「形見草四谷怪談《かたみぐさよつやかいだん》」の外題を用いた）、すでに見たように初演時に於岩稲荷の祭礼の場を設け、明治十七年十月市村座、二十九年七月歌舞伎座でも「（若宮）八幡祭の場」を出しており、必ず祭礼の場を上演した。五代目がこの演出にこだわりを持っていたことがよくわかる。

二、五代目菊五郎の怪談狂言における敵討

五代目のこの演出に対する愛着は、他の怪談狂言にも同様の場面を設けたことからも伺える。明治十三年十一月新富座「木間星箱根鹿笛《このまのほしはこねのしかぶえ》」は、士族岩淵九郎兵衛（初代市川左団次）が許嫁のある女おさよ（菊五郎）と駆け落ちするが、貧苦からおさよを女郎に売り、金をだまし取るなどした挙げ句に殺害したことにより、おさよの幽霊に悩まされるという内容の散切物である。九郎兵衛が霊に苦しめられるのを周囲が「神経病」と考える点に新時代の空気が反映しているが、九郎兵衛とおさよが親の許しを受けずに夫婦となること、おさよが遊女となること、九郎兵衛がおさよを騙し、他の女に乗り換えようとすることなどは、いずれも「四谷怪談」の伊右衛門とお岩の関係と類似しており、九郎兵衛がおさよを殺す場面に「其幽霊で名の高い累やお岩を音羽屋が芝居で見せた昔も」という台詞があることから、「四谷怪談」を意識したものであることは明らかである。その大詰の「和倉河岸石置場の場」（絵本番付による）は、錯乱した九郎兵衛が妖刀村正《むらまさ》で馴染みの芸者おきつらを殺害した所へ巡査が駆けつけ、九郎兵衛の弟与七（菊五郎の二役）が兄に代わって罪を引き受ける場面であるが、台本の舞台書きを見ると、「総て和倉川岸通りの体、屋台囃子にて道具留る、とやはり屋台囃子にて、子供大勢揃いの単衣物上ッ張にて、灯入の萬燈を持出て来り、わい〳〵と上手へはひる」とあり、幕切れにも与七が「後へ手を廻すを木の頭。これにて遠見へ、灯入りの萬燈を出」すというような演出が行われた。絵本番付の絵を見ても、主要な登場

▼注[8]　▼注[9]

人物の後ろには祭姿の「若イ者」がぎっしりと描かれている。

明治十六年五月市村座「新皿屋舗月雨暈《しんさらやしきつきのあまがさ》」は、「魚屋宗五郎《さかなやそうごろう》」の通称で今日でも主に「芝片門前魚屋の場」（宗五郎内）と「磯部屋敷玄関の場」「磯部屋敷庭先の場」の三場がたびたび上演される人気狂言である。妾奉公をしている妹お蔦を主君磯部主計之助に殺害された魚屋宗五郎が、これまで断っていた酒に酔った勢いで屋敷に乗り込むお馴染みの場面の前後は、不義の疑いを掛けられて殺害されたお蔦が幽霊となり、自分を讒言した岩上典蔵らの謀叛の企てを忠臣に知らせるという筋と、宗五郎が妹の敵岩上を追い詰める結末から成っており、菊五郎は初演でお蔦と宗五郎の二役を演じた。大詰は「神明祭の場」（絵本番付）となっており、その舞台は、

> 本舞台一面の平舞台、向う裾通り草土手、此後神明の本社を見たる遠見、上手練塀の張物、下手朱塗大門の袖を見たる書割、草土手の間祭の山車、萬燈など沢山行違ふこと、よき所に柳の立木、此道具総灯入にて、総て大門より神明祭礼を見たる体、祇園囃子にて道具納まると矢張右の鳴物にて上手より祭りの人数大勢、揃ひの着附思ひ〳〵のこしらへにて萬燈長提灯などを持出て来り、▼注[10]〔後略〕

というように、芝神明（芝大神宮）の祭礼の光景を写していた。幽霊の登場する怪談狂言の大詰に、賑やかな祭礼の中での立ち廻りを取り合わせる趣向は五代目菊五郎の好むところだったのである。

　右の二作品はいずれも河竹黙阿弥の作であるが、同じ黙阿弥の筆による怪談狂言でも、他の役者が演じたものには、こうした趣向は見出せない。例えば、慶応元年八月守田座の「怪談月笠森《かいだんつきのかさもり》」では、殺されて亡霊となる下女おきつと姉の敵を討つ茶屋娘お仙の姉妹を三代目澤村田之助《さわむらたのすけ》が演じた。お仙が働くのは笠森稲荷の門前の茶屋

であり、舞台にも笠森稲荷の境内が登場するのであるが、お仙が姉の敵を追い詰める大詰は、大道具に「稲荷の宮の後を見せ」るという指定はあるものの、祭礼とは対照的な寂しい風景の「築地浜辺波除の場」に設定されている。▼注[11]

もっとも、「時相が変ったので、「四谷怪談」以外には余り演じられなかった」▼注[12]と評されるように、時代の変化の中で五代目菊五郎の怪談狂言への取り組みは、量的には曾祖父の松助や祖父三代目菊五郎に及ばなかったと言えるし、質的にも、後年の「怪異談《かいだん》牡丹燈籠《ぼたんどうろう》」(明治二十五年七月歌舞伎座)のように幽霊役よりも生きた人間の役に重点が置かれたものへと移行していかなければならなかったと考えられ、祭礼の場の趣向を用いた怪談狂言が「四谷怪談」や「木間星箱根鹿笛」「新皿屋舗月雨暈」に続いて次々と作られるということにはならなかった。

三、「祭礼の場」のその後

五代目菊五郎の好んだ祭礼の趣向は、以後どのような運命を辿ったのであろうか。五代目菊五郎の養子六代目梅幸は明治四十二年の初役以来、お岩の幽霊を当たり役にしたが、大正七年六月帝国劇場での上演(「形見草四谷怪談」)の際に、大詰を竹本・常磐津掛合の舞踊劇仕立てとし、「勢肌祭浴衣《きおいはだまつりのそろいぎ》」の浄瑠璃名題で演じているのを除き、祭礼の場は設けなかった。これは、大正七年の上演を唯一の例外として、梅幸が与茂七を勤めず、敵討の場面に登場することがなかったことによると考えられる。五代目の実子である六代目菊五郎は生涯に一度しか「四谷怪談」を演じず、祭礼の場も取り入れていない。音羽屋の「四谷怪談」の系譜を継ぐ十七代目、十八代目勘三郎も祭礼の場は演じていない。

図4 「四谷怪談」辻番付（大正二年三月開盛座）〔早稲田大学演劇博物館ロ 22-55-100〕

しかし、「本家本元」でこの演出が忘れ去られていった一方で、小芝居や上方ではその命脈が保たれていたらしい。東京下谷の開盛座《かいせいざ》の明治四十四年八月三十一日からの興行、大正二年三月一日からの興行では「四谷怪談」が上演されたが、両興行の辻番付を見ると、前者では祭礼の提灯を背景に睨み合う伊右衛門と与茂七が、後者（図4）ではさらに具体的に「阿岩稲荷御祭礼」と書かれた提灯や神社の風景と神主や講中の人々の姿が描かれている。辻番付は初日以前に出版されるものであり、上演の内容を確実に保証するものではないが、祭礼の場面を描いた絵が複数残ることは、そのような演出が当時伝承されていたためと考えるのが自然であろう。そして、戦後までこの演出にこだわり続けたのが、二代目中村鴈治郎《なかむらがんじろう》である。鴈治郎は昭和二十四年七月新橋演舞場、同八月名古屋・御園座、三十一年七月大阪歌舞伎座の三回の上演で、いずれもお岩・小仏小平・佐藤与茂七の三役を勤め、大詰には「四谷稲荷祭礼の場」を置いた。

また、「四谷怪談」以外の怪談狂言にも祭礼の趣向を取り込んだ五代目菊五郎の試みが応用されたと思われる例もある。先に見たように、「怪談月笠森」初演の大詰は寂しげな場面であり、再演でもそれは踏襲されていたのだが、明治三十年六月明治座における三演目の絵本役割を見ると、大詰に「笠森稲荷祭礼の場」があり、「祭りの若イ者」として八人の役者の名が並んでいる。この改作は黙阿弥の門弟竹柴其水によるもので、早稲田大学演劇博物館に台本も現存している。▼注[13]竹柴進三《たけしばしんぞう》を名乗っていた時代に「木間星箱根鹿笛」「新皿屋舗月雨暈」の合作に加わり、特に「新皿屋舗月雨暈」では大詰の祭礼の場を担当した▼注[14]其水にとって、祭礼の場の追加はごく自然な発想だったであろう。

おわりに

以上、五代目菊五郎が、三代目菊五郎と彦三郎が一度ずつ演じていた「四谷怪談」の祭礼の場という演出を取り入れ、明治期に生まれた新たなジャンルである散切物を含む他の狂言にも応用していったこと、さらに、その趣向が菊五郎の系譜を直接継ぐ役者たちには忘れられたものの、小芝居の役者や上方の役者の演じる「四谷怪談」の中に受け継がれていき、また、従来は異なる演出が行われていた芝居でも祭礼の場面が加えられるなど、広く浸透していったことなどを指摘してきた。最後に考えておきたいのは、明治五年の「於岩稲荷験玉櫛」大詰が、はっきりと絵本番付の絵組に、この場面が「於岩稲荷」であることを明示していることの理由である。「鎮守御祭礼」(絵本番付)とする三代目菊五郎はともかく、彦三郎による上演は役割番付で「若宮八幡祭礼の場」としており、明らかに於岩稲荷を想定してはいない。五代目の場合も二演目と三演目では「八幡祭」という記載が見え、祭礼の場での敵討という演出には拘るものの、それが於岩稲荷の祭である必要は感じていないようである。また、初演時も、最初に紹介したように、役割番付では「若宮社祭礼の場」と記されているのである。このようにさしたる内容上の必然性もなく於岩稲荷の名が持ち出されているのはなぜであろうか。

あくまでも推測の域を出ないが、この背景には明治五年という時期の歌舞伎を取り巻く雰囲気があるのではないだろうか。「於岩稲荷験玉櫛」上演の三ヶ月前には次のような出来事があった。

〔前略〕五年四月五日、守田勘弥、作者の河竹新七（のち黙阿弥）と桜田治助、この三人が第一大区の区役所で、狂言綺語を廃して実録にのっとるようにと説諭された。そのとき例示された話は、織田信長や羽柴秀吉の名前を小田春永や真柴久吉と変えているが、これらは歴史を誤る原因にもなる、今後は「都《すべ》て事実に反すべからず」というのである。このように伝える七日付の「東京日日新聞」は、「劇場は一種の小学校」であるから、役者は観客を教え導く「教官」であり、芝居は婦人や子供たちに「歴史を読《よま》しむるに等し」いものだと解説を加えた。▼注[15]

今岡謙太郎によれば「こうした情勢に敏感に反応したのか、東京の劇界では明治五年を境に実名あるいはそれに準ずる人物を作中に配する作品が出るようになってくる」といい、「東京府の呼び出しに先んずる五年一月中村座上演「梅妃娣浪花扇記」は早くも去名田《さなだ》左衛門幸村、三浦長門守重成、淀の方といった役名を使用している」。▼注[16]於岩稲荷という特定の神社名が絵本番付に記されたのも、あるいはこうした風潮を受けてのことだったのではないだろうか。明治五年頃に始まる実名使用の試みであるが、実名が用いられこそすれ、そこで描かれる人物はいまだ後世の史劇の登場人物とは異なり、江戸時代以来の類型的な人物であり、名前とその内実は一致していなかった。同様に、「於岩稲荷験玉櫛」では絵本番付に於岩稲荷という具体的な固有名詞を記しはしたものの、そこに内容上の必然性はなかったのであろう。

　五代目菊五郎による明治五年の「四谷怪談」上演に注目し、その演出について述べてきた。これによって、明治初年の変わりゆく世にあって、これ以前から伝承されてきた歌舞伎の古典演目がどのような変化を遂げたのか、また、ここで生じた変化がその後どのように受け継がれていったのかの一端を示した。

付け加えれば、賑やかで明るい祭礼の場を好んで狂言に取り入れたところからは、これも幽霊同様に祖父三代目譲りである、お祭り佐七のようなすっきりとして粋な男を得意とした五代目菊五郎らしさが感じられる。「四谷怪談」の近年の上演では大詰に祭礼の場を置く演出は取られないことはすでに述べたが、美しい姿のお岩と伊右衛門の逢瀬が描かれるいわゆる夢の場も同じく上演されることが少なくなっている。▼注[17] 暗い場面の続く「四谷怪談」にこうした華やかな場面を盛り込むことは観客の気分を換える意味でも重要であるが、夢の場は、必ずしもすべてのお岩役者の芸質に適した場面とは言えない。五代目菊五郎が普及させ、二代目鴈治郎まで続いて来た祭礼の場の演出はその点で、今日でも十分注目に価するものではないだろうか。

【注】

［1］ただし、上方系の役者が主演する場合は初演の翌年に大坂で上演された際の外題「いろは仮名四谷怪談」を用いることがある。

［2］串田和美の演出によるコクーン歌舞伎「東海道四谷怪談」（平成八年三月シアターコクーン）、三代目市川猿之助（二代目猿翁）一門による「四谷怪談忠臣蔵」（直近では平成二十二年四月新橋演舞場、六月名古屋・中日劇場）での上演はあるものの、古典演出の「東海道四谷怪談」で三角屋敷の場が上演されたのは、平成二十七年八月現在、昭和五十四年九月歌舞伎座が最後である（十七代目市村羽左衛門の直助、八代目中村福助（四代目中村梅玉）の与茂七、七代目中村芝翫のお袖）。また、戦後は三角屋敷が上演される場合も小塩田隠れ家は省略されるのが普通であり、「四谷怪談忠臣蔵」以外では、平成二十七年十二月国立劇場が戦後初の上演である。

［3］『尾上菊五郎自伝』時事新報社、明治三十七年。引用は『五代尾上菊五郎　尾上菊五郎自伝　人間の記録42』日本図書センター、平成九年による。同書三十九頁。

［4］郡司正勝校注『新潮日本古典集成　東海道四谷怪談』新潮社、昭和五十六年、三九五〜六頁。同書の底本は早稲田大学演劇博物館所蔵の鈴木白藤旧蔵本で、初日序幕を除き文政八年に書写されたものであることが明記されている。

［5］筋書等には単に「仇討の場」と記される。具体的には庵室の外や裏手に設定されている。

［6］近年の上演では蛇山庵室の季節は冬ではない場合が多く、続く敵討の場面の雪降りの景色との間に齟齬を来している。ただし、串田和美演出のコクーン歌舞伎「東海道四谷怪談」では蛇山庵室も初演演出通りの雪降りとした。また、立ち廻りの場面を雪中としない例もある。

［7］四代目は与茂七は演じず、お岩・小平・お袖の三役を勤めており、絵本番付を見る限り敵討の場面には登場していない。

［8］『黙阿弥全集』第十五巻、春陽堂、大正十四年、八一三頁。

［9］注8前掲書。

［10］『黙阿弥全集』第十七巻、大正十四年、春陽堂、五六三頁。

［11］引用、場名は『黙阿弥全集』第八巻（大正十四年、春陽堂）による。

［12］渥美清太郎「怪談物」『演劇百科大事典』平凡社、昭和三十五〜七年。

［13］請求記号ハ―20―8。

［14］初演台本からの転写本と考えられる演劇博物館所蔵の台本（イ―248）の裏表紙の署名による。早稲田大学坪内博士記念博物館編『没後百年　河竹黙阿弥――人と作品――』（早稲田大学坪内博士記念博物館、平成五年）を参照。

［15］倉田喜弘校注『日本近代思想大系18　芸能』岩波書店、昭和六十三年、三九三頁。

［16］「瀬川如皐「近世開港魁」を巡って」『歌舞伎　研究と批評』第四十六号、平成二十三年五月。

［17］明治五年七月の上演で夢の場が演じられたか否かは、番付からは判断しがたい。ただし、菊五郎のお岩の霊、芝翫の伊右衛門を描いた歌川国政（三代目国貞）画の錦絵（図5、架蔵、小判二枚）は夢の場を題材としたものである。改印がなく

出版時期は不明だが、少なくとも夢の場上演の計画はあったものと思われる。

図5　国政画「おいわの霊　尾上菊五郎」「田宮伊エ衛門　中村芝翫」（架蔵）

第二節　默阿弥「東京日《にちにち》新聞」考

——鳥越甚内と景清——

はじめに

明治期に誕生した歌舞伎狂言の一ジャンルに散切物がある。その名の通り、散切頭の人物が登場するなど、明治の新風俗が描かれた作品群であり、九代目市川団十郎が試みた考証に基づく歴史劇、いわゆる活歴と並んで、明治期の歌舞伎の新潮流として知られている。本節では、幕末・明治期を代表する狂言作者であるとともに、最大の散切物作者でもある河竹默阿弥の最初期の散切物「東京日新聞《とうきょうにちにちしんぶん》」、特にその主人公である鳥越甚内の描かれ方に注目したい。先行研究では甚内は新時代の到来によって、旧弊な態度を捨てて時代に適合していかねばならないことを悟ったとする解釈がなされている。しかし、默阿弥は甚内という人物を、平家の遺臣悪七兵衛景清のイメージに重ね合わせる形で造形したと考えられるのであり、それを踏まえて本作を見直すと、先行研究における読みもおのずと修正を迫られるように思う。

一、散切物の定義とその初作

まずは前提として、散切物というジャンルがどのように定義されているのかを確認しておく。左の『演劇百科大事典』（平凡社、昭和三十五年）の「散切物」の項（山本二郎執筆）は、執筆年代からいってやむを得ないことであるが、近代的な演劇観、戯曲観に基づいて散切物に否定的評価を下している。後述するように、近年ではこのような散切物に対する見方は神山彰を始めとする人々によって批判されている。だが、上方の作品にまで触れた網羅性という点でも、また否定的評価を下しつつもその「文化史的」な「興味深」さには一定の評価を与えている点なども評価すべきであろう（以下、引用文中の番号・傍線は全て引用者による）。

歌舞伎世話狂言の一種で、散切狂言ともいう。①明治初年の新風俗を題材とした世相劇・風俗劇で、ちょんまげを切り落とした散切頭の人物が活躍するので、この名称が生れた。明治維新以後西洋の近代文化が続々輸入され、民衆は文明開化に酔ったが、こうした社会的風潮を反映して、散切頭に洋服を着た人物が登場し、銀行・ステーション・新聞・電信といったような目新しい風俗が舞台にくりひろげられる新世話物がしきりに上演されるようになった。

②その端緒は関西において開かれた。当時、熱狂的に読まれていた中村敬宇訳の『西国立志編』を、歌舞伎作者の佐橋富三郎が脚色した「鞋補童教学《くつなおしわらべのおしえ》」「其粉色陶器交易《そのいろどりとうきのこうえき》」がそれで、明治五年（一八七二）一一月京都の南側芝居と北側芝居で競演され人気を集めた。東京では新輸入の写真術や曲馬団を取り入れた舞踊劇はそれ以前にもあったが、本格的な散切物の初演は翌六年一一月守田座に、河竹黙阿弥が、そのころ創刊され

た『東京日日新聞』の雑報記事に取材した「東京日新聞」〔鳥越甚内〕である〔中略〕。③彼の散切物には、進歩的な興行者守田勘弥の意図が推進力となっていたことはいうまでもないが、またそれを主演した五世尾上菊五郎の熱意も無視できない。菊五郎の本領は旧世話物にあったが、九世市川団十郎の活歴に対抗する意味もあって散切物に力を入れた。新作のほか旧世話物を明治の風俗に直し、散切物として上演したこともあった。なお黙阿弥のほか、その門下の三世河竹新七・竹柴其水らも散切物を書いているが、とくにすぐれた作はみられない。〔中略〕

散切物は明治の新時代の風俗・用語などを取り入れているが、その作劇法や演出法は旧来の歌舞伎と少しも変わっていない。〔中略〕散切物は活歴劇とともに明治期の歌舞伎における注目すべき動きであったが、活歴劇が後世へ影響を与えたのにくらべると、新派劇発生までの過渡的な役割を果したにすぎない。しかし、当時の新旧文化の混交した時代風俗を如実に描出している点では、文化史的に、きわめて興味深いものをもっている。

右に述べられたような理解は、『新訂増補歌舞伎事典』〔平凡社、平成十二年〕等後続の事典類においてもほぼ踏襲されている。ここに見える「散切物は明治の新時代の風俗・用語などを取り入れているが、その作劇法や演出法は旧来の歌舞伎と少しも変わっていない」というような散切物への評価は、広く共有されてきたといえる。こうした見解を神山彰は次のように批判する。

「散切物」には、お定まりの公式見解的な批判が用意されている。曰く、旧来の劇作術を出なかった、曰く、旧劇の作者の限界があった、曰く、新風俗を写したにすぎず人間が描けていない等々。だが、まさに、過去の作品に「限界」を設定してそれを超克する「新しさ」や「可能性」を追求し、「普遍性」を探り、「人間を描く」のが価値であることを無意識の内に前提とする語彙で語られる、それらの公式見解こそ批判されるべきであろう。▼注[1]

その神山は、『最新　歌舞伎大事典』（柏書房、平成二十四年）において、次のように散切物を説明する。

①明治期の風俗を題材に、時代の精神や流行を活写した作品群をいう。「散切」は、ちょん髷を切った洋風の髪型。初期の若衆歌舞伎への制約から、現代の学校規則に至るまで、髪型は社会秩序との距離感やそこへの従属、所属社会への違和感を表現するが、演劇のジャンルとして髪型が命名されるのは珍しい。②明治五年（一八七二）十一月に京都で、当時のベストセラー中村正直訳『西国立志編』の一部を、佐橋富三郎が脚色した『鞋補童教学』と『其粉色陶器交易』が最初とされ、東京でも翌年十一月に河竹黙阿弥作『東京日新聞』を上演。③五代目尾上菊五郎の芸風に合い、時代を実感させる佳品を残す。『人間万事金世中《にんげんばんじかねのよのなか》』『島鵆月白浪《しまちどりつきのしらなみ》』『水天宮利生深川《すいてんぐうめぐみのふかがわ》』『霜夜鐘十字辻筮《しもよのかねじゅうじのつじうら》』などが代表作。皮相で旧来の手法を出ないという批判が常套だが、言文一致や知覚の変質、出世や故郷の価値観等の変貌等、近代の表現様式を考える上で重要なジャンルである。散切の風俗舞踊もこの一面で興味深く、また、昭和期にも長谷川伸や大佛次郎が新散切物ともいうべき名品を残している。

こうして見てくると、それまでの散切物評価を覆した神山をも含め、散切物は次のように認識されていることがわかる（番号は各引用文中の該当する記述の番号と対応している）。

①散切物は明治初期の新風俗を題材とする狂言である。

②明治五年十一月の「鞋補童教学」と「其粉色陶器交易」が散切物の初作で、東京では六年十一月の「東京日新聞」に始まる。

③散切物は五代目尾上菊五郎の芸風に合い、本人も上演に熱心であった。

ここで気になるのは、まず②の散切物の初作についてである。明治五年十一月に京都・四条北側の芝居、南側の芝居で競演された、『西国立志編』を原作とする二作品「鞋補童教学」「其粉色陶器交易」は、それぞれ明確に「英国」「法蘭西」（フランス）が舞台であることが示されており、登場人物も西洋人である。『西国立志編』は明治期の大ベストセラーであり、その劇化であるという点で、両作品が新時代の雰囲気を反映したものであることは確かであるが、これを「散切」物といってよいのかは、やや疑問である（ヨーロッパが舞台であれば、登場人物が洋風の髪型をしているのは当たり前である）。また、『演劇百科大事典』が記すように「旧世話物を明治の風俗に直し、散切物として上演」する場合も含むのであれば、五年十月に守田座《もりたざ》で上演された「月宴升毬栗《つきのえんますのいがぐり》」（通称「散切りお富」、三代目瀬川如皐《せがわじょこう》作「与話情浮名横櫛《よわなさけうきなのよこぐし》」を書き換えたもの）を散切物の嚆矢としてもよいのではないだろうか。▼注［2］

筆者の関心は、散切物というジャンルをより厳密に定義し、「真の散切物の初作」を認定することにはない。しかし、明治五年十月の「月宴升毬栗」、十一月の『西国立志編』による二作品、六年十一月の「東京日新聞」

のすべてが明治初年の世相をそれぞれの形で反映しており、いずれもが興味深いものであるとしても、中でも「東京日新聞」こそが散切物、ひいては明治期の歌舞伎にとって、一つの画期をなす作品であることは間違いない。それは本作が、異国を舞台にしたもの（「鞋補童教学」「其粉色陶器交易」）でもなく、在来の狂言を明治の新風俗を取り入れて書き換えたもの（「月宴升毬栗」）でもない、「純然たる」とでもいうべき散切物であり、新聞というまさに明治の新風俗が筋に大きく関わるものであり、最大の散切物作者である黙阿弥の作品であるということによる。しかしながら、そのような演劇史的な重要性に反して、本作がどのように明治初期の世相を描いているか、また、後に続く散切物諸作にどのように影響を与えたのかといった問題は、先行研究においても十分に解明されているとはいえない。よって、以下では黙阿弥が「東京日新聞」においてどのように明治六年という時代を描き出しているのかを考察していく。

二、「東京日新聞」

すでに見た通り、「東京日新聞」は明治六年十一月三日初日、守田座の興行の二番目として初演された。三幕から成り、その梗概は以下の通りである。▼注[3]

【序幕　両国広小路の場・本所一ッ目橋の場】

没落し、支払いを要求する居酒屋を刀で脅すなどしている士族の鳥越甚内（五代目坂東彦三郎）に、元は鳥越の屋敷にいた車夫長次（初代市川左団次）が諫言をする。一方、秩父屋半左衛門（三代目中村翫雀）は川に飛び込もうとする船岡門三郎（二代目澤村訥升）と浅茅（二代目坂東秀調）を助ける。門三郎は浅茅の父石浜右膳の槍術の門弟であったが、浅茅に縁談が持ち上がったことから、心中を図ったのであった。半左衛門は二人に七十円の金を与えて別れた後、酔った甚内に斬り殺される。半左衛門の息子半次郎は父の死骸を発見し、七十円の金が無くなっていることに気付く。

【中幕　大磯棒鼻の場・箱根湯元福住の場・同湯場道一本杉の場】

静岡の親類の元へ向かった門三郎と浅茅は、長次の人力車に紙入れを忘れるが、正直者の長次はすぐに二人の元へ引き返してこれを届ける。門三郎は礼として長次に十円札を渡す。半次郎と下男の徳助は長次の俥に乗り、門三郎の渡した十円札を目にする。すると、この札の番号は殺害された半左衛門の所持していたものと一致した。箱根の旅籠屋で浅茅の父の門人たちが門三郎を捕らえるところへ、半次郎、長次らも踏み込む。事情を説明する門三郎の口から石浜右膳の名を聞いた長次は、それは甚内の師ではないかと尋ねる。甚内と門三郎は同門の仲であった。半次郎が門三郎に勝負を挑むところへ、見回りの役人が現れ、敵討ちは禁制となったことを告げ、門三郎を連行する。

【大切　祇園社境内の場・木屋町浪宅の場・鎌倉問注所の場・神戸波戸場の場】

京都にいる甚内は、隣家の主人が持参した『東京日日新聞』の記事で、門三郎が殺人の容疑で捕縛されたことを知り、東京から遠く離れた地でも多くの情報を速やかに得られる新聞の効用を実感し、己の頑迷を悔いる。ここへ長次が訪れ、甚内の母の病を知らせる。長次と話すうち、門三郎が自分の犯した殺人の嫌疑を掛けられていることを知った甚内は、急いで自首をしようとする。

鎌倉の問注所において、結城朝光（翫雀）が門三郎と浅茅の裁きを行う。仕置きを願う徳助に朝光は、京都の甚内から電信による自訴があったことを告げる。そこへ甚内が駆けつけるが、徳助の証言により、かつて甚内の父甚左衛門が半左衛門によって誤って殺害されていたことが判明する。朝光は、甚内の殺人がいわば親の敵討ちであったことを頼朝公に伝えた上で、判断を仰ぐことを告げる。

問注所での裁きは、蒸気船で東京へ向かおうと神戸の港までやってきた甚内の夢であった。甚内はこれが正夢であれば、半左衛門は父の敵であったかもしれないと喜ぶ。長次が船の出発を知らせ、甚内は刀を売り払って乗船の代金にしようとする。

『東京日日新聞』が筋の展開に大きな役割を果たし、狂言の題もそのまま「東京日新聞」（狂言の名題の字数は奇数にするという慣習から「日」一字で「にちにち」と読ませた）としたのには、「作者河竹新七の友人條野伝平、落合芳幾など孰れも同社に在つて執筆なし居りし故、新聞のため、芝居のため、所謂広告的に演じたるものならん」▼注[4]と『続続歌舞伎年代記』が記す通り、黙阿弥と交友関係のあった山々亭有人こと條野伝平（採菊）、落合芳幾（幾次郎）らが編集を行っていた『東京日日新聞』の宣伝の意味があった。同紙は前年二月に創刊された東京で最初の日刊紙である。伊原敏郎は「「東京日々《ママ》新聞」の記事からヒントを得て、彦三郎のために脚色したのである」▼注[5]と述べているが、

一方この芝居には現実の雑報記事は仕組まれていないとされてきた。主要な筋に関連づけられる新聞記事は現在発見できていないが、市川左団次が演じた人力車夫正直長次が客の忘れ物を着服せず届けるくだりには、典拠となり得る雑報記事が存在する。「車夫の実直」という題で、新潟から東京に来たある商人が人力

車に紙入れを置き忘れたのを、車夫が届けたというものである（六年九月十五日付『東京日新聞』）。[注6]

と佐藤かつらが指摘する通り、人力車夫が忘れ物を届けるという点は新聞記事を利用しているものの、[注7] 主な筋は黙阿弥の独創であるらしい。

伊原は本作を「しきりに新時代のものをつかつて居るだけで、内容はやはり昔の世話物である」[注8] と断じた。こうした評価は、先に見てきた散切物一般に対する否定的な言説とも一致するのであるが、これに対して異議を唱えたのが渡辺保である。渡辺は『黙阿弥の明治維新』（新潮社、平成九年）において、次のように「東京日新聞」を評価する。

興行成績はともかく果して伊原敏郎のいうように「昔の世話物」なのだろうか。私にはそうは思えない。少くとも三つの点で「東京日新聞」には「昔の世話物」とは違う思想的な意味がふくまれていると思うからである。

第一、ここには急激な文明の流入に翻弄され、抵抗し、挫折し、結局は流されていく人間の心情が赤裸々に描かれている。（二〇七頁）

その（日置注、甚内の新時代に対する）態度は頑強な開化の否定であった。廃刀令が出ても丁髷を結いつづける。四民平等といわれても町人商家を刀の力で威嚇する。（同）

ここで注意したいのは、甚内の心情がおそらく旧時代を生きてきた一般民衆にとっての実感だったろうということである。日々の生活は思想で動くわけではない。便利さによる。そこにどんな頑迷な保守主義者にもさけることができない新時代の波があり、その便利さが思想をも転換させざるをえなかったところに意味がある。

甚内の改悛は、一般大衆のものであると同時に黙阿弥自身のものでもあった。いくら黙阿弥が新しい時代への期待をもっていたとしても、そんな期待を吹きとばす強さで、日常の変革がおこった。その時の黙阿弥のほろ苦い心情が、この鳥越甚内の反省のなかにこめられているような気が私にはする。（二〇八〜九頁）

「廃刀令」とあるが、明治六年の段階では「散髪、脱刀勝手たるべし」（旧武士階級の人間も外出時に刀を持たなくても構わない）とされていたのみで、いわゆる「廃刀令」（刀の携帯を禁止する）はこれより後、明治九年三月二十八日の太政官布告である[注9]。それはともかく、渡辺は、散髪脱刀令が出ても「丁髷を結いつづける。四民平等といわれても町人商家を刀の力で威嚇する」など、頑強に開化を否定していた甚内も、新時代の器物の「便利さ」ゆえに「改悛」したことに注目し、本作が「急激な文明の流入に翻弄され、抵抗し、挫折し、結局は流されていく人間の心情が赤裸々に描かれている」とする。このような主人公の心情の変化を作者たる黙阿弥の状況と重ね合わせる見方については、ここで当否を論ずることができないが、「東京日新聞」の評価に関して渡辺の主張が重要であることは間違いない。

一方、もう一つの主要な先行研究である今尾哲也の論において注目すべきは、「東京日新聞」と同じ興行の一番目狂言「音駒山《おとこやま》守護源氏《もりたてげんじ》」の間に関係を見出す姿勢である。

巨大な木造の大仏殿に替って、「眼視ノ力」が選び取ったものは、煉瓦と石の近代建築、それも、電信という、近代が生み出した文明の利器を介して、社会に新しい人間関係をもたらす役所「電信局」の一大建造物であった。挽歌をもって葬られた武家社会のあとに、文明開化のもたらした巨大なモノが、観客の眼前に聳え立ち、新時代の出現を誇示したのである。▼注[10]

これは、「音駒山守護源氏」の大詰が東大寺大仏殿における大仏供養の場面であり、続く二番目「東京日新聞」の幕開きには「真中に煉瓦石造り、硝子窓のある電信局」と装置の指定があることを指している。「音駒山守護源氏」は通称「大仏供養」、『平家物語』『源平盛衰記』により、平維盛の子六代御前と、一門亡き後も単身源氏に抵抗を続けた悪七兵衛景清の逸話を脚色した狂言である。木造の大仏殿から煉瓦造りの電信局への転換を目にした観客は、明治の新風俗を強く意識したことであろう。この点を指摘したことは今尾の慧眼であった。そして今尾は、このような「新時代の出現」のただ中における甚内の「人間の変革」に注目する。

挽歌をもって追悼された武家社会のあとに、どのような新しい時代が出現するのか。新しい社会に、どのような期待を寄せることができるのか。

この問にたいする回答は、「究理の詳法を発明なして進んだ開化」にほかならない。それは、甚内の改心によって象徴される。甚内の改心は、武家社会の文化の完全な消滅と、新時代の文化の誕生とを意味する。要するに、「究理の詳法を発明なして進んだ開化」を否定するもの＝旧時代の武士の人生観、あるいは倫理観が、「究理の詳法を発明なして進んだ開化」の恩恵に浴するようになる経緯、換言すれば、新旧の時代に生きる「人間の変革」が、この後半部（日置注、二番目狂言「東京日新聞」を指す）のドラマの内容ともいえるだろう。▼注[11]

「改悛」「人間の変革」と表現こそ異なれ、甚内が新しい時代を受け入れる過程に本作のドラマの核心を見出す点は渡辺、今尾とも共通する。しかし、この甚内の「改悛」「人間の変革」に注目する立場からすれば、当然留意すべき点を渡辺、今尾の両人は無視してしまっている。それは、甚内の自訴によって門三郎が救われる重要な場面が「鎌倉問注所」に設定されているということである。この場面は甚内の見た夢ということになっており、劇中の現実における門三郎の裁判は描かれない。この奇妙な設定に関して、渡辺は「東京の裁判所では門三郎の裁判が進行している」▼注[12]とし、また今尾は劇中に裁きの場面があることに触れていない。しかし、この設定は「東京日新聞」という作品を考える上で重要な意味を持つのではないか。

日本で司法機関としての裁判所が設置されたのは、明治四年十二月の東京裁判所が最初であり、その後翌明治五年八月に定められた司法職務定制によって司法臨時裁判所・司法裁判所・出張裁判所・府県裁判所・区裁判所の五種類の裁判所が全国に整備されることとなった。▼注[13]こうした裁判所や、初期の刑事裁判に関する情報は新聞の紙面にも登場しており、狂言作者が実際の法廷の様子を全く知ることができなかったとは考えにくいし、話題性という観点からも積極的に描く理由こそあれ、避ける事情があるとは思えない。▼注[14]それをあえて頼朝の時代の問注所として、結城朝光に裁きを行わせたのは、今尾が指摘するような一番目との連関を作者が意識したゆえに他ならないだろう。序幕で殺害され、後に甚内の父の敵であったことが判明する人物の名が秩父屋半左衛門という、一番目に登場する秩父庄司重忠にちなんだと思われるものになっていることもその傍証となるが、さらに決定的なのは、裁き役・結城朝光の存在である。史実における朝光は、仁安二年（一一六七）生まれ、建長六年（一二五四）没。頼朝の烏帽子子であり、鎌倉幕府にあって重きをなす人物であった。中でも注目すべきは、彼が「建久六年（一一九五）の東大寺供養の際、頼朝の随兵と衆徒との争いを弁舌をもって鎮めて名声をあげた」▼注[15]という事実である。この出来事については、『吾妻鏡』建久六年三月十二日条に詳しく、朝光の「容貌美好。口弁分明。啻ダニ軍陣之武略ニ達スルノミニ匪《あら》▼注[16]」ざることに人々が感嘆したことが記される。この事件自体は「音駒山守護源氏」に描かれないが、大詰に置かれた大仏供養からの連想で二番目「東京日新聞」に結城朝光を登場させたことは間違いなかろう。

三、甚内と景清

では、このような趣向を取り入れたのはなにゆえであろうか。それは、ひとえに二番目の主人公鳥越甚内に、一番目の主人公悪七兵衛景清のイメージを重ね合わせるためであったと考える。ここで、「音駒山守護源氏」「東京日新聞」が上演された明治六年十一月の守田座興行の座組の問題に目を転じたい。明治の名優として今日の我々がまず想像するのは、「団菊左」と称された九代目市川団十郎、五代目尾上菊五郎、初代市川左団次であるが、明治初年の段階では、彼らよりも先輩で幕末の文久年間からすでに座頭を務めていた五代目坂東彦三郎と四代目中村芝翫が劇界に重きをなしていた。この両人は年齢も近く好敵手として知られたため、伊原青々園によれば、新富座に同時に出演するにあたっても「興行主の守田勘弥は、番附を左右二つに仕切つて、右の方は彦三郎の座頭〔中略〕、左の方は芝翫の座頭〔中略〕、さういふ具合に列《なら》べて双方を納めた」という。[注17] たしかに、本興行の役割番付の役者連名は伊原がいうように左右に分かれた形を取っている。黙阿弥はこの二人の座頭にそれぞれ一番目の主人公である景清（芝翫）と、二番目の主人公の甚内（彦三郎）という役を書き与えたのである。そして、一番目と二番目の関係は、今尾が指摘したような新時代の到来を実感させる視覚的効果に止まるものではなく、明らかに両座頭の演じる二人の主人公が同一の構図の上に置かれているのである。

一番目の大詰が東大寺大仏殿における大仏供養の場面であることはすでに述べた。平家滅亡の後も頼朝を狙い続けた景清だったが、密かに六代御前の命を助けた上に景清にも降参を勧める頼朝の仁心の前に復讐を断念する。そして、頼朝の家臣たちに対して、景清は次のように述べて幕切れとなる。

〽老いの悦び景清も、思はず知らず頭を下げ、

景清　ハ、アかく迄厚き仁心の、源氏の大将頼朝に、引かんず弓のあらばこそ、さはさりながら今日迄凝りかたまつたる七兵衛、二君に仕へん所存はない、腹かッさばくが順道なれど、八島の浦より御親子共、御行方知れぬ主君を尋ね、和睦を結ぶそれ迄は、

〽衣姿幸ひに、六代御前や女房の追善供養と云ひなして、

景清が命景清が、暫く預かり立かへる。

〽勇気も折れて立上れば、

榛沢　イヤ、これ〳〵景清殿、和睦を結ぶそれ迄に、

本多　モシ運尽きて討たれなば、

景清　ヲ、、其時こそは此首を、重忠殿へ進上申す。
幸作　ア、それでこそ義を忘れぬ。
きせ　花も実もある誠の武士。
重忠　また重ねての再会迄、
景清　秩父の重忠、
重忠　上総七兵衛、
皆々　景清。
景清　かたぐ〵。
皆々　さらば。

竹〽霧立ち隠す春日山、しげみに飛入り落ちけるが、又こそ時節をまつべけれと、虚空に声して落ちにけり。

ト本太鼓入り、本行の鳴物へ遠寄を冠せ、上下へ軍兵大勢出て、引張りの見得にてよろしく、

ひやうし　幕▼注[18]

ここで景清は、もはや天下が源氏のものであることは動かしようのない事実であり、かつその大将たる頼朝の仁心をも認めた上で、なお、その新時代に適合して生きていくことはできない。かといって、「腹かッさばく」ことで旧時代に殉じることもできない。こうして、主人公の境遇はいわば宙に浮いた状態であるまま一番目は幕を

閉じる。

一方、二番目における甚内は、新聞記事によって遠く離れた東京で、縁ある人々が自分のために濡れ衣を着せられていることを知り得た時、「思へば行程三十里の西京に居て旧友の、違変を知るも新聞紙、世界になくてはならざるもの」と新時代の文物の有用性を実感し、「おのが頑愚を悟り誠に後悔いたしたり」▼注[19]と後悔の念を示す。景清同様に甚内も時代の変化がもはや抗いようのない事実であることと、新時代がもたらす恩恵を理解していたのだが、その一方で、そこに適合することはできない。旧時代を引きずる彼の夢の中に現れるのは鎌倉時代の問注所であり、彼はそこで裁きを受けようとするが、その結果は舞台に登場しない頼朝の手に委ねられることとなり、明確な解決をみない（なお、一番目の末尾でも頼朝は舞台上に登場しない）。二番目もまた主人公の今後がはっきりと決しない状態のまま、幕を閉じるのである。この両者の類似性を示す材料は他にもある。絵本番付の絵は一般的には興行の初日以前に描かれると考えられ、実際の舞台上をそのまま写したものではないので、あくまでも傍証に止まるが、一番目の大仏供養の場と二番目の問注所の場の絵柄を比べると、よく類似している（図6）。上の大仏供養の場では、笹竜胆の紋をあしらった幔幕が巡らされた大仏殿の中の重忠が石段の下で仁王立ちする景清とにらみ合う。下の問注所の場では、やはり笹竜胆の紋入りの幔幕を張った屋台の中に朝光が描かれ、階の下の甚内と対峙している。今尾が指摘するように、一番目と二番目を続けて見た観客は、二番目冒頭で新時代の到来を視覚的に実感したであろうが、さらに狂言を見ていくと、甚内に対する裁きが景清へのそれに視覚的にも位置的にも重なることに気がついたであろう。

こうして、甚内に重ねられた景清のイメージを確認すると、渡辺や今尾の読みにはやや不満が残る。渡辺は甚内が「思想をも転換させざるをえなかった」とし、今尾は甚内によって象徴される「武家社会の文化の完全な消滅」

がここで描かれているとする。しかし、むしろ本作では思想を転換しなければならないことは理解しつつ、旧時代の呪縛からも逃れられず板挟みになる甚内の姿や、いずれ消滅を迎えることは避けられないと認識されながらも、いまだ完全な消滅には至っていない武家社会の過渡的なありさまこそが描かれているのではないか。新時代を象徴した散切頭にしても、「頭髪の百人百色なりしは、明治五、六年頃もつともはなはだしく」▼注[20]と記されるように、本作上演当時はまだ地域や階層、職業等によって多様であったらしい。帯刀についても、すでに触れたよう

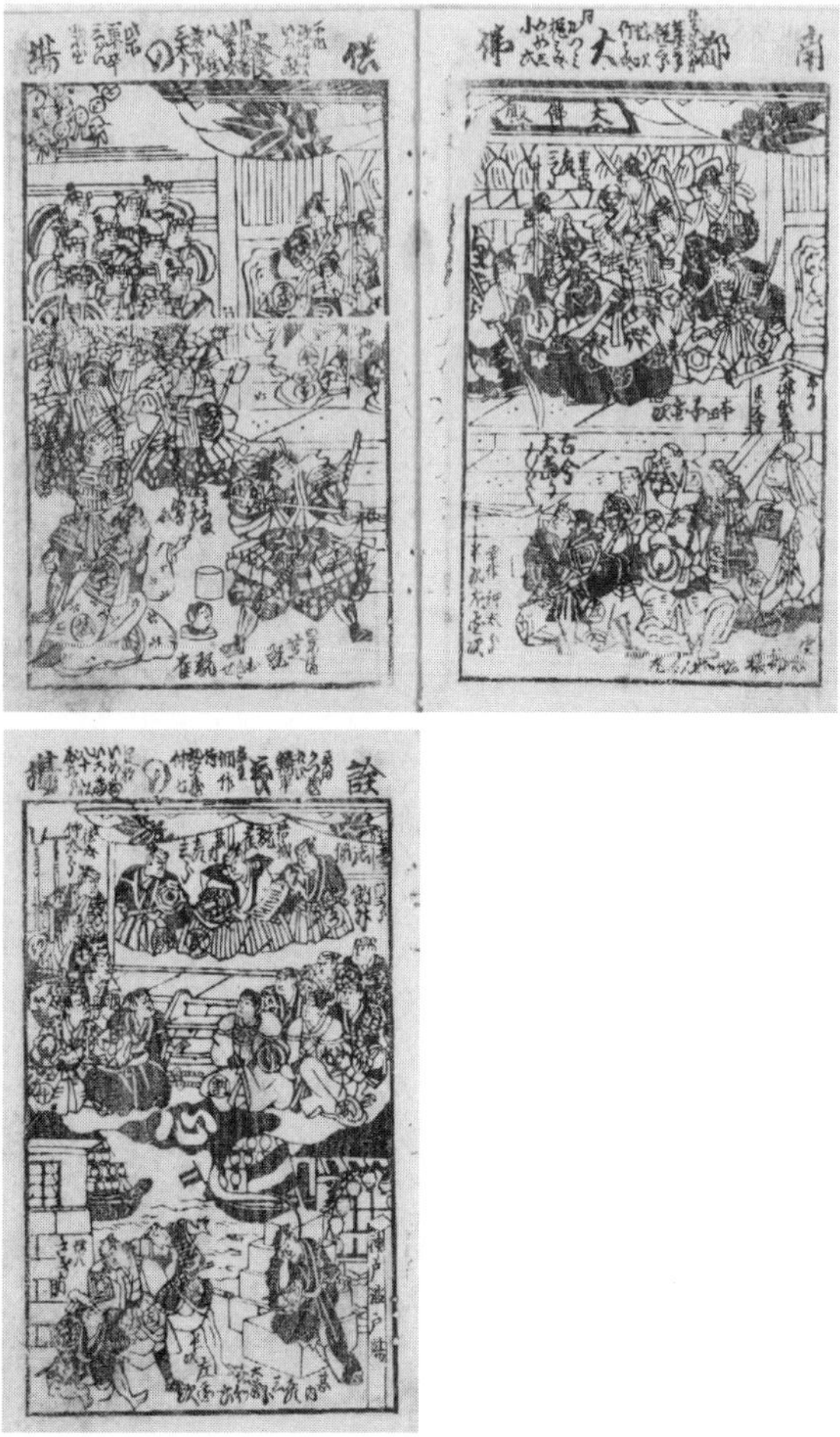

図6　明治六年十一月守田座興行絵本番付
〔早稲田大学演劇博物館ロ 23-17-95〕
上・大仏供養の場
下・鎌倉問注所の場

に、「持たなくてもいい」という状態だったのが、明治六年という時代であった。そのような、白か黒かではなく、いわば灰色の段階にある社会状況を描いた点にこそ、「東京日新聞」の特徴があるのである。

おわりに

以上、黙阿弥最初の散切物である「東京日新聞」について、主人公の「改悛」「人間の変革」といった点に主眼を置いて論じた先行研究に対し、むしろ根本的な「改悛」や「変革」に至らず、主人公の境遇が宙づりとでもいうべき状態となってしまうことが本作の特徴であり、そこには同じ興行の一番目狂言で描かれた景清のイメージが重ねられていることをを論じてきた。そして、それは上演当時の社会状況の反映だったのである。

本作が明治の歌舞伎に画期をなした作であるという筆者の考えはすでに記した。景清という時代物の登場人物のイメージを重ねつつも、甚内が明らかに同時代の人間として描かれているという点もその理由である。近い時代の人物に時代物の登場人物のイメージを重ねること自体は、黙阿弥に限らない。たとえば明治十一年七月喜昇座《きしょうざ》で上演された上野戦争物の芝居「茂辰影慶応日記《しげりかげけいおうにっき》」では、上野輪王寺宮主従が夢の中で義経と弁慶になり安宅の関を通る場面が仕組まれたという（第二章第一節参照）。しかし、それらが細部の趣向に止まるのに対し、本作では古典的イメージが単なる趣向ではなく、それを用いることでかえって上演時点での「現在」が社会の過渡期であることを強調するものとなっている。一番目の世界と二番目の世界の接点である問注所の場面が甚内の夢となっていることが、彼の思考が旧時代の思想に支配されていることを象徴的に表すものとなっている点も非常に合理的であり、黙阿弥の作風の特徴とその作劇上の特色が表れたものといえよう。

甚内という登場人物の誕生の過程に関して一点だけ加えておきたい。明治六年一月に徴兵制が布かれ、旧武士階級の存在意義は大きく揺らいでいた。甚内同様の宙に浮いたような状態に置かれていた士族は少なくなかったであろう。黙阿弥がそのような人々の姿を目にして、本作の執筆を意図したであろうことは想像に難くない。しかし、それを実際に舞台に載せるにあたっては、彦三郎という主演者を得たことが大きかったであろう。彦三郎は以下のような逸話を残している。

（日置注、彦三郎は）すべて外国風の事物を嫌つた。桶町の鳶頭へ招かれて、馳走酒に酔つた末、主人の散髪になつた事を罵つたが、帰る時に尻を端折ると、自分も白リンネルの股引をはいて居たのをスッパぬかれて閉口したといふ。時計なども一切持たなかつたが、後に小さい銀側を持つやうになつた。〔中略〕しかし、晩年には、さういふ偏見を改めたことは、芝翫と競争で金時計や金鎖を襟にかけたのでも分かる。▼注[21]

おそらく、甚内の人物造形は同時代の士族たちの姿を写すとともに、彦三郎の人柄を当て込んだものでもあったのだろう。彦三郎は明治九年十一月の新富座焼失後に大阪へ下り、十年に亡くなった。本作以降、新富座で「繰返開花婦見月《くりかえすかいかのふみづき》」「明治年間東日記《めいじねんかんあずまにつき》」、大阪で「娼妓誠開花夜桜《じょろうのまことかいかのよざくら》」と三つの散切物に出演している。「繰返開花婦見月」ではやはり困窮状態にある士族を演じており、「明治年間東日記」でも三役のうち一つは旧彰義隊士であった。もっとも、「繰返開花婦見月」の主役といえるのは菊五郎であり、菊五郎は「明治年間東日記」でも彦三郎と同程度の存在感を示している。そして、彦三郎没後の「富士額男女繁山《ふじびたいつくばのしげやま》」「島衞月白浪」「水天宮利生深川」といった、後の世代に演じ継がれた散切物はいずれも菊五郎の初演作品であった。こうして、冒頭で見てきたように散切物は菊五郎の名と共に語られるようになり、彦三郎は「東京日新聞」という画期的作品の主演者でありながら、今日では散切物と結びつけられることは少ない。しかしながら、「水天宮利生深川」等複数の散切物において印象的に描かれる没落士族が、散切物の今日でのイメージを形作る材料の一つであることは間違いない。▼注[22] その表象の創始に大きく関わった人物として彦三郎の名は記憶されるべきであろう。彦三郎の創始した士族という登場人物の類型が菊五郎らによって受け継がれていく過程や、黙阿弥が以後の散切物においてはどのように古典的イメージの利用を行っていったかといったことについては次節で考察する。

【注】

[1] 「「もの」の構造として見る散切物」『近代演劇の来歴　歌舞伎の「一身二生」』森話社、平成十七年、一三二頁。

[2] 事実、石井研堂『明治事物起源』第十四編「遊楽部」では、「月宴升毬栗」について、「明治の芝居に、ざんぎりものを出せる始めなり」と記している（『明治事物起源』第七巻、ちくま学芸文庫、平成九年、一九二頁）。

[3] 『黙阿弥全集』第二十三巻（春陽堂、大正十五年）所収の内容、場割によった。

[4] 田村成義編『続続歌舞伎年代記　乾巻』鳳出版、昭和五十一年（初版は大正十一年）、一四八頁。

[5] 伊原敏郎『明治演劇史』早稲田大学出版部、昭和八年、二一〇頁。

[6] 佐藤かつら「明治初期における新聞と歌舞伎」『歌舞伎の幕末・明治　小芝居の時代』ぺりかん社、平成二十二年、二三二頁。

[7] 講談や浪曲の「正直車夫」はこれと同型である。

[8] 注5前掲書、二一〇頁。

[9] なお、渡辺の近著『明治演劇史』（講談社、平成二十四年）には、「明治四年（一八七一）には、散髪脱刀の自由が認められる」という正しい記述が見える。

〔10〕今尾哲也『河竹黙阿弥』ミネルヴァ書房、平成二十一年、二二三頁。
〔11〕注10前掲書、二二八〜九頁。
〔12〕渡辺保『黙阿弥の明治維新』新潮社、平成九年、二〇六頁。
〔13〕小田中聡樹「裁判所」『国史大辞典』吉川弘文館、昭和五十四〜平成九年。
〔14〕明治五年頃からは、歴史上の人物が実名で登場する芝居が上演され始めていることなどを考え合わせると、同時代の裁判を芝居に写すことが憚られた可能性は低い。
〔15〕野口実「結城朝光」『国史大辞典』吉川弘文館、昭和五十四〜平成九年。
〔16〕『吾妻鏡』の引用は続国史大系本により、私に読み下した。
〔17〕注5前掲書、六十六頁。
〔18〕注3前掲書、一六六〜八頁。
〔19〕注3前掲書、二六五頁。
〔20〕石井研堂『明治事物起源』第一巻、ちくま学芸文庫、平成九年、一五九頁。
〔21〕注5前掲書、四十七〜八頁。
〔22〕散切物に登場する没落士族について論じた論考としては、李賢貞「黙阿弥の明治期歌舞伎における没落士族の表象」(『語られる人称・なぞらえる視点　第三十三回国際日本文学研究集会会議録』人間文化研究機構国文学研究資料館、平成二十二年)がある。

第三節　黙阿弥散切物と古典

はじめに

前節では黙阿弥の「東京日新聞《とうきようにちにちしんぶん》」の主人公鳥越甚内には悪七兵衛景清のイメージが重ねられており、それによって新時代の到来に戸惑う士族の姿がより効果的に描き出されていることを説明した。黙阿弥は生涯にわたって約二十作の散切物を執筆しているが、「東京日新聞」で用いられた古典的イメージの利用という手法や、士族という登場人物の類型は、それらの作品中にも現れている。本節では古典的イメージや古典作品の利用のあり方と、士族の描かれ方という点を中心に黙阿弥の散切物について考察し、その特徴の一端を明らかにしたい。

散切物の定義や範囲には、前節でも述べたように若干の揺れが存在する。また、この時期の歌舞伎の台本は合作を基本としており、「黙阿弥作品」の範囲にもまた議論の余地がある。▼注[1] 本節ではひとまず、黙阿弥が執筆を主導したと考えられ、明確に新時代の風俗が登場する作品（本節末尾の表1「河竹黙阿弥作の散切物一覧」▼注[2] 参照）を対象に考察を行う。

一、初期作品における古典的イメージの利用

「東京日新聞」に先立つ「月宴升毬栗《つきのえんますのいがぐり》」（明治五年十月守田座）は、「散切りお富」の通称からも知れる通り、三代目瀬川如皐の「与話情浮名横櫛《よわなさけうきなのよこぐし》」（「切られ与三」、嘉永六年三月中村座）を新時代の風俗を取り入れて書き替えたものである。黙阿弥はこれ以前に、万延元年七月市村座の「八幡祭小望月賑《はちまんまつりよみやのにぎわい》」、元治元年七月守田座「処女翫浮名横櫛《むすめごのみうきなのよこぐし》」（「切られお富」）▼注[3]の二度、「切られ与三」を下敷きにした作品を手掛けている。内容は、お富と与三郎による美人局に引っかかった呉服商但馬屋の若旦那清七がお富を殺害し、清七がお富の親の旧主であると知った与三郎も自害するというもので、「「切られ与三」から人物をかりているが、筋としては新たな創作に近い」、「登場人物の表面的な性格だけを取り出しては捩《ひね》って、それを新たな筋立てに組み入れ」▼注[4]たものという評価がなされている。しかし、「切られ与三」という単一の先行作に主要な登場人物など多くを借りているという点で、「月宴升鞠栗」は「東京日新聞」以降の黙阿弥の散切物とはやや異質である。

「東京日新聞」は前節で詳しく見た通り、新聞の宣伝的意味合いを持った作品であり、筋の上でも新聞が重要な役割を果たしている一方で、主要な筋に関わる形での実際の新聞記事の利用は見られなかった。同作の主人公鳥越甚内のような、散髪脱刀令の施行後も丁髷を結い帯刀していた士族は実際にこの時期の東京に存在し、黙阿弥も実際に目にしたであろうが、狂言の筋は黙阿弥の独創による部分が大きい。そして、黙阿弥の初期の散切物の多くは、これと同様に実見した人物や現実の出来事を材料としつつ、筋の上では実見や新聞報道から離れた、独創性の強いものとなっている。「東京日新聞」に続く散切物「繰返開花婦見月《くりかえすかいかのふみづき》」（明治六年十一月守田座）は、「作者の自宅へ来る米屋が、升目を親指の分量だけづゝ、ごまかすのを見て、それが一つの暗示となつて生まれたと伝

へられ」▼注[5]ているが、主人公の赤米仙右衛門が米の分量をごまかし続けた報いで盲目となるなどの狂言の内容はやはり作者の独創による。「富士額男女繁山《ふじびたいつくばのしげやま》」（明治十年四月新富座）も「当時仮名垣魯文が主として発行なし居たる仮名読新聞に、上州熊谷宿にて男装婦人が露顕に及び警察署へ引致されたり云々と記載しありたるを種とし、河竹が筆を取」▼注[6]ったと記され、違式詿違条例《いしきかいいじょうれい》によって男装の女性が捕らえられたという実際の出来事を材料としたことがわかるが、男装して書生となり立身出世を目指す女主人公が、悪い車夫に正体を知られ体の関係を迫られる等の筋はやはり独自のものである。「勧善懲悪孝子誉《かんぜんちょうあくこうしのほまれ》」（明治十年六月新富座）についても次のような説がある。

> この作は作者が横浜へ行つた時、海岸通りの道普請へ外役に出て懲役人共が働いてゐた。そこへ七歳ばかりの少女が駈けて来て、ある人相の悪い男に縋りついて、「お父さん、早く帰つておくれ」と泣出した。ところがその男は邪険にもうるさいと言はぬばかりに振払つた——といふ光景を眼にして立案されたものだといふ。▼注[7]

この出来事は四幕目の「横浜海岸道普請の場」に取り入れられているが、少女を男児とし、またその父は善人であり、男児の祖父（自分の父）の身替わりとなって懲役刑を受けているなど改変が多く、四幕目以外の筋も特定の出来事や先行作品に依拠しないものとなっている。「明治年間東日記《めいじねんかんあづまにつき》」（明治八年六月新富座）は、上野戦争という現実の出来事に関わる人々が主要な登場人物となっていることから、現実の人物をモデルとした登場人物が登場するものの、作中の人物と現実の人物は必ずしも一対一で対応せず、後続の上野戦争物の芝居に比べても仮構の要素が多い（第二章第一節で詳述）。

このように黙阿弥の初期の散切物は、作者が実見した出来事や新聞記事等を創作の出発点としつつも、その筋は独創性が強いのである。ただし、独創性が強いといっても、それはまったく独自に発想されたものではなく、そこには古典からの借用が様々な形で見られる。「東京日新聞」の鳥越甚内に景清のイメージが重ねられていることはすでに述べた。「繰返開花婦見月」では、巾着切《きんちゃくきり》の天ぷら銀次に時計を盗み取られる浅倉六三郎とその恋人お園の筋は、「三世相錦繍文章《さんぜそうにしきぶんしょう》」（安政四年七月中村座）等多くの歌舞伎、浄瑠璃に描かれてきた「お園六三」の世界によっている。これに組み合わせられるのは赤米仙右衛門と、天ぷら銀次の家来筋で牛鍋屋を営む五郎七、西洋床の主人ざんぎり左吉の三人がそれぞれ目、口、耳が不自由な状態となり、互いに会話をするも通じないという筋である。こちらは、近松半二《ちかまつはんじ》ら作の浄瑠璃「極彩色娘扇《ごくさいしきむすめおうぎ》」（宝暦十年七月大坂・竹本座）と、狂言から歌舞伎舞踊に入った「三人片輪」から着想を得たものであろう。▼注[8]「富士額男女繁山」では、主人公の女書生・妻木繁が書生言葉と女性らしい言葉遣いをちゃんぽんにして喋る場面があるが、これは今尾哲也の指摘▼注[9]があるように、四代目鶴屋南北の「桜姫東文章《さくらひめあづまぶんしょう》」（文化十四年三月河原崎座）で、桜姫が姫らしい言葉遣いと女郎言葉をまぜこぜにして喋る趣向を借りたものである。▼注[10]「勧善懲悪孝子誉」では、序幕の「三浦屋別荘夢の場」で高尾太夫の浪人島田重三郎に対する縁切りが描かれる。これは直後の場面に、

ト大きく言ひながら屏風を取る、内に半七五十日鬘着流し前帯にて、床の上に起上り、ほつと思入あつて、

半七　扨は今のは夢でありしか、むう（ト誂への合方になり、）

しげ　お労《つか》れのせゐか大そうあなたは魘《うな》されておいでなさいましたが、怖い夢でも御覧なさいましたか。

半七　まだ病挙句で身体が労れたせゐか、枕に就くと夢ばかり見てならぬが、今日は取分け腹の立つ夢を見た故、思はず魘されたこと丶見える。
しげ　なに、腹が立つとおつしやりますは
半七　さあ、外の事ではないけれど、お梅が隣の娘から借りてくれた合巻は、芝居を直した伊達の狂言徒然の余り一二枚読んで其儘とろ〳〵と、現の様に夢に見たは、高尾が太守頼兼の心に従ひ、現在の間夫の島田重三郎へ愛想づかしを言ふ所を、あり〳〵見し故まこと、思ひ、人の事でもそでない奴と腹が立つてならなんだが、それで思はず魘されて今起されたと見えるわえ。▼注[11]

とあるように、恋仲の清元の師匠・延梅と駆け落ちをして船頭巳之吉の家に匿われている池田半七が、夢の中で伊達騒動物の芝居の一場面を見ているという設定である。夢の場面の重三郎は半七と同じ中村宗十郎、高尾は延梅と同じ八代目岩井半四郎によって演じられており、後に延梅が悪人に拐かされ、半七は誤解から延梅が自分を捨てたと思い込む筋の伏線となっている。伊達騒動と関係するのは夢の場面だけではなく、巳之吉の家があるのは仙台堀であるし、延梅の兄が朝日山という相撲取りになっているのも、伊達騒動物の芝居にしばしば相撲取りが重要な登場人物として登場することによる。また、「勧善懲悪孝子誉」では大詰の五幕目でも古典的イメージの利用が見られる。ここでは半七と延梅（お梅）が再会を果たすも、勘違いから互いに兄妹であると思い込み、心中を図ろうとする。この場面は「今日は表のお師匠さんの、四季の温習《さらひ》で賑やかだ、今語るのは梅川忠兵衛」▼注[12]という台詞があるように、常磐津連中が語る「梅川忠兵衛」の浄瑠璃（「一筆画両面団扇《ひとふでがきりょうめんうちわ》」）を背景に演じられる、いわゆる他所事浄瑠璃の演出が取られている。この場面では公金横領のため逃避行を続ける梅川忠兵衛と心中に赴こうとする半七お梅が重ねられるのみならず、梅川忠兵衛の浄瑠璃で忠兵衛の老父孫右衛門が登場する「大阪《ママ》の義理と故郷の恩愛の道は二つにわかれども、血筋ばかりは一筋に、道場参りの帰り足」という詞章に合わせて主人公の孝子善吉が舞台に現れ、以下、父甚兵衛と息子卯之助と出くわして愁嘆場になる。この場面では、忠兵衛と孫右衛門の親子の再会と善吉・甚兵衛親子の再会が重ねられているのであり、これによって、それまでの劇中で交互に展開してきた善吉一家に関わる筋と、半七お梅らの筋の両方が、大詰に置かれた一つの他所事浄瑠璃の場面の中で同時に完結するのである。

二、西南戦争以降

これ以降の黙阿弥の散切物について、さらに見ていく。明治十年二月に新富座で上演された「西南雲晴朝東風《おきげのくもはらうあさごち》」は前年に起きた西南戦争を題材とした作である。「人間万事金世中《にんげんばんじかねのよのなか》」（明治十二年二月新富座）は一八四〇年十二月にロンドンのヘイマーケット王立劇場 The Theatre Royal Haymarket で初演された、英国の小説家・劇作家エドワード・ブルワー＝リットン Edward Bulwer-Lytton の戯曲『マネー』Money の翻案であった。黙阿弥は福地桜痴《ふくちおうち》から原作の内容を教わって「人間万事金世中」を執筆したと考えられている。原作と「人間万事金世中」の共通点と相違点については、渡辺喜之による『新日本古典文学大系明治編　河竹黙阿弥集』（岩波書店、平成十三年）解題に詳しいが、その中で「遺言状開きの場で、主人公、女主人公を同席させる仕方や遺言状の読み上げの手順等の工夫には、黙阿弥が桜痴からかなり詳しく戯曲の内容を聞いたことを窺わせるものがある」▼注[13]と指摘されるように、その筋立ては原作に非常に近いものであった。続く五月興行で上演されたのは同年一月に斬首刑となった毒婦高橋お伝を主人公とする「綴合於伝仮名書《とじあわせおでんのかなぶみ》」で、矢内賢二が指摘するように「新聞をネタ元にしていた」▼注[14]。先に見てきたように、黙阿弥の初期の散切物は特定の原作によらず、新聞記事等を用いる場合も全体の筋に関わる形での使用は見られなかった。原作にかなり忠実に英語の戯曲を翻案した「人間万事金世中」、主人公が実在の人物であり、新聞の情報が主な取材源であった「綴合於伝仮名書」はそれまでの黙阿弥の散切物とは傾向を異にするものだったのである。まだ落着から半年を経ない内戦の演劇化、翻案、新聞に基づき実在の人物を登場させる芝居と、黙阿弥の散切物は初期のものとは異質の方向へと変化していったようにも見える。しかし、その一方で古典的イメージや古典作品の利用は、これ以降の作品にも見出すことができる。

「東京日新聞」「勧善懲悪孝子誉」において、作中で登場人物が見る夢の場面が問注所での裁きや高尾太夫の縁切りなど旧時代の風俗で描かれたのに対して、「綴合於伝仮名書」二幕目の「横浜海岸根岸道の場」は夢の場面でありながら、劇中の他の場面と同じように同時代のものとして描かれており、「東京日新聞」には登場しなかった近代的な裁判所の模様も大詰で描かれる。観客がより現実的かつ新奇性あるものとしてこれらの場面を受け止めたことが想像されるが、その一方でお伝が殺人を犯す場面は清元の「明烏」▼注[15]を用いた他所事《よそごと》浄瑠璃となっている。雪の中で庭の木に繋がれている遊女浦里を、塀を乗り越えて忍び入った恋人の時次郎が助け、二人で落ち延びるという「明烏」の内容に対して、女が男を殺して一人逃げる（お伝が男が寝入ったことを確かめながら、剃刀で彼を刺し殺すところに、浄瑠璃の切れの「男は予て用意の一腰、口に啣《くは》へて身を固め、忍び〴〵て屋根伝ひ、見るに浦里嬉しやと、悲しさ怖さ危さに、可愛と一声明けがらす、後の浮名や残るらん」▼注[16]という詞章が当たっている）というまったく逆の場面を配したところが趣向である。

「霜夜鐘十字辻筮《しもよのかねじゅうじのつじうら》」（明治十三年六月新富座）は番付のカタリに、

歌舞伎新報俳優《かぶきしんぽうはいいう》の投書《とうしよ》

巡査《じゆんさ》の保護《ほうご》　按摩《あんま》の白浪《しらなみ》
天狗《てんぐ》の生酔《なまゑい》　娼妓《しようぎ》の貞節《ていせつ》
士族《しぞく》の乳貰《ちもらひ》　楠公《なんこう》の奇計《きけい》

此兼題《このけんだい》を一《ひと》ツに結《むす》び二番目物《にばんめもの》に脚色《しぐみ》しも三幕《みまく》か四幕《よまく》と思《おも》ひの外結局迄《ほかけつきよくまで》は五幕《いつまく》の長譚《ながものがたり》に六題《ろくだい》を漸《やつ》と綴《つゞ》りし七所拵《なゝとこごしら》へせつない趣向《しゆかう》も條立《すぢだて》の鳥渡《ちよつと》知《しれ》ぬが隠《かく》れ杉彼八陣《すぎかのはちぢん》の古きを以《もつて》九《く》時《じ》開場《かいじやう》の新狂言《しんきやうげん》調度《てうど》打出《うちだ》す時刻《じこく》に当《あた》り季候《きこう》違《ちが》ひの名題《なだい》を其侭《そのまゝ》▼注[17]

と記すように、五代目尾上菊五郎（巡査の保護）、三代目中村仲蔵（按摩の白浪）、初代市川左団次（天狗の生酔）、八代目岩井半四郎（娼妓の貞節）、中村宗十郎（士族の乳貰）、九代目市川団十郎（楠公の奇計）のそれぞれから投書されたと称する兼題によって仕組んだという体裁になっている。同作の中にも二つの他所事浄瑠璃が用いられており、「士族の乳貰」の筋に関わる序幕・不忍新土手の場では新曲（清元「二十日月中宵闇《はつかづきなかもよいやみ》」）が使われるが、「按摩の白浪」に当たる三幕目・安泊丹波屋の場では既存の浄瑠璃「奥州安達原《おうしゅうあだちがはら》」（宝暦十二年大坂・竹本座）の三段目切が用いられた。この場面では宿屋の二階で浄瑠璃が語られ、三代目中村仲蔵演じる偽按摩宗庵の一家と「奥州安達原」に登場する傔丈直方夫妻と袖萩らの一家が重ねられている。▼注[18]　同作ではまた、「楠公の奇計」から楠正成の子孫に当たる演説師楠石斎という人物が創造されており、四幕目では「立烏帽子鎧の上へ菊水の紋付きし大紋、附太刀、楠正成画面《ぐわめん》のこしらへ」▼注[19]という出で立ちで舞台に現れる。また、石斎の家に仕える下男は佐兵衛という名で非常に涙もろい人物であるが、これは当人に「何ぼわしが泣男だといつて」▼注[20]と言わせている通り、『太平記評判秘伝理尽鈔《たいへいきひょうばんひでんりじんしょう》』等に登場する「泣男」杉本佐兵衛に準えられたものである。

「木間星箱根鹿笛《このまのほしはこねのしかぶえ》」（明治十三年十一月新富座）は、士族岩淵九郎兵衛が遊女となっている妻を騙すこと、他の女に乗り換えようとすること、死んだ妻の幽霊（同作においては「神経病」によるものとされる）に苦しめられることなど、殺される女房おさよを演じた菊五郎の家の芸である「東海道四谷怪談《とうかいどうよつやかいだん》」を踏まえた設定が随所に見られる（なお、九郎兵衛によるおさよ殺しの場には、「其幽霊で名の高い累やお岩を音羽屋が芝居で見せた昔でも」▼注[21]という台詞が見える）。

明治十四年六月新富座「古代形新染浴衣《こだいがたしんぞめゆかた》」は、同年十一月興行で上演された黙阿弥の引退作「島鵆月白浪《しまちどりつきのしらなみ》」の前編とでもいうべき内容で、「島鵆月白浪」の主人公である明石の島蔵と松島千太の二人の盗賊による強盗事件が描かれ、

島　さうしてお前、いつ時分此東京へ帰る見込みだ。
千　どうで真夏は湯治場で暑を凌ぐ積りだから、先八月の末に成らにやア、東京入りはしねえ積りだ。
島　おれも八月中程か末にならにやア、東京へ帰つて来ねえ見込だから、何れ九月の仕込前。
千　奥州土産といふやうな替つた趣向もあるだらう。
島　こつちも明石の名所に土産咄しも真砂の数。
千　尽きぬ仕組の種となる新聞物でも聞きたゞし。
島　何れ今度は気を変へて。
千　古いやつだと言はれぬやうに。

島　腕をみがいて。
両人　稼がうよ。▼注[22]

と、序幕で白河の旅籠屋に銀行の手代を装った千太が逗留する場面、二幕目に島蔵が明石にある実家へ立ち戻る場面が仕組まれる次作「島鵆月白浪」の「予告」がなされる。一方、二人の盗賊に関わる筋と並行して描かれるのが、二人が強盗に入る質店福島屋の娘お園と出入りの大工六三の駆け落ち未遂事件で、これは「繰返開花婦見月」にも取り入れられていた「お園六三」の筋を仕組んだものである。この趣向は三代目菊五郎の三十三回忌にあたって、その当たり役▼注[23]を孫の五代目菊五郎に演じさせたもので、五代目は同じ興行でやはり三代目の当たり芸であった土蜘を松羽目物の舞踊で見せる長唄の「土蜘《つちぐも》」を初演している。

「水天宮利生深川《すいてんぐうめぐみのふかがわ》」（明治十八年二月千歳座）は、全三幕のうち筆売りに身を落とした士族船津幸兵衛が困窮のあまり発狂し、隅田川に身を投げる二幕目が、今日もしばしば上演される作品であるが、その幸兵衛発狂の場面では次のように、義太夫の語りによって幸兵衛に平知盛のイメージが重ねられる。


竹〽右と左りに取すがる娘を手荒く突退けて、幸兵衛すつくと立上り　〽辺りを見やりて高笑ひ。

ト菊五郎［幸兵衛］二人を相手につゝぷす。暫くして気の違ひしせし思入にて辺りをきよろ〳〵見廻し。

菊［幸兵衛］何、幽霊が出た、〳〵　○　長刀かい込み現われ出で　○

ト箒の長刀の様になりしを持、小脇《こわき》に構へ、知盛のこなしに成り、とりなしにて。
抑々是は桓武天皇九代の後胤、平の知盛幽霊なり　○
トよろしく本行のふりあつて、気の替りし思入にて、箒《ほふき》をかつぎ。
スツテン、〳〵。▼注[24]

この場面は浄瑠璃「義経千本桜」（延享四年十一月大坂・竹本座）の二段目の内容を利用したものである。▼注[25]同作の知盛は、再び平家の世を取り戻そうとする企てが破れ、これまで供奉してきた安徳帝が新たな庇護者として源義経を選ぶという状況を前にして抵抗を諦めて入水する。「水天宮利生深川」では、そのイメージが武士の世の終焉に直面し、困窮する士族・幸兵衛の上に投影されているのである。一方、菊五郎が幸兵衛と二役で演じた盗賊小天狗要次郎が強盗を企てる場面（三幕目）は、隣家の「能楽師の去る隠居」▼注[26]が謡う謡曲「熊坂《くまさか》」が聞こえる中で演じられる。ここでも他所事浄瑠璃同様の手法によって要次郎と、同曲のシテである盗賊熊坂長範のイメージが重ねられているのである。

黙阿弥の最後の散切物「月梅薫朧夜《つきとうめかおるおぼろよ》」（明治二十一年四月中村座）では、劇中劇という形で古典イメージが取り入れられる。同作は「綴合於伝仮名書」同様、実在の毒婦花井お梅を主人公とし、新聞等の情報に基づいて創作されたが、その二幕目は同作を上演した劇場である中村座の芝居茶屋および楽屋口であり、続く三幕目は中村座で上演されている芝居という設定の劇中劇となっている。その芝居は二幕目冒頭の、

○　あの鳴物の様子では、唐土の場が明いて居る様だ。

△　筋書を見ても面白いから、又今度も当るだらう。
□　三国妖婦伝と来た日にやあ、寺島の専売特許だ。
◎　今度の狐の飛去りは、新発明の仕掛ださうだ。▼注[27]

という観客の会話からわかるように、寺島こと菊五郎の演じる「三国妖婦伝《さんごくようふでん》」であった。主人公のお条（お梅）を演じる菊五郎が劇中劇では紂王を誑かして殷の国を傾ける悪女妲己を演じることで、お条の悪女としてのイメージが強化されている。また、「三国妖婦伝」はやはり初代尾上松助（文化四年六月市村座「三国妖婦伝」）、三代目菊五郎（文政四年七月河原崎座「玉藻前御園公服《たまものまえくもいのはれぎぬ》」）と続いた菊五郎家代々の当たり芸でもあり、これを五代目菊五郎が継承するという趣向にもなっているのである。

三、筆売り幸兵衛の誕生

右に見てきたように、黙阿弥の散切物には古典的イメージの豊富な利用が見られる。外国戯曲の翻案である「人間万事金世中」、新聞の情報に筋の多くを負った「綴合於伝仮名書」の上演以降、三遊亭円朝の翻案物人情噺をかなり忠実に脚色した▼注[28]「西洋噺日本写絵《せいようばなしにほんのうつしえ》」（明治十九年一月新富座）、やはり新聞による毒婦物「月梅薫朧夜」という作品は出たものの、黙阿弥の散切物の基本線は、特定の原作等に依拠せずに独自の筋を立て、その所々に古典からの借用を行うというものであったように思われる。筋の独創性については後で触れることとし、まずは古典利用について考えたい。

すでに各作品における古典の利用の例を見てきたが、「東京日新聞」や「水天宮利生深川」のように景清や知盛のイメージの利用にある程度の必然性が感じられる例や、単一の他所事浄瑠璃の中で詞章に即しつつ、二つの筋に同時に結末を付けている「勧善懲悪孝子誉」大詰のように技巧として優れた例を見出せる一方で、それほど有効に機能しているとはいえず、趣向本位の印象を受けるものも散見する。散切物の「作劇法や演出法は旧来の歌舞伎と少しも変わっていない」▼注[29]という評価が生まれるのも、これを見ると無理はないようにも思われる。しかし、前節でも述べたように、こうした見解に対しては近年、神山彰らによる批判が加えられている。神山は「繰返開花婦見月」における仙右衛門、五郎七、左吉の「苦痛や病が、奇瑞により快癒する」ことを新旧が混在する「この時代固有の表現上の特質」であると積極的に評価し、▼注[30]また、竹柴其水が明治二十三年五月の新富座興行に書き下ろした上野戦争劇「皐月晴上野朝風《さつきばれうえののあさかぜ》」（第二章第一節参照）の終幕を当時現実に開催中の博覧会の場とし、「徳川の二十三回忌に「旧弊」の象徴である丁髷を断髪し、過去の記憶に訣別する」▼注[31]人物を登場させた一方、その二ヶ月前には「江戸への郷愁に溢れた『神明恵和合取組《かみのめぐみわごうのとりくみ》』を初演している」ことを指摘し、「こうした二面性というより、その平然とした共存こそが、其水のような黙阿弥門下の世代の魅力である」▼注[32]と述べる。こうした観点からすれば、右に見てきたような黙阿弥の散切物の多くに見られる古典の利用も、これらの作品が上演された時代ならではの魅力を持ったものと捉えることができよう。

「富士額男女繁山」における女書生繁の書生言葉と女性言葉が入り交じった台詞は立役と女形を兼ねた菊五郎にはうってつけであったと思われ、観客は在来の「悪婆」の延長上にある演技を楽しんだであろう。同様に観客は、「霜夜鐘十字辻筮」の「楠公の奇計」の趣向にはよく知られた楠正成の逸話や図像が舞台上に再現される面白さを、「古代形新染浴衣」に仕組まれたお園六三の筋や、「月梅薫朧夜」の劇中劇「三国妖婦伝」には菊五郎が父祖の当たり役を演じることへの期待を感じたであろう。こうした古典的イメージや在来の演技術によって引き起こされる観客の心の高揚は、新時代の「新しさ」への感動と必ずしも矛盾するものではない。繁の演技に観客は「悪婆」の要素と同時に、書生という新時代の身分が舞台に登場することの面白さや、立身出世の風潮と女性であることの葛藤という同時代の問題を読み取ったであろうし、楠正成の図像そっくりの出で立ちをしてみせる団十郎の楠石斎の演技は、散切物と並んで明治の新時代を代表する歌舞伎のジャンルである活歴の演技と同一線上にある。

　そして、こうした黙阿弥散切物の多くの作品に見られる古典の利用と、新時代の事物への興味という二つの要素が結びつき、今日まで演じ継がれる登場人物が生み出された例として「水天宮利生深川」の筆売り幸兵衛を挙げることができる。同作における幸兵衛は幼い娘二人とまだ赤児の息子を残して妻に先立たれ、雪の降る中を貰い乳をして歩いている。この設定が先行する「霜夜鐘十字辻筮」で宗十郎が演じた「士族の乳貰」から来ていることは犬丸治▼注[33]も指摘する通りであるが、この「士族の乳貰」はさらに上方狂言の「乳貰《ちもら》い」のイメージを利用したものと考えられる。「乳貰い」は天保四年正月大坂・角の芝居「けいせい稚児淵《ちごがふち》」の一部として初演されたものが同年三月に京都で「花雪恋手鑑《はなとゆきこいのてかがみ》」として独立して演じられ、以降昭和期まで上方ではたびたび上演された喜劇である。この芝居の主人公狩野四郎次郎は、金目当てにもらった赤児が、別れ別れになった許嫁の小雪が産んだ子であると知り、小雪が間男をしたものと思い込む。そして、雪の中乳貰いに行った先の屋敷で小雪と再会、小雪を責めるが結局赤児が自分の子であることを知る。一方、「霜夜鐘十字辻筮」の士族六浦正三郎は妻お浪が自分のかつての同僚と密通していることを知り、「宝を得しと喜びし悴も彼の胤なるか、よくも〳〵今日迄まざ〳〵しく欺きしぞ▼注[34]」と憤る。これに対しお浪は赤児は正三郎の子であり、伝治との密通は、正三郎がやむを得ない事情から犯した殺人を彼が目撃しており、その事実を元に脅迫をしてきたためであることを語って自害、妻に先立たれた正三郎は乳貰いに出なくてはならなくなる。雪中の乳貰い、夫が妻の間男を疑うこと、不倫の事実の有無は別としていずれも妻は貞女であるといった共通点に加え、正三郎を演じたのは上方役者で四郎次郎を演じた経験もあった▼注[35]宗十郎であり、黙阿弥がここで喜劇である「乳貰い」を悲劇に反転させるという趣向を試みていることは明白である。この「士族の乳貰」を引き継いだ「水天宮利生深川」にも、元の上方狂言「乳貰い」の面影は残っている。

門［杢蔵］　此人通りのない油堀に赤子の泣声は、大方捨子でもあると見へる　○

　　　トあたりを見て、菊五郎［幸兵衛］を見て。

　　ヤ、其処に誰やら。ア、捨子ではなかつたか。

菊［幸兵衛］　ヱ、。

門　ナニ、大そう泣つしやるが、母御は御一緒ではムり升ぬか。

菊　ヘイ、私し壱人りゆへ、むづかり升て困り升。

門　そふして母御はどふ被成《なされ》た。

菊　実は先月お袋が産後でとふ〳〵なく成り升たが、里に遣る力もなく、殊に外に娘が二人り、まだ此上がムり升が、姉は母が死に升たを苦にやみまして、毎日〳〵泣くらしたので、盲目と成り、妹は未だ十才のなんにもならぬ其中で、乳に困れば赤は泣く。去りとて毎日歩行《ある》かねばその日の命もつなげぬ仕儀《しぎ》。それゆへわづかの筆を売り、赤子は私しの懐ろへ入れて商ひ致しながら、何所と申あてどもなく、乳を貰つてあるき升が、実に果《は》かないこれが身の上。殊にはけふの大雪で、あまりこれがしもじいかして、むづかり升れば軒の下、お邪魔を致して済升ぬ。

門　それは定めて困るであらう。侭になるなら御新造さまの乳をもろうてやりたいがナ。

ト又赤子笛に成り、菊五郎［幸兵衛］いぶり付ながら。

菊　ヲ、たがよ〳〵。シテ、御新造さまはお乳が出升か。

門　イヤモウ出るとも〳〵。お坊さまが馬脾風でおなくなりなされ、それからお乳が張ゆへに、今も女中が耳だらいへとつて川へ流した所だ。▼注[36]

右のように貰い乳をして歩く幸兵衛が捨て子をしようとしていると疑われた後、その家に産んだ子が亡くなったために乳が余っている奥方がいることを知るという展開は、捨て子をするかと疑われた四郎次郎が直後に二階から下女が捨てた乳をかぶり、下女から「こちらのお妾様は。この頃お子をお産みなされて、その子はどうなされたか内にはござらず、お乳が脹《は》つてならぬゆゑ、いま椀に搾り、流した▼注[37]」と聞く場面を思わせる。

このように、「霜夜鐘十字辻筮」「水天宮利生深川」の二作における「士族の乳貰」は、在来の上方狂言の趣向を書き替えたものだったのだが、ここで描き出された士族像は、それまでの黙阿弥散切物に登場した士族の姿とは異なるものであった。黙阿弥はその散切物において何度も士族を重要な登場人物として描いている。▼注[38]「霜夜鐘十字辻筮」以前では「東京日新聞」の鳥越甚内、「繰返開花婦見月」の秋津豊、「明治年間東日記」の清水谷之丞、轟坂五郎ら、「富士額男女繁山」の人力車夫後家直などがあり、それ以降の作品でも「木間星箱根鹿笛」の岩淵九郎兵衛と厚原磯之進、「満二十年息子鑑《まんにじゆうねんむすこかがみ》」の人力車夫士族松、「西洋噺日本写絵」の春見丈助と井生森又作などを挙げることができる。また、「霜夜鐘十字辻筮」には正三郎以外に杉田薫、「水天宮利生深川」には幸兵衛だけでなく萩原正作▼注[39]とその弟である小天狗要次郎が登場する。これらの士族たちは大きく二つの類型に分類することができる。一つは武士階級の崩壊から困窮し、ついには悪事を行う者で、鳥越甚内、後家直、岩淵九郎兵衛、春見丈助と井生森又作、小天狗要次郎、士族松らがこれに当たる。もう一方は、そのような困窮には陥らず、一定の社会的成功を収めている者で、清水谷之丞、轟坂五郎、厚原磯之進、萩原正作、杉田薫らを挙げることができる。「繰返開化婦見月」の秋津豊は貧に迫って盗みを企てるも、かつての家来筋に当たる人々の真心に触れて改心し、商人として成功するという描かれ方をしており、前者から後者へ移行した例といえる。

ただし、商業における成功というのは後者のグループの中では異例である。彼らのうち轟坂五郎と杉田薫は巡査の職を得ており、厚原磯之進と萩原正作は剣道によって身を立てており、清水谷之丞も劇中で実在の剣客榊原鍵吉の撃剣興行へ参加する場面が描かれている。この榊原の撃剣興行は明治六年六月に始まったもので、石井《いしい》研堂《けんどう》『明治事物起源』は、この興行が大入りを収めるも、その後堕落したものとして批判を受けたことを記し、「明治十五年頃よりやうやく復活し始め」、「撃剣本来の面目を取りかへし」たとする。▼注[40] 明治八年の「明治年間東日記」における撃剣興行の登場や、十三年の「木間星箱根鹿笛」、十八年の「水天宮利生深川」に「我も一度零落致せしが、仁義の道を守りたる其恵みにか当今は廃れし剣道再び世に出で、門弟共が尽力にて斯く安楽の身分とな」▼注[41]ったと語る厚原磯之進、「久しく廃りし剣道が再び当時世に出て、宮内省をはじめとして、就中警察署にては日々稽古が盛んゆへ」師範として生計を立てられる萩原正作が描かれることは、こうした剣道を巡る動きを反映している。また、警官は「ある程度の教養学識を必要とし、位階勲等等で職業内序列が明確で、公的権力によって権威づけられた社会的名誉を得られる」職業として、官吏、軍人、教員等と並んで士族が「明治一〇年代では占有率、輩出率とも圧倒的な高さを誇っていた」▼注[42]職であったという。『黙阿弥全集』の解題においてすでに「旧時代の武士が士族として新世界に投げ出され、そこにさまざまな悲劇を生んだ。それを作者は好んで散切物の中に摂取してゐる」[注43]と指摘されているように、散切物に登場する士族というと、困窮状態に置かれた士族に注目が集まりがちであるが、[注44]黙阿弥が描いた士族は決して一面的なものではなく、当時の社会に存在した多様な士族の姿を反映したものであった。

　さて、こうして黙阿弥散切物に描かれた士族像を見てくると、「霜夜鐘十字辻筮」の六浦正三郎と「水天宮利生深川」の船津幸兵衛が、先述の二つの分類には収まりきらない人物であることがわかる。正三郎は前者の困窮状態に置かれた士族の類型に近い描かれ方をしており、実際に殺人という悪事を犯してもいる。しかし、彼が犯した二つの殺人は一つは妻と関係を持った野島伝治に対する復讐であり、もう一つの殺人は政府に対する反乱[注45]を企てていた剣術の師をやむを得ず討ったものであった。もちろん、どちらの殺人も劇中で「仮令《たとへ》如何なる事故ありとも、人を害せば法律を受けねばならぬ」[注46]と言われるように犯罪である。しかし、しばしば新時代の体制に対して不満を抱いており、利己的な犯罪を犯す他の黙阿弥散切物における没落士族たちに対して、師の反社会的行動を制止するため殺人を犯したことが原因となって悲劇的境遇に陥り、師を殺害した理由を隠したままその子息である杉田薫に敵として討たれようとする正三郎は異質である。

　正三郎の影響を受けて生まれた幸兵衛も、困窮を極めながら悪事へと走らない点でそれまでの黙阿弥散切物の没落士族とは異なるが、さらに幸兵衛が特異であるのは、言うまでもなく貧苦の挙げ句に発狂するという点である。この趣向は、「是迄見無発狂の趣向彼《か》のコリ人《て》の事故十分に工風仕られたと見へて実に面白い事でムり升た」、「散々あばれ回つてお祭りだ〳〵と額を持抱子を引たくり抱へて花道の引込まで見物は手を拍て悦び升た」[注47]と好評であり、菊五郎は生涯に三度この役を演じ、以後は息子の六代目菊五郎、その女婿の十七代目中村勘三郎らに伝わり、今日まで演じ継がれている。その過程で菊五郎のもう一役小天狗要次郎に関わる筋は大正八年を最後に途絶え、[注48]幸兵衛の乳貰いの場面も演じられなくなるのであるが、この狂言が今日まで残っている背景には役者の演技の見せ所となる発狂の場面の存在に加え、主人公幸兵衛が観客の同情を集め得る人物であることがあると思われる。利己的な殺人を犯す鳥越甚内のような士族とも、巡査や剣術家として成功した士族とも異なり、辛い境遇にあっても道を外れない、観客が共感できる士族像を生み出したという点で「水天宮利生深川」とその先行作「霜夜鐘十字辻筮」はそれまでの黙阿弥の散切物と一線を画すものであった。そして、そこに「乳貰い」という在来の狂言の影響があったことは特筆すべきであろう。「乳貰い」の四郎次郎が持つ生活力の乏しさが源流にあってこそ、剣術が未熟な正作の門弟にすら見くびられ、ついに貧しさに負けて発狂してしまう幸兵衛という主人公が誕生し得たのである。

おわりに

以上、黙阿弥の散切物において古典的イメージがどのように利用されているのかを紹介し、黙阿弥が強い関心を持って散切物の中でたびたび描き続けた士族の中でも特異な人物像を持つ「木間星箱根鹿笛」の六浦正三郎、「水天宮利生深川」の船津幸兵衛という二人の登場人物の成立にも在来の作品が影響を与えていることを述べてきた。こうした古典的イメージや在来の作品の利用は、すでに触れたように散切物の作劇術の旧弊さを示すものとして否定的に捉えられがちであるが、当時の観客にとってはそのような要素が新時代の文物と同時に作品中に現れることはむしろ肯定すべきことであり、また、「東京日新聞」や右の二作品などでは、古典的イメージや在来作品の利用によって新たな登場人物像が形作られているのである。ただし、黙阿弥の散切物ではこうした古典的イメージの利用の一方で、全体の筋に関しては独創性が発揮されている場合が多いことはすでに述べた通りである。これに対して、例えば上方の散切物では、初期には在来の狂言の筋を大幅に借用したものが目に付き、後には新聞の続き物の脚色と強く結び付いた作品が大々的に上演されるようになる（第三章第二節、五節参照）。「四谷怪談」の設定を取り入れた「木間星箱根鹿笛」が幽霊の登場場面が極めて少ないなど、かなり「四谷怪談」とは趣きの異なる作品となっているように、古典の要素を豊富に用いつつも、独創性ある筋を立て、類型の枠内に止まらない仕方で同時代の社会を描き出そうとした点こそが、黙阿弥の散切物の特色であろう。

【注】

［1］「黙阿弥作品一覧」（早稲田大学演劇博物館編『没後百年　河竹黙阿弥——人と作品——』早稲田大学演劇博物館、平成五年）、和田修「河竹黙阿弥の版権登録」（『演劇研究』第十七号、平成五年三月）等を参照。

［2］「月宴升毬栗」を散切物とするかについては、説が分かれていることは前節参照。また、表には含めなかったが、明治三年五月守田座「時鳥水響音《ほととぎすみずにひびくね》」を増補した明治十五年五月春木座「三題噺魚屋茶碗《さんだいばなしととやのちゃわん》」には、西洋造りの建物や官員等が登場する。

［3］「切られお富」は元治元年四月二十一日より、「若葉梅浮名横櫛《わかばのうめうきなのよこぐし》」の名題で守田座で上演されたものの、翌二十二日に守田座が焼失、七月の再建後に名題を改めて上演された。

［4］吉田弥生『江戸歌舞伎の残照』文芸社、平成十六年、一八九頁。

［5］『黙阿弥全集』第十巻（春陽堂、大正十四年）の解題による。

［6］田村成義編『続続歌舞伎年代記　乾巻』鳳出版、昭和五十一年（初版は大正十一年）、一九五頁。

［7］『黙阿弥全集』第十三巻（春陽堂、大正十四年）の解題による。

［8］「極彩色娘扇」八段目では、耳の聞こえない朝比奈藤兵衛が、目の見えない兵助を、まだ面識のない義理の兄弟と知らず殺害してしまう。黙阿弥は知覚に不自由を抱えた者同士の掛け合いと、落雷で藤兵衛の耳が治るという設定を借用している。また、狂言「三人片輪」は、「有徳人が身障者を召し抱えようと高札を打つと、博奕に打ち負けた三人の男がそれぞれ座頭、足の悪い者、口の利けぬ者を真似て雇われる」が失敗するというもの（橋本朝生編「狂言作品全覧」『能・狂言必携』學燈社、平成八年）。歌舞伎に入ったものとしては、嘉永五年八月中村座で上演された長唄「誘謂《うちつれて》色合槌《いろにあいづち》」、明治三十一年十月明治座の常磐津「三人片輪」等がある（渥美清太郎『系統別歌舞伎戯曲解題』中、日本芸術文化振興会、平成二十二年）。

［9］今尾哲也「『富士額男女繁山』について」『歌舞伎　研究と批評』第四十五号、平成二十二年九月。

［10］「桜姫東文章」は初演後は昭和二年まで再演されていないが、戦前の『大南北全集』（春陽堂、大正十四～昭和三年）所収の「桜姫東文章」の底本は、一部を黙阿弥が書写したとされる河竹繁俊蔵本（関東大震災で焼失）を渥美清太郎が写したものである（同全集解題による）。

［11］注7前掲書、一七七頁。

［12］注7前掲書、三八五頁。

［13］渡辺喜之「人間万事金世中」『新日本古典文学大系明治編　河竹黙阿弥集』岩波書店、平成十三年、五一九頁。

［14］矢内賢二『明治キワモノ歌舞伎　空飛ぶ五代目菊五郎』白水社、平成二十一年、八十頁。

［15］清元の「明烏」は、実際の心中事件を元に初代鶴賀若狭掾が作曲した新内の「明烏夢泡雪」が、嘉永四年二月市村座で歌舞伎化された際に「明烏花濡衣」の題で清元に移されたもの。

［16］『黙阿弥全集』第二十四巻、春陽堂、大正十五年、七八三～四頁。

［17］早稲田大学演劇博物館蔵の絵本役割（ロ18-54-5）による。

［18］この場面の他所事浄瑠璃の性質に関しては、犬丸治「さては貞任と縁組みしか～「安泊丹波屋」の方法～」（『歌舞伎　研究と批評』第三十六号、平成十八年二月）で分析されている。

［19］『黙阿弥全集』第十五巻、春陽堂、大正十四年、五七九頁。

［20］注19前掲書、六〇〇頁。

［21］注19前掲書、八一三頁。

［22］早稲田大学演劇博物館蔵の台本（イ12-629）による。

［23］三代目菊五郎は六三を地方興行も含めると生涯に十六回演じている（岩沙慎一「三代目尾上菊五郎劇場出演目録」『三代目尾上菊五郎』くろしお出版、平成八年による）。

［24］早稲田大学演劇博物館蔵の台本（イ253-2）による。

［25］ここでいわゆる「碇知盛」のイメージが用いられるのは、千歳座の開場興行で演じられた「水天宮利生深川」が、劇場に程近い水天宮の利生譚という形を取っていることによる。水天宮の祭神は安徳天皇であり、作中には「碇の額」が登場する。

［26］早稲田大学演劇博物館（イ253-4）。

［27］『黙阿弥全集』第十九巻、春陽堂、大正十四年、六一六頁。

［28］「西洋噺日本写絵」と円朝の原作の関係については、次節で述べる。

［29］山本二郎「散切物」『演劇百科大事典』平凡社、昭和三十五～七年。

［30］神山彰「「もの」の構造として見る散切物」『近代歌舞伎の来歴　歌舞伎の「一身二生」』森話社、平成十八年、一四二頁。

［31］注30前掲書、一四四頁。

［32］注30前掲書、一四五頁。

［33］注18前掲論文。

［34］注19前掲書。

［35］慶応元年十月京・四条北側大芝居。

［36］注24前掲書。

［37］『日本戯曲全集　第二十二巻　滑稽狂言集』春陽堂、昭和四年、三十一頁。

［38］黙阿弥散切物に登場する士族について触れた論考としては、李賢貞「黙阿弥の明治期歌舞伎における没落士族の表象――「満二十年息子鑑」と「水天宮利生深川」を通して――」（『語られる人称・なぞらえる視点　第三十三回国際日本文学研究集会会議録』人間文化研究機構国文学研究資料館、平成二十二年）がある。

［39］演劇博物館蔵の初演台本では「萩原正作」とし、現行上演でも彼の妻は「萩原さま」と呼ばれているが、『黙阿弥全集』および『明治文学全集　河竹黙阿弥集』（筑摩書房、昭和四十一年）の翻刻では「荻原良作」となっている。ただし、初演時でも番付、活版の筋書と六二連の『俳優評判記』は「荻原」となっており、当初から混乱があったか。

［40］石井研堂『明治事物起源』第七巻、筑摩書房、平成九年、二二八頁。

［41］注19前掲書、七六六頁。

［42］園田英弘・濱名篤・廣田照幸『士族の歴史社会学的研究――武士の近代――』名古屋大学出版会、平成七年、九十一頁。

［43］注19前掲書、「木間星箱根鹿笛」解題。

［44］注38前掲論文でも没落士族にのみ言及されている。

［45］これは言うまでもなく、西南戦争等の士族の反乱を踏まえた設定である。

［46］注19前掲書、六五一頁。

［47］『俳優評判記』第二十六編、明治十八年四月。六二総連、法月敏彦校訂『六二連俳優評判記』下、日本芸術文化振興会、平成十七年、一八一～二頁。

［48］平成十二年に三代目市川猿之助（二代目猿翁）が春秋会において復活上演を行った。

表1　河竹黙阿弥作の散切物一覧

上演年月日	劇場	名題	備考
明治5年10月13日〜	守田座	月宴升毬栗《つきのえんますのいがぐり》	
6年11月3日〜	守田座	東京日新聞《とうきょうにちにちしんぶん》	
7年7月3日〜	守田座	繰返開花婦見月《くりかえすかいかのふみづき》	
8年6月3日〜	新富座	明治年間東日記《めいじねんかんあづまにっき》	全集未収録。草双紙のみ残存。
10年4月11日〜	新富座	富士額男女繁山《ふじびたいつくばのしげやま》	
10年6月10日〜	新富座	勧善懲悪孝子誉《かんぜんちょうあくこうしのほまれ》	
11年2月23日〜	新富座	西南雲晴東風《おきげのくもはらうあさごち》	全集未収録。草双紙のみ残存。
12年2月28日〜	新富座	人間万事金世中《にんげんばんじかねのよのなか》	
12年5月29日〜	新富座	綴合於伝仮名書《とじあわせおでんのかなぶみ》	
12年9月1日〜	新富座	漂流奇談西洋劇《ひょうりゅうきだんせいようかぶき》	全集未収録。
13年6月15日〜	新富座	霜夜鐘十字辻筮《しもよのかねじゅうじのつじうら》	
13年11月6日〜	新富座	木間星箱根鹿笛《このまのほしはこねのしかぶえ》	
14年6月29日〜	新富座	古代形新染浴衣《こだいがたしんぞめゆかた》	全集未収録。早稲田大学演劇博物館に台本所蔵（イ12-628〜629）。
14年11月20日〜	新富座	島衛月白浪《しまちどりつきのしらなみ》	
15年11月8日〜	猿若座	偽甲当世簪《まがいこうとうせいかんざし》	全集未収録、草双紙のみ残存。
17年4月29日〜	新富座	満二十年息子鑑《まんにじゅうねんむすこかがみ》	全集未収録、『明治文化全集』第十二巻（日本評論社、昭和三年）に翻刻。
18年2月8日〜	千歳座	水天宮利生深川《すいてんぐうめぐみのふかがわ》	
19年1月16日〜	新富座	西洋噺日本写絵《せいようばなしにほんのうつしえ》	全集未収録。東京大学国文学研究室に台本所蔵（近世22・5・220）。第一章第四節参照。
19年5月21日〜	新富座	恋闇鵜飼燎《こいのやみうかいのかがりび》	
21年4月28日〜	中村座	月梅薫朧夜《つきとうめかおるおぼろよ》	

第四節　三遊亭円朝「英国孝子之伝《えいこくこうしのでん》」の歌舞伎化

はじめに

前節では黙阿弥の散切物と古典の関係について見てきた。本節では、黙阿弥の散切物の中では比較的珍しい単一の原作によった作品、それも外国の小説を翻案した人情噺によるものについて見ていきたい。「英国孝子之伝《えいこくこうしのでん》」▼注[1]は数ある三遊亭円朝作の人情噺の中で今日一般的に知られているとはいい難い作品だが、後述するように外国文学の翻案という点の新奇さが受けてか、歌舞伎にも脚色されたびたび上演された。確認し得た限りでは、「英国孝子之伝」を原作とする狂言の上演は明治期に十二回行われている。▼注[2]「英国孝子之伝」の最初の脚色が、河竹黙阿弥による「西洋噺日本写絵《せいようばなしにほんのうつしえ》」（明治十九年一月新富座。以下、「日本写絵」）であるが、この作品は『黙阿弥全集』（全二十八巻、春陽堂、大正十三〜五年）に収録されておらず、円朝の原作同様、「忘れられた」作品であるといえる。

庵逧巌《あんざこいわお》は「「飜訳西洋話《ほんやくせいようばなし》」の周辺」（『日本演劇学会紀要』八号、昭和四十二年六月）において、「日本写絵」の台本は「失われた」とし、その上方における改作「飜訳西洋話」（以下、「飜訳」。台本は阪急文化財団池田文庫に所蔵）の内容が「日本写絵」とほぼ同一であるとの前提に立って論を進めている。しかし、筆者が確認した「日本写絵」初演系台本の内容には「飜訳」とは異なる点が多々見受けられる。以下、原作である円朝の人情噺、東京における脚色、上方での改作の比較を通じて、「日本写絵」の再評価を試みる。

一、円朝「英国孝子之伝」について

「之は或る洋学先生が私に口伝《くちうつ》しに教へて下すつたお話しを日本の名前にしてお和《やわ》かなお話しに致しました」[注3]という作品冒頭の円朝の言葉から、「英国孝子之伝」は外国文学の翻案であると考えられてきたが、原作は長らく不明であった。延広真治によって本作がイギリスの作家チャールズ・リード Charles Reade の小説「現金」Hard Cash の翻案だと明らかにされたのは昭和五十年代のことである。[注4]なお、円朝のいう「或る洋学先生」とは、福地桜痴を指すものとするのが一般的である。[注5]福地桜痴は黙阿弥とも交流があり、黙阿弥が円朝同様に桜痴から直接「現金」の筋を聞いていた可能性は否定できないが、番付のカタリには「開く若木の若林玵造氏が即記法《そくきほう》にて綴りし絵本を初席の種に脚色《しぐみ》し新狂言」とあり、基本的には円朝の人情噺の速記本を元にして脚色を行ったと考えてよかろう。「原作」である円朝の「英国孝子之伝」（全八回）の梗概は以下の通りである。

元前橋藩の重役春見丈助が東京で営む宿屋へ、元同輩の井生森又作が訪れ、百円の返済を求める。藩の御用達商人だった清水助右衛門が来訪し、三千円を預けるが、丈助の悪評を聞いて慌てて金の返却を請う。丈助は助右衛門を撲殺し、預かり証文は又作の手に渡る。（第一回）

丈助の娘おいさは父の殺人の模様を立ち聞きして嘆く。助右衛門の息子重二郎は父の行方を尋ねるが、見つけられない。一方、死骸の処分のため上州へ向かった又作は、荷物の中身を知って強請ってきた車夫を殺す。（第二回）

七年後。丈助は質店を営み、助右衛門の妻子は上京するが貧しい裏長屋住まいとなっている。重二郎は丈助の元に金の無心に訪れるが、追い払われる。おいさは哀れみ、金を恵む。又作も丈助を再訪して金を要求する。丈助は金を渡す約束をする。（第三回）

重二郎一家と同じ長屋に住むお虎は、蒲団の賃料を立て替えてやったのを盾に、おまきに旦那を取るよう強いる。母は助右衛門の形見の観音像を担保として渡す。屋根屋の棟梁清次がお虎宅を訪ね、おまきに惚れていることを話していると、おまきがやって来て清次に身を売ることを承知する。清次は観音の厨子に記された名からおまきが助右衛門の娘と知り驚く。（第四回）

助右衛門に旧恩がある清次は、一家の力になることを誓う。清次は、帰り道で丈助と又作の会話を立ち聞きし、二人が助右衛門を殺したことを知る。（第五回）

おいさは重二郎に指輪を渡して結婚を望む。重二郎は貧苦を脱した暁には夫婦となることを約束する。丈助は又作を殺し、証文もろとも焼いてしまおうと長屋に火を付ける。（第六回）

丈助が敵と知った重二郎はおいさに指輪と金を返す。清次と重二郎は丈助を訪ね、火事場から持ち出した証文を突き付けて金の返済を求める。丈助はつい無断で金を借用したと詫び、返済する。清次は助右衛門の死骸も返せと迫る。（第七回）

丈助は二人を蔵の中へ伴い、紋服に着替え切腹する。丈助は清次においさは実子ではなく、恩人の孫娘で、かつての主人の落胤であることを明かし、彼女と重二郎を夫婦にするよう頼み、「助右衛門からの借金を返済できない場合は全財産と娘を重二郎へ引き渡す」という証文を認め、自分は借金苦から狂死したと届けるよう言い残して死ぬ。重二郎はおいさと夫婦となり春見家の財産を相続し、母の眼病も全快、清次はおまきを妻として材木屋を開き、両家ともに栄える。（第八回）

この円朝の人情噺「英国孝子之伝」は、歌舞伎でどのように脚色されていったのだろうか。

二、歌舞伎への脚色と従来の評価

「英国孝子之伝」の最初の脚色上演は、すでに触れたように明治十九年一月の新富座の「日本写絵」で、作者は三代目河竹新七、竹柴進三（のちに其水）らに、「スケ」（助作者）として黙阿弥が加わる陣容である。この時期の黙阿弥は、最初の引退を表明して新七の名を門弟に譲っていたものの、引き続き合作の中心的役割を担っており、「日本写絵」も黙阿弥主導で執筆されたと見て良い。上演を実際に目にした岡本綺堂《おかもときどう》も「勿論、黙阿弥一人の筆に成ったのではなく、門下の新七や其水も手伝ったのであろうが、七十二歳にしてこの作あり、〔中略〕黙阿弥の老健が思いやられる」と記している。▼注[6] この上演では団十郎が春見丈助を、初代市川左団次が又作と清次の二役を演じている。▼注[7] 世話物よりも時代物に本領を発揮したとされる団十郎にとっては、これが生涯唯一の円朝物への出演であった。

続いて同年三月には、大阪・朝日座で「西洋美談倭写絵」、翌二十年三月には、名古屋・千歳座で東京と同じ外題で上演が行われた。いずれも大芝居ではなく、内容の詳細も知ることができないが、新富座での上演後、各地へ「英国孝子之伝」の脚色が広がっていったことがわかる。同年十一月の大阪・浪花座、十二月京都・北側演劇場における「飜訳」は、当時売り出し中の若手であった初代中村鴈治郎▼注[8]が又作と清次の二役を演じ、京阪の大劇場において上演されたという点で注目に価する上演である。これ以降、左団次が一度、鴈治郎が二度（鴈治郎は計四度）又作と清次の二役を演じた他、小芝居でもしばしば上演が見える。明治三十一年以降は上演の記録を見出せなくなるが、昭和十年に大阪・中座、東京・歌舞伎座で相次いで復活上演が行われた。

「日本写絵」が上演された新富座の明治十九年一月興行は、時代考証等を重視した「活歴」に対する観客の不支持を受けて、団十郎が「断然活歴を廃し、時代物より世話にうつり、大切にかつぽれを踊▼注[9]」った興行であり、「この芝居から改良主義、活歴物の行きづまりを自覚した団十郎が、はっきりと方向転換をし」たと庵逧は捉えている。また、「飜訳」を取り上げた二十年十一月の浪花座の興行は、浪華演劇会社が改良演劇の上演を目指して同座の経営を開始して二回目の興行であったが、これに先立つ第一回興行において改良演劇「千種穐嵯峨月影《ちくさのあきさがのめいげつ》」が大部分の観客に理解されず大失敗していた。▼注[10] すでに触れたように池田文庫所蔵の「飜訳」台本が「日本写絵」初演の内容をほぼ踏襲したものと見なす庵逧は、右のような背景を踏まえ、「日本写絵」と「飜訳」について次のように断じる。

> 東西を通じて、この英国種の飜案劇は、いわゆる演劇改良運動の上げ潮に乗って斬新奇抜な新趣向のもとに演じられたものではなく、むしろその行き詰りと民衆との乖離をうづめるべくとり上げられた、粧いは新しいが、内容は近世以来の世話狂言以外の何物でもなかったのである。

では、庵逧が「近世以来の世話狂言以外の何物でもな」いとする「飜訳」は、どのような内容なのか見ていきたい。

三、「飜訳西洋話」の内容

「飜訳」の梗概を記す前に、この台本がいつ行われた上演に用いられたものであるかを確認しておきたい。庵逧は考証の過程を明らかにせずに、当該台本を明治二十年十一月浪花座上演時のものとして考察を行うが、結論からいえば、この台本は二十年十一月の浪花座もしくは十二月の北側演劇場での上演の際のものであり、庵逧の推測は正しい。池田文庫本三幕目幕切れ近くにある、「今年も暮て来年も、本にやつぱり子の年だ」、「又来る春も子に当る」という台詞から、上演は亥年の年末であることがわかる。これに該当するのは明治二十年十一月か十二月の上演だけである。両者は同一の一座の興行で主要な配役に大きな変更はないので、上演台本もほぼ同内容と考えてよかろう。「この本の作者は詳らかでないが、当時浪花座の座付作者も兼ねた勝(日置注、当時は竹柴)諺蔵あたりが、最も可能性が高い」という庵逧の言にも同意したい。この台本の書誌は以下の通りである。

阪急文化財団池田文庫所蔵(五七七〜五八二)。六冊(横本、二冊目のみ半紙本)。各十七・七・十四・二十六・十一・十八丁。台詞頭書は役名表記。各冊裏表紙に貼紙で「本主　加賀屋」と記す(貼紙下の文字は判読できず)。各冊表紙の場割りは①「序幕　神田佐久間町春見店先の場/四ツ角西洋床店先の場/春見座舗助右衛門横死の場」、②「二幕目　上州街道沼田堤車夫殺の場」、③「三幕目　川口町春見店先の場/同座舗の場」、④「四幕目　亀嶌町お虎内の場／同人力車夫重次郎内の場／於虎二階座舗の場／霊岸島高橋雪降の場」、⑤「五幕目　薬師門前の場／亀嶋町裏長屋の場／同井生森又作住家の場」、⑥「六幕目詰　茅場町薬師前宮松店先の場／宮松二階座舗の場／春見丈助切腹の場」。二冊目（半紙本）の表紙右肩に紙片を貼付し「明治二十年十一月浪花座　印（小笹）」と記す。

次に、各幕ごとに「英国孝子之伝」と内容の異なる主な点を挙げていく。

【序幕】
・又作についてきた料理屋の若い者が、勘定を肩代わりするよう求めるのを、㋑丈助が巧みに騙して追い返す。
・助右衛門に金を預けさせるために、丈助が又作に宿の若い者を装わせる。
・助右衛門殺害の方法が撲殺ではなく絞殺となっている

【三幕目】
・重二郎の春見屋訪問が助右衛門失踪直後とその七年後の二回であったのを一度だけとしている。
・おいさが重二郎に同情する様子を目にして、㋺おいさに横恋慕している番頭義兵衛が丈助に告げ口しようとするが、女中のお兼がごまかして止めさせる。

【四幕目】
・重二郎一家に好意的な米屋が登場する。
・清次が父に恩を受けた人物であると知ったおまきは、清次に惚れたとお虎に見せかけて二人でお虎の家を去る。

・清次に命じられた子分の竹蔵が、又作を監視する手筈を整えているところへ恋仲のお梅が現れ、勘違いから悋気する。

【五幕目】

・㋩丈助は又作に毒入りの葡萄酒を飲ませ、苦しむ又作に丈助は毒を飲ませたと平然と告げる。

・丈助による又作殺害後の放火はなく、単に竹蔵の声に驚いて逃亡するのみとなっている。

【六幕目】

・重二郎がおいさに指輪を返そうとするところへ㋥義兵衛が現れて悪態をつき、重二郎を蹴倒しておいさを連れ去る。

・㋭丈助は連れ帰られたおいさを責め、土蔵へ閉じこめる。

・下女が重二郎と清次の来訪を告げるが、㋬丈助は居留守を使うように命じる。

・竹蔵が案内無しに踏み込み、丈助の又作殺害を目撃したことを仄めかす。

・清次に連れられて㋣重二郎が現れても、丈助は面識がないと言い張る。

・重二郎が竹蔵にお梅を妻に迎えるための金を用立てることを約束する。

「飜訳」の大筋はもちろん原作である「英国孝子之伝」に沿ったものであるが、主に登場人物の描き方において、「英国孝子之伝」と異なる点が多々見受けられる。主人公である春見丈助は、料理屋の若い者を騙し（傍線部㋑）、苦しむ又作に平然と毒を盛ったことを明し（同㋩）、娘を監禁し（同㋭）、清次らの追及にも白を切り続ける（同㋬・㋣）。

「英国孝子之伝」における丈助は、むしろ、「助才《ママ》ない狡猾な男」（第一回）である又作に半ば従う形で助右衛門を殺害し、金の無心に訪れた重二郎に同情心を抱き、清次に助右衛門の死骸を返せと迫られると、「清次が助右衛門の死骸を出せと云に驚き。内心にはどうして清次が彼の助右衛門を殺した事を知つて居るかと思ひ身を慄わせて面色変」（第八回）る有様である。「飜訳」におけるような極悪人というよりは、小心者として描かれているといってよい。

春見屋の番頭（手代となっている箇所もある）義兵衛は、「英国孝子之伝」には登場しない人物であるが、「飜訳」における彼の行動は、従来の歌舞伎に登場する典型的な「手代敵」的なものとなっている（傍線部㋺、㋥など）。また、清次の子分の竹蔵は、「英国孝子之伝」でわずかに登場する「重二郎の居ります裏長屋の一番奥の、小舞かきの竹と申す者」に当たるが、「飜訳」では大幅に存在感を増しており、特に六幕目における活躍ぶりは目覚ましい。

右のような改変のうち、義兵衛の造型については、これまでの歌舞伎の類型にある、滑稽で憎々しい「手代敵」を登場させることで観客の興味を惹こうとしたものといってよかろう。一方、春見丈助や竹蔵の描かれ方の大きな変化は、それらの役を演じる役者に起因するものと考えられる。竹蔵を演じたのは、二十年十一月大阪では嵐璃丈《あらしりじょう》、翌月の京都では五代目中村鶴助である。京都の興行では璃丈はより重要な役といえる清水重二郎を割り振られており、一座の中では比較的優遇された役者であったことが窺える。鶴助も、三代目中村芝翫の子であり、幕末の大立者四代目中村歌右衛門の孫に当たる名門の血筋である。こうした役者に見せ場を与える意図から、竹蔵は円朝の原作以上の活躍を見せる役となったのであろう。丈助の悪人ぶりがより強調されているのも、同様に配役の事情によるものと考えられる。丈助を演じた五代目嵐吉三郎は座頭とはいえ地味な存在であり、明治二十年前後「ぐん〳〵売り出してきた」[注12]鴈治郎との人気の差は歴然たるものであったと考えられる。そのため、「飜訳」

の脚色は、丈助の共犯者である又作と、丈助を追い詰める清次の二役を演じる鴈治郎を引き立てる方針で行われたのであり、又作を殺害し、清次と渡り合う丈助は観客に憎まれる極悪人でなければならなかった。

右のような、観客の興味を惹くために、原作にない類型的趣向を取り入れたり、登場人物の造型を大きく変える姿勢を見ると、庵逧による「近世以来の世話狂言」という「飜訳」の評価には肯ける。これに対して、庵逧が「飜訳」同様に「近世以来の世話狂言」であると考えた「日本写絵」には、そのようにいい切れない部分がある。

四、「西洋噺日本写絵」の真の姿

庵逧の目には触れなかったと思われる「日本写絵」の実際の内容はいかなるものであろうか。筆者は、東京大学国文学研究室及び早稲田大学演劇博物館において「日本写絵」の台本の所蔵を確認している。このうち、東大本は役者名表記であり、その配役が初演時のものと一致することから、初演台本の写本であると考えられる。次に東大本の書誌を記す。

東京大学国文学研究室所蔵(近世二三・五・二二〇)。半紙本六冊。各二十四・十三・二十一・二十九・十六・二十五丁。台詞頭書は役者名表記。各冊表紙に記す場割りは、①「序幕　佐久間町春見屋旅宿の場／四ツ角西洋床の場／春見屋土蔵前の場」、②「二幕目　古河出船宿井上の場／同沼田堤殺シの場」、③「三幕目　川口町春見宅の場」、④「四幕目　亀嶋町重次郎内の場／雇人請宿お虎内の場／霊岸嶋高橋の場」、⑤「五幕目　茅場町薬師地内の場／亀嶋町裏長屋の場／同又作借家の場」、⑥「六幕目大詰　茅場町待合宮松の場／同宮松弐階座敷の場／川口町春見座敷の場／同土蔵内の場」。

「日本写絵」では、主人公である丈助の悪人ぶりの強調、「手代敵」の登場といった「飜訳」に見られた独自の脚色は施されておらず、より円朝の人情噺に忠実な脚色が行われている。次に、「飜訳」同様、各幕ごとに「英国孝子之伝」との主な相違点を列挙する。

【序幕】

・おいさが外出しており父の殺人に気付かない。

【三幕目】

・㋠重二郎の春見屋訪問が助右衛門失踪直後とその七年後の二回であったのを一度だけとしている。

【四幕目】

・清次は丈助と又作の後を追跡せず、二人の会話だけで素性や住所を知る。

【五幕目】

・㋷おいさと重二郎の逢い引きの様子は描かれず、指輪を渡して夫婦約束をする件もない。

・丈助は又作に毒入りの葡萄酒を飲ませる。

・㋦丈助による又作殺害後の放火はなく、単に竹蔵の声に驚いて逃亡するのみとなっている。

【六幕目】

・重二郎のおいさへの縁切りの様子を密かに窺っていた㋸番頭の義兵衛が、おいさに意見をして春見屋へ連れて帰る（「英国孝子之伝」ではお兼が連れ帰る）。
・㋾丈助がおいさの重二郎への恋慕を知り、助右衛門の「死霊の業成るか」と恐れる。
・清次が助右衛門殺害について触れる前に丈助は切腹の覚悟を決める。
・㋻丈助の切腹が旧悪を懺悔し、おいさの素性を明かすなどした後となっている。
・切腹の場に現れた㋕義兵衛が丈助から後事を託される。

右に挙げた違いの多くは、主に話芸と演劇との性質の違いから来るものである。数日に渡って口演される人情噺ではともかく、数時間の芝居の中で二度同じような訪問場面が繰り返されては冗長の感は否めないし（傍線部㋠）、さしたる必然性もなく火事の場面を設けるのも労力の無駄であろう（同㋦）。丈助がおいさの恋に気付くことは円朝原作にはないが、その後の展開の上で必要不可欠であり、原作の欠点を補ったものといえる（同㋾）。おいさが重二郎に指輪を渡す場面が削られる（これによって重二郎が指輪を返す設定がやや唐突なものとなってしまっているが）など、この二人に関する筋がかなり減らされている（同㋷など）のも、時間の制約ゆえであろう。こうした改変の多くは「翻訳」にも踏襲されている。

「翻訳」の場合は先述のように、主人公丈助の悪が強調され、義兵衛という手代敵の登場が見られるなど、登場人物の造型の面で「英国孝子之伝」との間に多くの相違点があったが、「日本写絵」の場合はどうであろうか。すでに述べたが、「英国孝子之伝」における丈助は、清次に「助右衛門さんの屍骸を返して貰へてへ」（第七回）と凄まれるに及んで、自らの殺人の露見におののき、切腹の場へと向かう。それに対して、「日本写絵」では、清次が借金の証書を突き付けると、「どふして証書が手に入つたか。ハテ、非道な事は。」と漏らし、金を取りに

奥へ入る。残された清次（左団次）と重二郎（小団次）の二人は、

小　清次郎さんのお掛合で断ふ迄は成り升たが、シテ、親父さまを殺した事の詮議をば。

左　それも承知しておれど、首尾能く金を受け取た上からは、助右衛門さまの亡骸をどふして始末をなさつたと白状させて見せ升る、其狂言はまだ弐番目でムり升る。

と、金を受け取った上で助右衛門殺害に関しても追及を行おうと話すが、丈助はすでに切腹の覚悟を決めており、奥へ入るとおいさに二人を呼んでくるよう命じ、切腹の準備を整える。「英国孝子之伝」の丈助が小心な人物として描かれていることもすでに指摘したが、その最期については地の文で「立派に咽喉《のど》を掻切つて相果ました」（第八回）と語られている。「日本写絵」では、丈助の悔悟の言葉に対して、清次役の左団次が「流石は元ト士族だけ、悪に強きは善にもと、花は桜木、人は武士」と述べるが、「日本写絵」の脚色はこの「流石は元ト士族だけ」あるという丈助の立派な側面を原作以上に強調したものとなっている。このような描き方は、丈助を演じたのが団十郎であったことによるだろう。原作の持つ本来は立派な武士であるという丈助の一面を際立たせることで、人気実力とも兼ね備えた座頭の団十郎が演じるに足る役としたのである。なお、この切腹には他にも原作と異なる点がある（傍線部ⓦ）のであるが、これについては後述する。

なお、「飜訳」で手代敵として現れた義兵衛は、「日本写絵」にも登場しているのだが、傍線部ⓛ・ⓚの如く、忠実で主人からの信頼も厚い人物である。「英国孝子之伝」には対応する人物は見えず、「日本写絵」で新たに創造された登場人物であるが、改作された「飜訳」で丈助が悪人として描かれると同時に、彼に仕える義兵衛も手

代敵となっているのに対して、丈助の本来の立派さが強調される「日本写絵」では義兵衛も忠義の番頭であることは好対照であり、義兵衛の存在には丈助の印象を強化する意味が込められているように考えられる。

以上、原作と「日本写絵」の相違点について見てきた。主人公丈助の性格に関しては、団十郎の役であるという理由によって原作からの改変が行われているのであるが、小心者が極悪人へと変貌を遂げていた「緜訳」ほどに極端な違いはないといってよい。この他の改変箇所も演劇の特質ゆえのものか、原作の非合理的な点を説明する意図によるのであり、むしろ、「日本写絵」の内容を見ていくと、原作「英国孝子之伝」に対する忠実さが目立つのである。独自の脚色が大量に施されたのは大阪における改作「緜訳」からであったといってよい。なお、「日本写絵」と「緜訳」を比較すると、序幕で丈助のところへ借金の催促にやってくる人物や春見屋の番頭もしくは手代といった、円朝原作に登場しない人物の名前が一致する（前者は利七、後者は義兵衛）などのことから、「緜訳」が円朝原作から直接脚色を行ったのではなく、「日本写絵」を改作したものであることは明らかである。

黙阿弥の話芸脚色の方法が、同時代の三代目瀬川如皐などと比べて原作の筋に忠実であることはしばしば指摘される。小笠原幹夫は、そのような話芸脚色の手法を確立したことで、黙阿弥の明治期の作品が「筋の単純化と清新で理に積んだ描写で、登場人物も、出来る限り従来の類型的性格から離れるべく、工夫を凝らし」[注13]たものとなったと述べる。明治期の作であり、散切物である「日本写絵」にも、右のような「従来の類型的性格から離れる」意識など、「近世以来の世話狂言」から逸脱しつつある点が見出せるのではないだろうか。例えば、初演を実際に目にした高安月郊は、昭和十年にこの作品について、「明治初年士族の落魄から罪になる経路は昔の作の純悪党で無い現実味がある」[注14]ものだったと振り返っている。

庵逧は「日本写絵」の台本を見出せない中で、上方における同作の改作台本「緜訳」を基に、「日本写絵」が「近世以来の世話狂言」であると考えたのであるが、このような同時代人の実感からも、東京で上演された「日本写絵」は必ずしもそのような評価が当てはまらない作品であるということがいえそうである。もっとも、初演から約五十年が経った時点での一観客の回想だけを根拠にそのことを断言するのは乱暴というものであろう。そこで、「日本写絵」が「近世以来の世話狂言」の枠に収まりきらない舞台であったことの、より明白な証拠を以下で示したい。

五、団十郎の切腹の演技

「英国孝子之伝」と「日本写絵」における春見丈助の切腹場面の相違点について、言及を後回しにしていた点が一点ある。それは丈助の切腹と自らの罪の悔悟、おいさの素性の告白、重二郎と清次への懇願といった内容を含む長台詞の前後関係である。円朝の原作「英国孝子之伝」では、丈助は清次と重二郎を蔵の中へ伴い、いきなり切腹する。

清「云訳けをしやうと思つて。腹を切んなすつたかへ。
丈「サ、人を殺し。多くの金を奪ひ取つた重罪の春見丈助。縲絏《なわめ》に掛つては　只今は廃刀の世なれども是迄捨ぬ刀の手前　申訳の為め。切腹しました。臨終《いまわ》の際に重二郎殿。清次殿。御両人に頼み置きたき事が御座る　悪人の丈助ゆゑ。お聞き済みがなければ止むを得ざれど　お聞届けくだされば忝けない。〔後略〕▼注[15]

以下、丈助は短刀を腹に突き立てたまま、おいさが自分の実の娘ではないことを明かし、彼女を重二郎と添わせてくれるよう清次に頼む。

「日本写絵」の同じ場面を見てみると、団十郎演じる丈助はやはり、清次と重二郎を蔵に案内するのだが、

団　是へお招き申せしゆへ、早速お出忝なし。拙者が振舞、御両所には刃傷にて《ママ》も致さんかと思われんが、全《まったく》左様の所存成らず。御疑念晴らす其為に此大小は、◯

ト大小を取て両人の前へ差出し、団十郎［丈助］下手へ来る。左団次［清次］、小団次［重二郎］、是にて上手へ成《ママ》る。団十郎［丈助］後悔の思入にて、

御両所へ斯くの通りお預け中せば、拙者が所存御賢察下さるべし。さて天命のおそろしさ、悪事は出来ぬ物でムる。私欲に迫りて三千円、預る金円つかひ捨、後日の難ンを避けん為、重次郎殿の御親父助右衛門どのおば《ママ》害し、其悪事の手伝ひおば《ママ》致せし井生森又作まで毒殺なし、是にて我が旧悪を知るものなく、枕を高く寝られんと思ひおりしに、不思儀《おもわず》にも又作が所持せし証書、重次郎どのゝ手に入りしは天の御罰と悔期《ママ》なし、お弐人リを土蔵の内へお招き申す一義といふは外成らず、〔後略〕

と刀を二人に渡してから、自らの悪事を認め、円朝原作同様においさの出自に関する告白を行い、重二郎との婚儀を望む。これに対して、清次と重二郎が、おいさが実子ではないとしても「現在こなたが有る内は」、「どふも是計りは」承諾できないと戸惑うのを見るや、

団　御承知なきも御尤、此上は助右衛門どのへ言訳なさん為、此場において生害なせば、是にて御納得下さるべし。

ト是にて団十郎〔丈助〕脇差を取て腹へ突立る。皆々見て、恟り思入。

というように切腹し、それによっておいさと重二郎の結婚は認められる。円朝原作の丈助は、先に引いた通り、「人を殺し。多くの金を奪ひ取つた重罪」の「申訳」のため切腹する。「日本写絵」での丈助の自害も「助右衛門どのへ言訳」の意味はもちろん持っているが、腹を切るのが、おいさが実子でないことを明かし、重二郎との結婚を望むが拒否されるということがあった直後であるため、恩人の孫娘であり、主君の落胤（円朝原作でも「日本写絵」でも同じ設定）であるおいさに満足な生活をさせたいが為に犯罪に走った丈助が、さらにおいさの幸福の為に自らの命を捨てるという点が強調されている。これによって、主人公丈助の人物造型や行為は円朝の原作以上に一貫したものとなっているといえる。丈助が腹に刀を突っ込んだ後は短い台詞を三つ喋り、事前に認めておいた遺書を取り出す程度の行為しかなく臨終を迎えて幕となる「日本写絵」大詰が、切腹してから長々と悔悟の念やおいさの身の上の秘密、清次と重二郎への願いなどを述べる円朝の原作や「飜訳」のそれに比べて異例であることはいうまでもない。

実はこのような異色の切腹場面は近い時期の他の作品でも見られる。例えば新富座の五月興行（「日本写絵」等の次の興行）で上演された「夢物語盧生容画《ゆめものがたりろせいのすがたえ》」の場合、主人公である渡邊崋山の切腹は、片肌を脱ぎかけたところで舞台が回り、再び姿が見えた時にはすでに事切れているという演出を取る。翌二十年六月新富座「関原神葵葉《せきがはらかみのあおいば》」における細川の奥方敷波の自害は、観客から見えない屏風の陰で行われ、家臣小笠原正斎が長刀で「隔て越しに、御介錯」[注16]する。男女の別こそあれ、この二役はいずれも団十郎が演じたものであり、そして、後者に関しては観劇団体六二連《ろくにれん》の人々による「爰らは実に火急の場故斯も有可と思はれ大賛成。以来自害物抔は斯云風にして貰たし（義太夫《ちょぼ》を相手に血綿のぶら下る抔は不感心）」[注17]という肯定的な評が見え、前者についても演出に関する直接的な評価は提示されないものの、『歌舞伎新報』上の六二連の評を見る限り、切腹場面自体は好評である。[注18]いずれも腹を切った後にいつまでも苦しむ様を見せるような従来の歌舞伎の切腹に比べ、より合理的な流れになっているといえよう。この二作はともに黙阿弥の作品ではあるが、当時の狂言作者の作劇姿勢から考えても、このような切腹の新演出に座頭である団十郎の意図が強く反映されていたことは間違いない。

おわりに

庵逧は「日本写絵」を「近世以来の世話狂言」であると考えた。しかし、「日本写絵」における主人公春見丈助の描かれ方は、同作品の上方での改作である「飜訳」と比較すると明白であるように、「近世以来の世話狂言」の類型から外れつつあった。そして、その切腹の場面は、原作である円朝の人情噺以上に合理性を持っており、従来の歌舞伎における常套的な演出とはだいぶ趣を異にするものだったのである。

さらに庵逧は「日本写絵」が上演された明治十九年一月新富座興行から「改良主義、活歴物の行きづまりを自覚した団十郎が、はっきりと方向転換をし」たとする。たしかに、従来の活歴の路線に代えて、古典の「楼門五三桐《さんもんごさんのきり》」と、当時人気を博していた円朝の人情噺を原作とした世話物「日本写絵」、さらに「かっぽれ」（初霞空住吉《はつがすみそらもすみよし》）という番組を企画した背景には、活歴を支持しない多くの観客に対する幾分かの妥協が感じられはする。だが、「日本写絵」の中で試みられたより合理的な切腹の演出は、さらに五月興行、翌年六月興行へと続いていったのであり、団十郎の中には依然として「改良」への意志が燃えていたと考えるべきである。「日本写絵」はこうした団十郎の意志と黙阿弥の革新的な作風が現れた作であった。

先述のように「関原神葵葉」の敷波の自害場面の演出は六二連の人々から肯定的に受け止められたが、同じ評中のすぐ後に続く部分には、「(団十郎)《ほんにん》が気の入程見物には通らぬ様で有たり」という文言が見え、団十郎の熱意とは裏腹に、この合理的な切腹演出に対して大多数の観客が物足りなさを覚えていたであろうことが想像できるのである。ここからは、団十郎の試みた新傾向の演技が持つ、幾分かの特殊性が窺われる。このように必ずしも一般観客の支持を受けたとはいえない団十郎による新たな演技・演出が近代歌舞伎の演技術の基礎となっていき、逆に多くの観客の好尚を反映した「飜訳」のような作品が「近世以来の世話狂言」として低い評価を受けるようになっていく過程については、さらなる検討が必要であろう。

黙阿弥の散切物という観点でいえば、「日本写絵」は同じく翻案物の「人間万事金世中」とともに、単一の原作を持ち、その原作にかなり忠実な脚色がなされる点、▼注[19] 例外的な作品である。息女糸の回想によると、黙阿弥は円朝の人情噺を脚色してきた門弟に、「名人が作つた譚《はなし》などを脚色《しぐ》むのは非常に難しいもので、脚色したとしても、よく原《もと》の筋をこはさないやうに、そして又譚と芝居とは違ふから、出て来る人間の取捨《ぬきさし》もしなければならない。もと〳〵脚色んだとて、それが自分の作になつてしまふといふ性質のものではないのだから、なぞとしんみりと言聞かせ」たといい、また「父自身も円朝さんの譚などへはなるべく手を付けないやうにしてゐ」たという。▼注[20] 人情噺などからの脚色には必ずしも積極的ではなかったのかもしれない。しかし、この「日本写絵」において、原作に沿いつつも、そこに団十郎による新たな試みを盛り込み、高安月郊が「昔の作」とは一味違う「現実味」を感じたように、明治の人物・社会を描出したことは評価すべきであろう。

【注】

[1] 速記本初版（明治十八年刊）外題。内題は「西洋人情話英国孝子ジョージスミス之伝」。

[2] 十九年一月東京・新富座、三月大阪・朝日座、二十年三月名古屋・千歳座、十一月大阪・浪花座、十二月京都・北側演劇場、二十一年十月大阪・堀江市の側芝居、二十三年十一月名古屋・千歳座、二十四年二月大阪・角劇場、二十八年五月横浜・千歳座、二十九年三月大阪・福井座、十一月東京・明治座、三十年三月大阪・朝日座。

[3] 「英国孝子ジョージスミス之伝」『円朝全集』第二巻、岩波書店、平成二十五年、七頁。以下、同作からの引用は同書による。

[4] 「「英国孝子之伝」と"Hard Cash"」『文学』第四十七巻第二号、昭和五十四年二月。

[5] 『英国孝子ジョージスミス之伝　西洋人情話』（リプリント日本近代文学87、国文学研究資料館、平成十九年）の解題による。

[6] 「寄席と芝居と」『日本及日本人』第三三二号、昭和十一年一月。

[7] 上演によって清次、清次郎や重次郎、重二郎など、役名の表記に異同があるが、本論考では引用や書誌情報を除き「英国孝子之伝」に登場する名前で統一した。

[8] 雁次郎、雁治郎等複数の表記が存在するが、本論考では「鴈治郎」に統一する。

[9] 田村成義編『続続歌舞伎年代記　乾』鳳出版、昭和五十一年（初版は大正十一年）、四三二頁。

[10] 伊原敏郎『明治演劇史』早稲田大学出版部、昭和八年、七五九頁。

[11] 『新訂増補歌舞伎事典』（平凡社、平成十二年）の「手代敵」の項（山本二郎執筆）では「世話物で商家の番頭や手代で悪事を働く敵役」と定義されている。

[12] 高谷伸『明治演劇史伝　上方篇』建設社、昭和十九年、二二〇頁。

[13] 「近世末期演劇における話芸の影響」『歌舞伎から新派へ』翰林書房、平成八年、二十頁。

[14]「六月の歌舞伎」『演芸画報』第二十九巻第七号、昭和十年七月。

[15] 注3前掲書、八十五頁。

[16]「関原神葵葉」『黙阿弥全集』第十七巻、春陽堂、大正十四年、三四六頁。なお、役名は「敷波」となっているが、この「細川の奥方」とは、もちろん細川忠興の正室ガラシャ（明智玉）のことである。宮川尚古『関ヶ原軍記大成』には、ガラシャが守刀を胸に突き立てた後、正斎が「無礼なりとや憚りけん。側らに掛け置きたる負尖刀《なぎなた》を取つて、次の間より、内室の咽を刺通し」、介錯したと記されている（黒川真道編『国史叢書　関原軍記大成　一』国史研究会、大正五年、三九五頁）。

[17] 六二連梅素薫・高須高燕「新富座略評（前号の続き）」『歌舞伎新報』第八〇五号、明治二十年七月二十八日。

[18] 六二連梅素薫・高須高燕「新富座芸評（前号の続）」『歌舞伎新報』第六九七号、明治十九年七月十日。

[19]「人間万事金世中」と原作であるブルワー＝リットンの『マネー』については、渡辺喜之による『新日本古典文学大系明治編　河竹黙阿弥集』（岩波書店、平成十三年）解題において詳細な比較がなされている。

[20] 河竹繁俊『黙阿弥全集首巻　増訂改版　河竹黙阿弥』春陽堂、大正十四年、三三六頁。

第二章

戦争劇と災害劇

第一節　上野戦争の芝居
――黙阿弥・其水の作品を中心に――

はじめに

明治維新が日本の歴史を考える上で極めて重要な出来事であることはいうまでもないが、「社会を映す鏡」であるところの演劇は、この日本社会の一大転換期をどのように描いてきたのだろうか。大木豊は、演劇における「明治維新物」を「広義には河竹黙阿弥・三世河竹新七・竹柴其水らの散切物、あるいは勝諺蔵の「早教訓開化節用《おしえぐさかいかせつよう》」（明治八年）、「娼妓誡開花夜桜《じょろうのまことかいかのよざくら》」（明治一〇年）など大阪で流行した新聞種の脚本も含まれようが、維新物といえばやはり明治維新に直接関係のある事件を背景とした史劇に限るのが妥当であろう」と定義している。▼注[1]筆者も「明治維新物」という系統の範囲は、「明治維新に直接関係のある事件を背景とした史劇」に限定することが適当だと考える。あるいは、「黒船来航から函館戦争に至るまでの時期の社会の変革に関わる事件を題材とした作品」とでも定義するとより厳密であろうか。明治前期の大阪で好まれ、大正期以降も中村吉蔵《きちぞう》、北條秀司《ひでじ》といった劇作家によって、しばしば描かれてきた桜田門外の変を題材とした芝居も「明治維新物」に含まれるであろう。▼注[2]第三章第四節で触れるが、大阪では桜田門外の変の芝居は、明治六年二月若太夫芝居の「桜田雪盛忠美談《はなふぶきせいちゅうびだん》」を皮切りに十年代初めまで次々と新作が上演され、それらはしばしば再演された。

一方、明治前期の東京では桜田門外の変を扱った狂言は、右の「桜田雪盛忠美談」を忠臣蔵の世界に書き換えた七年二月沢村座「讐怨解雪赤穂記《かたきうちゆきのあこうき》」を唯一の例外として、上演の記録を見出す事ができない。▼注[3]明治前期の大阪における「明治維新物」を代表する題材が桜田門外の変であるとすれば、東京におけるそれは、上野戦争である。本節では、明治前期の東京の歌舞伎が明治維新をどのように捉えたのかを知るために、当時の上野戦争物狂言がどのような内容のものであったかを確認し、そこから浮かび上がる河竹黙阿弥とその門弟竹柴其水による作品の特色を明らかにしていく。

一、「狭間軍紀成海録」

まず、史実における上野戦争の概要を確認しておきたい。▼注[4]

上野戦争は戊辰戦争における戦闘の一つであり、慶応四年（九月に明治に改元）五月に、江戸・上野において、幕府側の彰義隊と薩摩、長州を始めとする新政府軍との間で戦われた。彰義隊は渋沢喜作、天野八郎といった幕臣によって結成され、寛永寺に謹慎していた徳川慶喜の護衛の名目で、上野に屯所を置いていた。すでに四月十一日に江戸城は新政府軍に明け渡されていたが、関東地方では依然として旧幕臣や佐幕派諸藩の残党などが抵抗を続けており、彰義隊は上野の輪王寺宮公現入道親王の京都への召還を拒み、新政府軍と対立していた。こうした状況の中、上野の彰義隊の討伐が決定し、五月十五日に軍務官判事・大村益次郎の作戦のもと、攻撃が開始された。薩摩藩兵は黒門口から、長州藩兵は本郷団子坂方面から攻撃を行い、これ以外の諸藩の兵も他の方面から進撃し、十五日中に彰義隊を滅ぼした。輪王寺宮は上野を脱出して東北地方へ逃れ、のち奥羽越列藩同盟の盟主に擁立された。なお、上野戦争を生き延びた彰義隊の残党は、これ以後も各地の戦闘に加わり、一部の者は戊辰戦争の最終局面である箱館戦争にも参加した。新政府の「関東経営、江戸の東京化などは上野戦争の勝利によって軌道にのせることができた」▼注[5]と評される重要な戦闘であった。

「江戸の東京化」にとって決定的な出来事であり、市街地から至近の地が戦場となった上野戦争は、東京の人々にとって強烈な記憶を植え付けたであろう。三代目中村仲蔵も自伝『手前味噌』の中で、上野戦争の詳しい顛末と、戦闘の翌日十六日に上野へ見物に赴いたことを書き記している。▼注[6]

上野戦争を題材とした最初の芝居は、明治三年八月守田座「狭間軍紀成海録《はざまぐんきなるみのききがき》」（黙阿弥作）である。『黙阿弥全集』解題が、「名は桶狭間であつたが、維新の際に於ける上野戦争を当て込んだもので、その意味に於て時人の喝采を博したといふ。また作中に描かれた能師水間左京之亮一家の悲劇は、上野戦争の花形とも称すべき天野八郎を寓したものとして喧伝され、これまた評判になつたといふ」というように、表向きは織田信長が今川義元を破った桶狭間の戦いを描いたものであった。五代目尾上菊五郎が演じる水間左京之亮は今川の家臣であるが、五幕目「桶狭間合戦の場」で、小田春永（織田信長）の家臣左枝犬清（前田犬千代、利家）と戦い、犬清の切り込む刀に深手を負ったところで、次のような告白を始める。

犬清　かく勝負の付く上は、貴殿の首級は申し受くるぞ。
左京　やれ待たれよ、犬清殿、元より貴殿へ進ぜる此の首。

犬清　なんと。
左京　我髻《もとどり》に附け置きし、此の札、とくと御覧下され。
犬清　我髻の札を見よとは、どれ。
〽不審ながらも立寄りて見れば縁りの墨の跡、（ト左京之助《ママ》の髻の札を見て、）
左枝犬清殿へ、我首進上申すものなり。心得難き貴殿の胸中、我に首級を送らんとある、そも先づ御身は何人なるぞ。
左京　その不審は御尤も、今は何をか包み申さん、我こそ御身が二世迄と言替されし、小田家の侍女吉野が実の兄でござる。
犬清　さては貴殿が噂に聞く、左近殿の長男なりしか、知らぬことゝて、むゝ。
ト犬清思入、
左京　思へば不孝な我が身の上、男の物領と産れながら、父が能師の業を嫌ひ、何卒武士になりたき一心、幼年の折家出なし諸国遍歴いたせし内、縁あつて今川家の、家臣となつて立身出世、望みは果せど儘ならぬ、父は小田家の御扶持を受け、敵と味方に音信不通、なれども武士の表は、表絶えて久しき親人の御身の上が案じられ、此の程御様子伺はんと、父の宅へそれがしの腹心を間者に入れ、委細の様子を承りしに、妹故に犬清殿には春永殿の御勘気を受けたる御身、此度の一戦には討死との御決心、これ皆我妹故、あつたら盛りの武士の命捨てさす残念さ、殊更此度の合戦は元より味方に勝利なしと疾くよりそれがし察せしは、只大軍を頼みとなし、勇に誇つて智なき大将、たま〳〵思慮ある重臣あつて諫めを入れても用ひぬ御主君、名将の下に弱卒なき小田家とは天地雲泥、小勢といへどもすこぶる大敵、所詮及ばぬ事と察し、生中《なまなか》に生延はり主家の滅亡見るがいやさに、元より死する覚悟のそれがし、とても敵に渡す首なら、妹聟の其許へ進上なさんと最前より、乱軍のその中を切抜け〳〵貴殿の在所《ありか》を、尋ね求めし甲斐あつて犬死ならで犬清殿に、首級を渡す我本懐、数ならねども我首を討つて命を全うなし、帰参の種にして下され。▼注[7]

左京之亮は犬清と恋仲の小田家の侍女吉野の兄で、家業の「能師」を継ぐことを嫌い、武士になることを志して出奔し、今川家に仕官していた。今川家の滅亡を覚悟した今、最後に妹との不義ゆえに主君の勘気を受けた犬清に討たれ、手柄を立てさせてやるつもりで出陣したのであった。台本では、この後、犬清が左京之亮の首を打ち落としたところへ、左京之亮の父左近が駆けつけ、息子の最期を聞いて犬清とともに嘆く。

左京之亮の登場は全幕を通じて右の場面だけであるが、彼のどのような点が「天野八郎を寓し」ているのだろうか。史実における天野八郎は、彰義隊結成時に副頭取に推され、頭取の渋沢成一郎が内部の意見対立によって脱退した後は、彰義隊の実権を握った人物である。彼は上野国の庄屋の次男として生まれ、江戸へ出て定火消与力広浜氏の養子となったが、後に養子関係を解消して旗本となり天野氏を名乗ったという。▼注[8] 生まれた家を出て武士となった点は、左京之亮と一致するが、その他は狂言作者の独創であろう。敵味方の関係などに差はあるが、左枝犬清の不義という設定は浄瑠璃「木下蔭狭間合戦《このしたかげはざまがつせん》」（寛政元年二月大坂・豊竹此吉座）を利用したものである。この場面は上野戦争を忠実に再現するというよりは、桶狭間の戦いという大枠の中に、先行作の趣向を書き換えつつ、上野戦争を思わせる要素を取り込んだものであるといえる。

右の場面に続いて、さらに合戦の模様が演じられ、犬清や春永、此下東吉（木下藤吉郎、豊臣秀吉）らに取り囲まれた今川氏基（史実の桶狭間合戦で敗れたのは今川義元）が自害して幕となる。この場面では本雨を降らせたことがト書きからわかる。また、浄瑠璃の文句に「時しも皐月中旬に、空さへ暗き桶狭間」▼注[9]とある。桶狭間の戦いは永禄三年五月十九日、豪雨の中での合戦であったが、観客はそこに二年前の五月十五日、やはり雨の降る中▼注[10]での戦闘の再現を見出したであろう。豊原国周による菊五郎の左京之亮と二代目澤村訥升の犬清の組み討ちを描いた二枚続きの錦絵（図7）を見ると、桶狭間の戦いに上野戦争を重ねる意図があったことはより確実となる。この絵では、切り結ぶ二人の背後に石段と木製の柵が描かれ、鉄砲の玉と思しきものが石段や柵に当たって炸裂している。この背景は明らかに寺社地であり、彰義隊が防備を固めていた上野を描いたものであろう。鉄砲についても、『信長公記』『信長記』等における桶狭間の戦いの記述に鉄砲の使用は見出せず、こちらも上野戦争を暗示する絵柄といってよい（ただし、台本を見る限り、劇中では鉄砲は用いられていない）。

図7　国周「狭間軍紀成海録」
〔早稲田大学演劇博物館 100-5644、5645〕

「狭間軍紀成海録」中で上野戦争を暗示した場面は右で見てきた五幕目に限られるが、ここで菊五郎が天野八郎に当たる役を演じ、この芝居が「大入」▼注[11]を取ったことは重要である。黙阿弥および門弟竹柴其水は、これ以後も二つの上野戦争物狂言において、菊五郎に「天野八郎」役を書き与えるのである。

二、「明治年間東日記」

菊五郎が「天野八郎」を演じた二つめの芝居は黙阿弥作「明治年間東日記《めいじねんかんあずまにっき》」（明治八年六月新富座）である。渥美清太郎の梗概[注12]によれば、この狂言は次のような内容である。

明治元年から八年までのことを八幕に脚色の趣向。

序幕が上野の戦争で、上野の院主東雲（五代坂東彦三郎）が、覚禅坊（市川左団次）に守られて会津へ落ちるところは、輪王寺宮の当込みである。彰義隊士清水谷之丞（二役彦三郎）は敗れて脱走の折、重代の刀を溝へ隠して行つたが、それを拾つた悪者鬼蔦の伝五郎（四代中村芝翫）が、小道具屋の宗庵（大谷門蔵）を殺して金を奪う。その娘お千代もかどわかされかけたが、官軍の隊長汐沢覚之進（中村翫雀）が救う（初年）。

函館に籠城した谷之丞、大仏六郎（二役芝翫）は、汐沢が勧告に官軍へ降伏したが、轟坂五郎（五代尾上菊五郎）だけは承知せず、官軍へ斬り入つて逃げる（二年）。

坂五郎は箱根山で官軍に出会い奮戦したが、もと召仕で今は猟人になつている蟒の九蔵（市川左団次）に救われる。九蔵の家に厄介になつているお千代と、母おしげ（二役翫雀）は、手代幸七（二役菊五郎）と共に暮していたが、父の仇の証拠である刀を貧に迫って質入れし、流れそうになるので悩み、お千代は根津の鬼蔦屋の娼妓となる。九蔵は坂五郎を内へ連れて来たが、悪心起つて官軍に訴え、坂五郎は遂に召捕られる（三年）。

鬼蔦屋の主人は伝五郎であり、身を売ったお千代は松ヶ枝となつていた。九蔵が来て伝五郎を強請る。おしげと幸七はお千代を尋ね、おしげは二人を夫婦にして家再興を計ろうとしたが、幸七はもと非人の出なので承知しない。九蔵は幸七をかどわかしだとて打擲する。幸七は伯父喜平次（三役彦三郎）の家へ赴き、素性の悲哀を嘆いたが、折から四民平等の布令が発せられる（四年）。

松屋を再興したおしげの内で、幸七は刀を手に入れ、敵は谷之丞と誤解する。娼妓解放令でお千代は家に帰り、喜平次の仲立ちで幸七と祝言。車坂で九蔵は赦免となつた坂五郎に逢つたが、命を助けてくれたので改心する（五年）。

榊原健《ママ》吉の剣術興行で谷之丞と大仏の試合。お千代と幸七を証拠に谷之丞を仇と詰め寄つたが、覚之進が保証するので引取る（六年）。

車夫になつた伝五郎は、もと谷之丞の若党であつた弟の宗八（二役左団次）と、女房おとく（嵐大三郎）の意見で改心し、わざとおしげの家へ忍び入つて、幸七とお千代の手にかかり、宗庵を殺した懺悔をして死ぬ（七年）。

清水、汐沢、それに巡査となつた轟が上野に集まり、戦争当時を回顧する（八年）。趣向はなかなか巧みであつたが、時相が混乱していたので成功しなかつた。

残念ながら、「明治年間東日記」の台本は現存しないが、右の梗概や番付類、舞台を原作とした正本写草双紙[注13]によって、その内容はある程度知ることができる。「明治元年から八年までのことを八幕に脚色の趣向」と渥美が記す通り、明治元年（慶応四年）の上野戦争に始まり、二年の関所廃止令（劇中では明治三年の場面で触れられる）、榎本武揚の降伏、四年の散髪脱刀令と身分解放令、五年の娼妓解放令、六年の敵討禁止令、榊原鍵吉の撃剣会発足、七年の谷中天王寺墓地の東京府共同墓地化といった話題が狂言の筋の中に取り入れられ、八年の彰義隊記念碑建立の場で大団円となる。雑多な出来事が集められてはいるものの、基本的には、彰義隊士とその周辺の人々の「上野戦争以後」を描いた作品であるといってよい。

「狭間軍紀成海録」から五年後の作品であり、明確に同時代を描いた「明治年間東日記」であるが、彰義隊士の面々の役名に実名を用いることは避けられている。清水谷之丞、大仏六郎、轟坂五郎といった名前について、渥美は「実名をきらって」、「上野にちなみのある仮名を使った」という。▼注[14] しかし、「明治年間東日記」における仮名使用の理由は、単純に実名を嫌ったゆえとは言い切れない。菊五郎の演じた轟坂五郎は、戦闘の場から一旦落ち延び、潜伏しているところを召し捕られるという設定を見ると、明らかに上野戦争の後、市中に潜伏したものの捕らえられた天野八郎に当たると考えられる。しかしながら、隊内の意見対立によって彰義隊から離脱するという行動はむしろ、彰義隊頭取を務めていた渋沢成一郎やその従兄弟である平九郎などを思わせる。また、後に巡査となる設定も、実際に彰義隊士から警官に転身した人物の例があり、▼注[15] こうした人々をモデルとしたものであろう。黙阿弥は天野八郎だけでなく、複数の彰義隊士の逸話を寄せ集めて、轟坂五郎というより観客の興味を惹く仮構の人物を作り上げたのであり、仮名の使用は単なる実名の忌避ではない。また、「明治年間東日記」における箱館戦争の場面は、史実や明治維新を扱った戯作等に存在しない山中での戦闘となっており、隊を抜けた轟坂五郎の孤軍奮闘が菊五郎の見せ場となったことが想像される。先に坂五郎の彰義隊からの離脱が渋沢成一郎や平九郎を思わせると述べたが、草双紙によれば、この場面での坂五郎は、大岩の上に上がり立ち腹を切ろうとする。この行動は成一郎らの「振武軍」が、武蔵国飯能周辺で官軍と戦った飯能戦争における平九郎の最期を当て込んだ可能性も考えられる。▼注[16] これも史実との一致よりも演劇的興味を優先して仮構の戦闘を作り上げたものであろう。黙阿弥は歴史に対してかなり自由な態度を取っているといえる。

三、「皐月晴上野朝風」

菊五郎が初めて実名の天野八郎を演じたのが、默阿弥の門弟竹柴其水による「皐月晴上野朝風《さつきばれうえののあさかぜ》」である。彰義隊の二十三回忌に当たる明治二十三年五月新富座で上演され、渥美に「彰義隊物の決定版」[注17]といわれたこの芝居は、次のような内容のものであった。

上野山下で酔っ払った官軍の歩兵に難癖を付けられる金魚屋九郎兵衛（松助）を、春日左衛門（市蔵）が救う。春日や酒井宰輔（左団次）ら彰義隊の面々は広小路松源楼に集まり、徳川慶喜の無念を思い官軍との抗戦の意志を示す。その帰途、またしても歩兵たちと出くわし、口論の末、春日が歩兵を斬り捨てる（序幕）。下谷竹町の湯屋の主人越前屋佐兵衛（菊五郎）は、官軍御用の札を掛けるよういわれても、徳川家と東叡山への恩義があるとして断る。彰義隊が籠もる凌雲院に長岡悦太郎（左団次）が乗り込み、恭順を説くが、天野八郎（菊五郎）らは拒絶する（二幕目）。

天野八郎は洋行して西洋文明を学ぶことを望む弟賢次郎（左団次）と意見を戦わせる。父半左衛門（松助）は二人と親子の縁を切り、それぞれ望む道を進むよう促す。一家は別れの盃を交わす（三幕目）。

官軍が上野への攻撃を開始、激戦となる。酒井宰輔は深手を追い自害、新門の子分会津の長吉が首を預かる。天野八郎は官軍と奮戦し、その場を落ち延びる（四幕目）。

寛永寺の僧光仁（福助）は、佐兵衛に背負われて上野から脱出、陸奥をさして落ちていく（五幕目）。

天野八郎は清八と名を変え、金魚屋九郎兵衛の奉公人に身をやつしている。妹のお花が訪れ、父の死と賢次郎の渡航を伝える。八郎は奥州へ発足する心積もりを語り、別れるが、ぼうだら伝次（小団次）の訴えによって捕らえられる（六幕目）。

明治二十三年、上野で内国勧業博覧会が開かれている。多くの人が訪れる中、天野賢次郎や銀行の副頭取となっている酒井の息子実、佐兵衛、会津の長吉らが出会い、かつてを懐かしむとともに、新しい世の中を讃える（七幕目）。

実際には上演時間の都合で出幕にならなかったが、大詰の七幕目は、この年上野で開催された第三回内国勧業博覧会が舞台上で描かれる予定であった。

右の梗概を見ると、天野一家の別れや、天野が金魚屋の奉公人となって潜伏していることなどの創作はもちろんあるにせよ、有名な人物がいずれも実名で登場し、比較的史実に近い脚色を行っていることがわかる。最初の上野戦争物である「狭間軍紀成海録」から「明治年間東日記」を経て、「皐月晴上野朝風」に至る中で、次第に実伝的な方向へと脚色の姿勢が変わっていったことが指摘できる。これは台本だけの問題ではない。菊五郎が天野を演じる上で、いかに熱心に実地調査等を行ったかについては、矢内賢二『明治キワモノ歌舞伎　空飛ぶ五代目菊五郎』（白水社、平成二十一年）に詳しい。

このような実伝的姿勢ゆえか、当時の新聞記事でも、「同座の狂言上野の戦争は、去る明治八年の六月新富座にて興行したる、彦三郎の清水谷之丞、菊五郎の轟坂五郎、翫雀の汐沢覚之進、左団次の九蔵などの狂言「明治年間東日記」とは、丸で趣向の相違せしものなりといふ▼注[18]」と伝えられている。しかし、一方で其水の「皐月晴上野朝風」には、師黙阿弥の「明治年間東日記」から影響を受けた点も多く指摘できる。例えば、酒井宰輔の最期は、前田夏繁と高畠藍泉の『東台戦記　一名松硒落葉』（明治七年序）では、「酒井宰輔ハ朝ヨリ数合ノ戦ニ気力疲弊シテ、コ、ニ討死ス」と簡潔に記され、『上野戦争実記　原名、斃休録』（天野八郎著述・高畠藍泉編、明治八年刊）や『東台戦争記』（篠田仙果編、明治十年刊）にも詳しい記述は見当たらない。「皐月晴上野朝風」の酒井の最期が、「明治年間東日記」における清水谷之丞の弟山三郎の最期の場面を改変、再利用したことは、両者を比べると明らかである。

激しく打ち出す大筒の下をくゞりて一個の士、清水谷之丞が舎弟山三郎、官軍の士卒嫌いなく、その身は数ヶ所に手を負いて、よろめきながら戦ふたり。死を極めたる切つ先にさすがの官軍あしらいかね、人雪崩てぞ逃て行く。跡に清水山三郎、一息つきて隙を窺い、討ち死になさんとなすところに清水の若党惣八は、主の言葉に戦の様子案じ煩い、この所へ来たりて見れば、山三郎満身朱に手を負ひて、眼くらみて倒れ伏す。惣八それと見るよりも、「こりや情けない若旦那。薄手にはござりませんか、お気を確かになされまし」と呼ぶ声さへもおぼろげに、むつくと立ちて切り薙ぐる。惣八あわやと身をかわし、「こりや若旦那、山三様、敵の者ではござりません。家来めでござります、惣八これに参りました」（中略）主従手に手を取り交わし、しばし涙に暮れけるが、又も聞こゆる寄せ太鼓、二人ははつと心付き、「とても叶わぬ我が深手。惣八介錯頼むぞ」といふより早く後ろに回り、首は前にぞ落ちにけり。

（草双紙『明治年間東日記』）

〔前略〕本鉄砲の音して宰輔の右の肩へ当り、バツタリ倒れる、これと一緒に順蔵も一緒になる。本釣鐘、床のメリヤスになり、順蔵窺ひながら立上り、ゲベルを抱へ宰輔の様子を窺ふ。
〽折柄烈しき木がらしに、ばら〳〵〳〵と散り来る武士《ものゝふ》。
ト文句の止りバタ〳〵にて、下手より以前の浪士八人走り出て来り、順蔵を目がけ打つてかゝり、これを相手に立廻りながら、花道へ追つてはひる。
〽こなたは傷手にこらへ得ず、苦痛に自由もならざる所へ、木の間へあたる砲声を、事ともなさず忠と義の、心動かぬ新門の、子分に名を得し会津の長吉、息せきこの場へ馳せ来り、
トこの文句の内バタ〳〵になり、花道より会津の長吉更《ママ》けたるかつら、鉢巻の上へ陣笠を冠り、臥龍隊大砲方の法被、三尺帯一本差し、素足へ草鞋がけにて、走り出て来り、宰輔につまづきびつくりなし、抱起して顔を見て、

長吉　ヤ、彰義隊の隊長ぢやアございませんか、此奴アしまつた事をしたなア。おい、旦那様。しつかりおしなせえ〳〵。

〽声をかぎりに呼び生れば、

トこれにて宰輔心づき、キツとなつて花道へ行かうとするを、長吉留めて、

長吉　旦那、わつちでござります、会津の長吉でござりますよ。

宰輔　オヽ長吉か、残念だわえ。

長吉　エヽ、わつちも忌えましくてなりませぬ。

〽無念面にあらはるれば、

宰輔　頼みとなせし南門より、官軍込み入る上からは、所詮この上見込はない。コリヤ長吉、斯くの如き我

が深傷これにて切腹いたすから、汝わが首を討つてくれ。
長吉　エ、。（トびつくりなし、）モシ〳〵そりやアいけません、五十になつても喧嘩なら、若えものよりはな棒で、火の中へでも飛び込みますが、お武家の首が何で斬れますものか。そんな事は堪忍しておくんなさいまし。
宰輔　今際の其方へ頼みゆゑ、どうでも致して首を討ち、知れぬ寺院へ埋めてくりやれ。
〔中略〕
宰輔　山王台はもはや敵軍、恥辱になるぞ、斬つてくれんか。
長吉　ヘエ、斬ります。
宰輔　エ、、臆病者めが、
〽はつたと睨み左手《ゆんで》にて短刀取上げ右手の方、がばと突立てきり〳〵〳〵、最期の程ぞ勇しき
（「皐月晴上野朝風」▼注[19]）

彰義隊士が深手を負って気を失ったところへ、味方の身分の低い人物が駆けつけ、介錯を依頼されるという点で両者は一致する。この後、惣八は山三郎の首を遺族の元へ持ち帰り、長吉は宰輔の首を言い付け通り寺に納め、「どうかして身内の衆にお知らせ申して上げてえと」▼注[20]思っていたところ、図らずも二十三年後の博覧会の会場で宰輔の息子に巡り会う。「皐月晴上野朝風」と「明治年間東日記」の関係は従来指摘されてこなかったが、其水が実伝的な方向を志向しつつも、先行する「明治年間東日記」の趣向に目を配っていることは注目すべきである。

四、その他の上野戦争物狂言

「皐月晴上野朝風」の場合、実際に上演されることはなかったが、大詰を上演時の「現在」に設定している点も「明治年間東日記」の趣向を踏襲したものである。明治八年には彰義隊記念碑建立、二十三年には上野での博覧会が実際に行われたのであり、これらの行事を舞台上に提示することに不思議はないように思われる。しかし、ここまで見てきた黙阿弥、其水以外の上野戦争物狂言に目を転じてみよう。明治十一年七月には喜昇座で「茂辰影慶応日記《しげりかげけいおうにつき》」（作者不詳）が、十二年五月には春木座で「花上野皐月雨雲《はなのうえのさつきのあまぐも》」（三代目瀬川如皐作）が上演されたが、両者の上演から近い時期にはそれぞれ、次のような出来事があった。

○下谷御成道の三河屋幸次郎の持地は向島にあッて、其所へ兼て彰義隊の墓を建て有ッたのを、今度下谷新町の円通寺へひいて、今日賑やかに大供養をいたしますと。（「読売新聞」明治十一年六月十五日）

○上野の中堂も漸く落成したゆゑ、いよ〳〵来る十二日には正遷座の式を執行し、また、入仏供養の大法会は来月中旬に執行するについては、幸ひ十五日は彰義隊が戦没の日ゆゑ、追福かた〴〵同日を中日として法会を執行すると云ふ。（同、明治十二年四月九日）

しかし、両作品でこうした「現在」の出来事が描かれることはなかったらしい。▼注[21] そればかりか、「辰影慶応日記」では、輪王寺宮を暗示した「花輪寺の門主」と覚禅坊が「上野を脱し、奥州へ落ちる途中、覚禅が弁慶、門主が義経となり、夢に安宅の関を見るというのが眼目の幕になつていた」といい、「花上野皐月雨雲」では、やはり「門主法心」と覚禅が上野から逃れ、日暮里の農家へ身を寄せるが、小畑房次郎が「身替りとなつて切腹し、門主を落とすという院本式の筋」で、さらに、房次郎と「数寄屋町芸者小はま」の恋が描かれていたという。▼注[22] このような脚色は、上野戦争を従来の歌舞伎の様々な「世界」と同等に考え、そこに登場する人物を、「院本」の中の人々と同一視する発想によるものといってよい。こうした発想は、冒頭で触れた大阪の桜田門外の変を題材とした狂言にも見える。例えば、「桜田雪盛忠美談」で、水戸浪人の初田市五郎が大老暗殺のため出立する場面は、浄瑠璃「太平記忠臣講釈《たいへいきちゅうしんこうしゃく》」（明和三年十月大坂・竹本座）の「喜内住家の段」を丸ごとはめ込んだものである。十数年前の事件の当事者である市五郎は、百数十年以前の仇討ちの英雄と何ら変わらない描かれ方をされている。

これに対して、「明治年間東日記」「皐月晴上野朝風」では、大詰でまさに事件の当事者やその兄弟、息子、家来といった人々が、観客が観劇からごく近い時期に実際に訪れたり、噂に聞いたであろう彰義隊の供養塔や、博覧会の場所に集まり、戦争の記憶を語り合う。これらの記憶は決して劇中の人物たちだけのものではなく、観客にも共有されるものであっただろう。上野戦争が、赤穂浪士の討ち入りと同様の次元ではなく、観客にとって実感のある、近い過去の事件として意識されるのである。

おわりに

以上、黙阿弥、其水の作品を中心に明治前期の上野戦争物狂言の流れを概観し、戦国時代の合戦の中に上野戦争を暗示する要素を盛り込むという形を取った「狭間軍紀成海録」から「明治年間東日記」、「皐月晴上野朝風」

と次第に内容が史実に近い、実伝的なものへと変化していったこと、その一方で、「皐月晴上野朝風」の酒井宰輔の最期のように、先行作の趣向に対する目配りもされていたこと、默阿弥と其水の作品には、東京の他座の上野戦争物狂言や、大阪における桜田門外の変の芝居などと違い、「過去」（戦争当時）と「現在」を対比させることで、上野戦争を観客により身近な出来事として描くという特色があることなどを指摘した。

もちろん、これらを全て默阿弥と其水の作風の問題として理解すべきではなく、実伝的方向への動きは「リアリズム」（矢内前掲書）を追求した菊五郎の要求を考慮に入れるべきであるし、「過去」との対比による新時代の賛美は、明治前期にいち早く市街地へ進出し、上流階級との結びつきを強めていった新富座という劇場の性格とも関係するものであろう。とはいえ、明治維新当時と上演時の「現在」を対比させる趣向は、默阿弥の「四千両小判梅葉《しせんりょうこばんのうめのは》」（明治十八年十一月千歳座）、其水の「会津産明治組重《あいづさんめいじのくみじゅう》」（明治二十七年十月明治座）等でも使用されており▼注[23]、彼らの作品に特徴的なものであるといえる。いずれにせよ、「明治年間東日記」や「皐月晴上野朝風」は、他の明治維新物の芝居とは異質の方法によって上野戦争を描いた作品だったのである。

【注】

[1] 「明治維新物」『演劇百科大事典』平凡社、昭和三十五～七年。

[2] 『演劇百科大事典』では、「明治維新物」とは別に、「桜田事件」（渥美清太郎執筆）の項が立てられている。

[3] 明治改元以前では、文久三年二月市村座「蝶千鳥須磨組討《ちょうちどりすまのくみうち》」に、曽我の対面を大老襲撃に擬す趣向が取り入れられたが、桜田門外の変を直接的に脚色した狂言は当然ながら見られない。倉田喜弘『芸能の文明開化　明治国家と芸能近代化』（平凡社、平成十一年）には、明治十一年に東京の都座が、桜田門外の変と横浜岩亀楼の遊女喜遊の逸話を脚色した

「近世好東都新織《きんせいごのみあづまのしんおり》」の上演を企画したものの、警視庁によって不許可となり、桜田門外の変の件を省いて上演した例が紹介されている（同書一二五頁）。また、同じく十一年に東京・中島座が「病例服吹雪桜田《やまいのはれふぶきのさくらだ》」という作品を上演しようとしたらしいことが、五月九日と十一月十六日の『読売新聞』の記事に見えるが、いずれもその後行われた興行でそのような演目が上演された記録は見出せない（第三章第四節参照）。

[4] 主に『国史大辞典』（吉川弘文館、昭和五十四年～平成九年）の「上野戦争」の項目（原口清執筆）によった。

[5] 注4前掲記事。

[6] 三代目中村仲蔵、郡司正勝校註『手前味噌』青蛙房、昭和四十四年、三六五～六頁。

[7] 『黙阿弥全集』第二十二巻、春陽堂、大正十五年、一八一～三頁。

[8] 金子吉衛「天野八郎」『国史大辞典』（吉川弘文館、昭和五十四年～平成九年）および山崎有信『幕末史譚　天野八郎伝』（博進堂、大正十五年）。

[9] 注7前掲書、一九〇頁。

[10] 前田夏繁・高畠藍泉『東台戦記　一名松廼落葉』（協力社、明治七年序）によれば、当日の天候は「微雨」だったという。高村光雲『光雲懐古談』（万里閣書房、昭和四年）にも五月十五日の雨について記されている。また、上野戦争を織田信長の比叡山焼き討ちに仮託して描いた歌川芳虎画の錦絵「信長公延暦寺焼討之図」（明治四年七月刊、太田記念美術館蔵）にも雨が描き込まれている。当時の人々にとって、雨と上野戦争はイメージの上で切り離せないものであっただろう。

[11] 黙阿弥が自筆の手記「著作大概」（『河竹登志夫歌舞伎論集』演劇出版社、平成十一年所収）に記している。

[12] 国立劇場調査養成部調査資料課編『系統別歌舞伎戯曲解題』上、日本芸術文化振興会、平成二十年。

[13] 早稲田大学図書館柳田泉文庫所蔵（文庫11－A413）、笑門舎福来作、豊原国周絵『明治年間東日記』、若栄堂刊、明治八年序。上中下三冊。なお、幕末期の正本写草双紙の多くは台本の台詞等をそのまま採録していると思われ、狂言の内容の把握にかなり有効な資料であるが、これに比べて明治期の正本写は本文の分量が少なく、あらすじを述べる程度という趣きが強い。もっとも、狂言の内容を知る上である程度の価値は認められると考える。

［14］「彰義隊物」『演劇百科大事典』平凡社、昭和三十五〜七年。

［15］明治四十年十二月十五日付『東京朝日新聞』には元彰義隊士で巡査となった中島光賢の勤務態度の立派さが讃えられている。類似の記事は他にも存在する。

［16］平九郎の最期は「路傍ノ盤石ニ踞シ、自カラ腹ヲ屠リ、咽喉ヲ刺シテ死ス」（尾高惇忠選「渋沢平九郎昌忠伝」『渋沢栄一伝記資料　第一巻』同刊行会、昭和三十年所収）というものであった。平九郎の遺骸は明治七年十二月に養父渋沢栄一の元へ引き取られ、「明治年間東日記」にも登場する谷中の墓地へ改葬された。なお、栄一は後に帝国劇場の経営に関与するが、同劇場では明治四十四年六月に「振武軍」という演目が上演された。

［17］注12前掲書。

［18］『東京朝日新聞』明治二十三年四月二十三日。

［19］『日本戯曲全集　第三十二巻　河竹新七及竹柴其水集』春陽堂、昭和四年、四八七〜八頁。

［20］注19前掲書、五二六頁。

［21］この二作品の台本はいずれも現存しないので、渥美の『系統別歌舞伎戯曲解題』中の梗概による。

［22］渥美、注12前掲書。

［23］「四千両小判梅葉」では旧幕時代の伝馬町の大牢が描かれた後に、明治八年の牢屋敷廃止後の風景を描写した「牢屋跡祖師堂の場」が置かれ、人々がかつての牢屋敷について会話を交わす。「会津産明治組重」では、維新時の会津戦争で戦場から逃亡した人物が、二十七年後に自分の卑怯さを悔やみ、折から開戦した日清戦争への出征を志願する。なお、前者については、寺田詩麻氏より御指摘を頂いた。

第二節　「会津産明治組重《あいづさんめいじのくみじゅう》」考

――其水の日清戦争劇にみる黙阿弥の影響――

はじめに

明治二十七年から翌年にかけての日清戦争は近代日本最初の対外戦争であり、歴史上、非常に重要な出来事であるとともに、同時代の演劇に対しても大きな影響を与えた事件であった。日清間の交戦開始から間もなく、歌舞伎・新演劇の双方で続々と日清戦争劇が上演されたが、河竹繁俊《しげとし》は「日清戦争のルポルタージュ劇競演における、歌舞伎俳優の完敗」が歌舞伎の古典化を決定的なものにしたと評し、次のように述べる。

〔前略〕ここで歌舞伎は、いわゆる散切物的な新作と、活歴的写実主義はもはや新演劇に任すべきものであり、技芸はへたでも、舞台で火薬を破裂させ、殺伐な戦闘を見せる新派得意の無鉄砲な芝居の方が、この時ばかりはその生々しい報道性と、戦争気分に合った文句なしの痛快さにより、絶対の勝利を得たのはうなずける。〔後略〕

り、自らの可能性の限界をこえたものであると感じ、諦めてしまったように思われる。▼注[1]

近年ではさらに、

> 〔前略〕日清戦争劇の戦場での兵隊や軍人の動きは、それ迄と違う合理的な身体運動でないと、見物の目にも「実感」を誘わなかった。だが、歌舞伎の浄瑠璃に即した動きは、直線的で最短距離を進むべき合理性に反する。▼注[2]

とする神山彰の指摘など、歌舞伎の演技術と近代軍隊・軍人の身体動作の齟齬、歌舞伎と新演劇の俳優の身体の相違などに注目する視点から日清戦争劇が論じられている。▼注[3] こうした日清戦争劇の中で、明治二十七年十月五日から明治座で上演された竹柴其水作「会津産明治組重《あいづさんめいじのくみじゅう》」▼注[4]は、「日清戦争物が歌舞伎のいわゆる大芝居に進出した」▼注[5]最初の作であり、題名からわかるように、前半部で日清戦争よりも二十七年以前の会津戦争を描くことや、座頭である初代市川左団次が日本在住の清国人という特異な役柄を演じた点などで、やや異彩を放つ作品である。左団次演じる清国人・道昌恵《どうしょうけい》とその妻子の離別を描いた六幕目の「入船町貸長屋の場」▼注[6]は、後述の通り後々まで当時の観客に記憶され、比較的高い評価を受けているが、一方で、前半に会津戦争の筋を取り入れたことの意味は従来あまり考えられていない。本節では、本作の作劇上の典拠を指摘していくことで、実は狂言の前半部に会津戦争を置くことには大きな意味があり、そうした構成が其水が師である河竹黙阿弥から受け継いだ手法の一つであることを示す。

一、日清戦争劇の上演と「会津産明治組重」

まず、すでに先行研究で縷々記されていることではあるが、前提として日清戦争劇の上演について簡単にまとめておきたい。日本から清国への宣戦布告は八月一日になされたが、それ以前に、七月二十五日には豊島沖での海戦、二十九日には成歓において陸戦が行われており、両国間の戦闘は開始されていた。この戦争を最初に舞台に載せたのは、よく知られるように川上音二郎一座である。八月三十一日初日の東京・浅草座の興行において、川上一座は「壮絶快絶日清戦争」を演じた。以降、当時もっとも権威ある大劇場である東京の歌舞伎座で、第一級の俳優である九代目市川団十郎、五代目尾上菊五郎ら出演の日清戦争劇の上演が開始される十月二十八日までの約二ヶ月だけを見ても、以下の通り、歌舞伎・新演劇の両者で多数の日清戦争劇が演じられている。

八月三十一日〜　東京・浅草座「日清戦争」（川上音二郎一座）
九月七日〜　京都・常盤座「日清戦争大和魂《にっしんせんそうやまとだましい》」（福井茂兵衛一座）
九月八日〜　横浜・勇座「日清大激戦」（佐藤歳三一座）
　　　　　　横浜・蔦座「朝日晒旗風《あさひのはたかぜ》」（山口定雄一座）
九月九日〜　大阪・明楽座「日清事件報国美談《にっしんじけんほうこくびだん》」（壮士俳優扶桑演劇会）
九月十一日〜　東京・春木座「日本大勝利《にっぽんだいしょうり》」（七代目市川八百蔵他）
九月十六日〜　大阪・角劇場「日清事件噂凱旋《にっせいじけんうわさのかちどき》」（市川荒太郎他）

九月二十五日〜　大阪・朝日座「勝軍《かちいくさ》」（坂東鶴之助他）
九月二十八日〜　東京・新盛座「日清大戦争」（中村蝶昇、中村歌女太郎他）
十月一日〜　大阪・福井座「大日本全勝《だいにつぽんぜんしよう》」（中村笑雀、市川荒二郎他）
京都・夷谷座「日清戦争記《につしんせんそうき》」（女芝居）
京都・福井座「征清捷報噂聞書」（女芝居）
十月二日〜　東京・演技座「朝日の旗風」（山口定雄一座）
十月五日〜　東京・明治座「会津産明治組重」（初代市川左団次他）
十月十日〜　大阪・中座「凱歌日本魂《かちどきやまとだましい》」（市川右団治他）
京都・千本の北座「日清事件日本廼全勝《につしんじけんにほんのぜんしよう》」（木村周平一座）
十月十二日〜　大阪・弁天座「日本大勝利」（初代中村鴈治郎他）
十月十五日〜　京都・常盤座「日清戦争栄誉廼凱旋《につしんせんそうほまれのかちどき》」（静間小次郎一座）
十月二十八日〜　東京・歌舞伎座「海陸連勝日章旗《かいりくれんしようあさひのみはた》」（団十郎、菊五郎他）

すでに述べたように、こうした相次ぐ日清戦争劇の上演の中で、歌舞伎は新演劇に対して劣勢であり、従来の歌舞伎の演技術の限界も露呈したとされる。

このような、歌舞伎と新演劇が競い合って戦争劇を上演する状況の中で、「会津産明治組重」は十月五日から東京の明治座で上演された。立作者は竹柴其水、座元でもある初代市川左団次を座頭とする一座であった。本作の全幕が完備した台本には次の三種類がある。

①演劇博物館本（横本）
早稲田大学演劇博物館蔵（請求記号ハ―78―1〜8）。写本、横本八冊。役名表記。外題が記されず、各冊冒頭の場割りの下に日時の設定が書き込まれている。

②演劇博物館本（縦本）
早稲田大学演劇博物館蔵（請求記号ハ―24―1〜9）。写本、半紙本九冊（六幕目は二種）。役名表記。各冊に警視庁の検印（明治二十七年九月二十八日付）。

③「演劇脚本」本
外題『会津産明治組重・日本誉朝鮮軍記』。活版一冊。明治二十七年十月三十日発行、著作者兼発行者・岡田新蔵（其水の本名）、印刷者・山本鉄二郎、印刷所・株式会社秀英社。

①と②には配役等に多少の異同が見られるが、河竹繁俊によれば、狂言作者の筆記による台本は、横本が草稿であり、縦本（通常は半紙本の書型）はそれを浄書した決定稿であるという。▼注[7] 以下には、より実際の上演の内容に近いと考えられる縦本に従って梗概を記す（ただし、各場面の時間設定は横本に記載のものによる。また、七幕目は配役等が台本と異なることが絵本役割や新聞劇評によって確認できるため、これによって訂正を行った）。

【序幕　若松城下稲荷の場・長局烈女血判の場】（慶応四年二月下旬三ノ午）
三の午で賑わう会津若松城下の稲荷社内。人々は戦乱が訪れそうなことを案じている。藩士の少年桑折《こおり》三之助が、馬丁の金太郎（左団次）、召使いお竹（五代目市川小団次）を伴って参詣する。金太郎とお竹はこの一大事の時に密通をしている自分たちの身の上を恥じ、今後は兄妹同様の付き合いをしようと約束する。中間の久六（五代目市川寿美蔵）が仲間と諍いを起こすのを金太郎が仲裁する。

城内では、老女岩瀬（三代目中村寿三郎）、保原雪江ら藩士の女房、奥女中たちが戦の際は命を懸けるという誓いの血判を済ませている。他の女たちと違い、江戸の生まれである側仕え役の三代治（三代目市川米蔵）もその仲間に加わる。一方、お竹も同志に加わることを願うが、岩瀬はこれを退ける。

【二幕目　桑折屋舗決別の場】（明治元年九月九日）

三之助の父桑折堅蔵（左団次）の屋敷へ弟良介（市川権十郎）が訪れる。兄弟は互いに激戦地への出陣を命じられたことを明かし、堅蔵の妻お節（二代目坂東秀調）、三之助ともども別れを惜しむ。

【三幕目　瀧沢村松並木の場・天寧寺山頂上の場・御城内奥御殿の場・東山天寧寺前の場・戦地仮病室の場・東山天寧寺門前の場】（明治元年九月二十一日）

堅蔵は官軍の銃撃によって討ち死にする。官軍の密偵であった久六らは、会津勢の抗戦ぶりに驚く。戦闘で負傷しつつも天寧寺山の頂上に集まった会津方の人々は、覚悟を決め自害する。

城内では女たちが戦死者の首を葬る準備をしている。お節はその中にあった三之助の首に対面し、女ながら出陣を望む。戦地の仮病院に人手が不足しているという知らせを受け、女たちは病院へ向かう。

仮病院にも官軍が迫り、皆が逃げまどう中、三代治が弾丸に当たり倒れる。駆け寄ったお竹と金太郎に、三代治は江戸の日本橋で薬種屋を営む実家に守り袋と着物、遺髪を届けてくれるよう頼み、事切れる。三代治の顔が損傷を受けているところに目を付け、お竹は着物を取り替える。久六と六兵衛（初代市川荒次郎）がこの様子を窺う。
三之助の首を持ったお節は、天寧寺の門前で良助と再会する。良助は堅蔵の死を告げる。折しも城内の降伏が告げられ、人々は自害する。

【中幕　毛谷村御手洗の場・彦山権現内陣の場】（天正十九年九月十五日）

毛谷村六助は妖怪たちに遭遇するが、すこしも慌てない。そこへ使者が訪れ朝鮮出兵への参加を促す。木村又蔵との相撲を経て六助は出陣を決意し、実は自らの父は漂着した朝鮮の地で殺害されたことを明かし、父の仇と勇み立つ。

【四幕目　浅草寺奥山茶店の場・本町薬種屋奥の場】（明治三年九月二十一日）

学校帰りの子供たちが甘酒を飲んでいる浅草奥山の茶店へ、東京へ出てきた金太郎とお竹がやってくる。順礼の娘で実は金太郎の妹のおぎん（秀調）が悪者に脅されるのを、薬種屋若松屋の丁稚松太郎が救う。おぎんは唯一の肉親である兄が会津の戦争で行方不明になったと語ると、若松屋の女房おすみも会津で養女になっていた先妻の娘の行方が知れないと明かす。お竹と金太郎はこの様子を窺う。

若松屋では養女に行ったおみよ（三代治）の三回忌の法事を行っている。そこへおみよを装ったお竹が、晒屋長兵衛と名乗る金太郎に連れられてやってくる。人々は喜び、金太郎に感謝する。

【五幕目　本石町蕎麦屋の場・本石町薬種問屋の場】（明治三年十月）

金太郎は蕎麦屋の亭主四郎兵衛から金を騙り取る。

四郎兵衛らは金太郎を捕らえ、若松屋へ引っ張ってくる。正体を見破られても白を切る二人は、会津から三代治の着物がすり替えられていた旨の手紙が来ていることを聞かされると、逆に開き直り、どこにでも突き出せとすごむ。主人鶴右衛門（寿三郎）は人々を鎮め、事を穏便に済ませる。

【六幕目　大同江陸軍戦の場・旅順口海軍戦の場】（明治廿七年九月十六日）

日本陸軍が清国陸軍と戦闘を繰り広げる。

海上では日本海軍の砲撃によって清国の軍艦が撃沈される。

【同　入船町貸長家の場】（同八月）

清国人の道昌恵（左団次）とおぎんの子である双種は、清の軍艦が撃沈される夢を見る。世話役の勝五郎（小団次）が訪れ、おぎんに嫌みを言う。おぎんが嘆くところへ道昌恵が帰宅し、帰国せねばならぬことを告げる。道昌恵は義兄の金太郎にも旅費を貸すことを冷たく拒否されるが、差配人長兵衛（寿美蔵）の親切もあり、妻子と別れて旅立つ。

【七幕目　相模教心寺山の場・浜離宮汐先橋の場・新橋ステーシヨンの場】（明治廿七年八月）

清国人拝正漢（七代目市川八百蔵）は教心寺山で測量をしているところを捕らえられる。

お竹は亡くなり、おぎんは貧窮の身で、頼る者もない金太郎は身投げをしようとするが思いとどまる。そこへ今度は四郎兵衛がやってきて身投げをしようとするが、金太郎はこれを止める。四郎兵衛は元は会津の商家の養子だったものの、会津藩から受けた恩を顧みず、戦争になると逃亡したことを告白し、蕎麦屋が潰れたのもその報いと考え死のうとしていた。金太郎は四郎兵衛に、共に戦争に参加し、今度こそ国のために尽くそうと提案する。

新橋駅から戦地へ出発しようとする勝五郎の元へ、金太郎と四郎兵衛が駆けつけ、同行を願う。槍に刺された西瓜を清国人の首に見立て、人々は日本帝国万歳を唱える。

整理すると、序幕から三幕目が会津戦争以前・戦中の会津を描き、中幕に毛谷村六助が朝鮮出兵への参加を決めるという筋の常磐津による舞踊劇「日本誉朝鮮新話《にほんのほまれちょうせんしんわ》」を挟んで、▼注[8] 四・五幕目は会津戦争から二年後の東京を舞台とする。六幕目からが上演時点での「現在」の出来事である。なお、陸海の戦闘場面は、道昌恵の息子である双種が見た夢という形を取っている。六幕目では、五幕目から二十四年の歳月が経過しているが、おぎん、金太郎、四郎兵衛といった会津に関係した人々が重要な登場人物として現れており、両者をつなぎ合わせている。

　右の梗概を一見すると、会津戦争絡みの筋と日清戦争の件とを結びつけることには、さほどの意味があるようには思われない。岡本綺堂が日清戦争劇について述べた中で、本作の「前半はこゝに紹介する必要はない」▼注[9] としているのも、本作を、前半と後半で登場人物が重複しているというだけで、日清戦争の前に会津戦争を置くという構成自体は大きな意味を持たない作品と捉えていることによるのであろう。昭和四年刊の『日本戯曲全集　第三十二巻　河竹新七及竹柴其水集』には、本作の六・七幕目のみが収録されており、「解説」で河竹繁俊は次のように記している。

> 二十七、八年の日清戦役を当て込んだものとはいひながら作者が実地の見聞を土台にした写実劇で、初演以来舞台には殆ど出ないものであるが、其水篇には是非収めるやうにと、当時の舞台を知つてゐる先輩の注意によつて、特にこの二タ幕だけを採つたのである。〔中略〕
> 　本来「入船町貸長屋の場」のみでよいのであるが、頁数の関係上、背景となつてる《ママ》日清戦争の部分まで添へたのである。

綺堂の「その当時、幾十種類に上る日清戦争劇を淘汰して、そこに残る物があるとすれば、恐らく此の一幕であらうと思ふ」という評言もあり、本作は後半の日清戦争関係の筋だけで完結しており、中でも従来の類型にない日本在住の清国人の主人公を登場させた愁嘆場である入船町貸長屋の場に価値を見出すべき作品であるとするのが、大方の見方であろう。近年の矢内賢二による論考も、[注10]主に貸長屋の場のみに触れている。

しかし、初演を目にしている綺堂が右に述べているように、それが必ずしも観客に伝わったとは言い切れないのだが、其水にとっては日清戦争の筋の前に会津戦争を組み入れることは決して突飛なやり方ではなかった。以下、本作がどのような材料から会津戦争と日清戦争を描いているかの指摘を通して、なぜこの二つの戦争が同じ狂言の中に描かれたのかを明らかにしていきたい。

二、会津戦争と騙り

ここで、史実における会津戦争について確認しておく。会津戦争は、戊辰戦争の一局面である。慶応四（明治元）年一月の鳥羽・伏見の戦い、五月の上野戦争の後、戦場を東北地方に移して繰り広げられた新政府軍と旧幕府側諸藩の間の戦闘のうち、会津藩領内での戦いをいう。八月二十一日の母成《ぼなり》峠での戦闘に始まり、二十三日に有名な白虎隊の少年たちの自刃があり、会津側は鶴ヶ城（若松城）に籠城、九月二十二日に降伏する。[注11]戦後、会津藩の領地は没収され、藩主松平容保隠退の後、明治二年十二月に子息の容大に斗南藩三万石が与えられたが、多くの藩士が困窮を強いられたことは良く知られている。

会津戦争の戦況は、交戦中から新政府軍側の人間の手によると思われる初期新聞『東山新聞』などによって伝えられていた。ただし、小二田誠二によれば、これは「広範な読者を獲得したとも考えにくい」[注12]ものであり、今日良く知られる白虎隊の自刃に関する記述も見られない。しかし、戦後、会津戦争に関する情報は比較的早い段階で人々の間に浸透したと見える。明治十一年に小林鉄次郎が出板した草双紙『近世会津軍記』(上下二冊)は、鳥羽・伏見の戦いにおける幕府軍の敗北から会津藩降伏までを追った内容で、会津藩の女性たちが籠城戦に参加したことなどが描かれている。白虎隊の最期についても、明治十年代には新聞紙面に記されたり[注13]、新体詩の題材となるなど[注14]、広く知られていたらしい。

本作の会津戦争関係の筋は、左団次演じる桑折堅蔵の一家を中心として、会津藩の男性と女性それぞれの奮戦を描いたものである。しかし、その描写は必ずしも会津戦争の実態を反映したものとは言えない。作中の会津藩の女性たちは、序幕で血判を交わして互いの忠誠心を確認し、三幕目では戦死者の首を清めて埋葬の準備をしている。しかし、先述の通り会津藩の女性たちが籠城戦に参加した事実は知られていたとはいえ、血判や戦死者の首の清拭といった行為が行われたという記述は、草双紙等も含め、明治二十七年以前の会津戦争関係の文献中に見出せない。また、宮崎十三八編『会津戊辰戦争資料集』に収録される会津戦争を経験した女性たちの回想(明治二十七年以降のものも含む)のいずれにもそのような話は出てこない。一方、男性たちの行動はどうであろうか。すでに述べたように、白虎隊の最期は本作上演の時点でも人口に膾炙していたが、作中の藩士たちの集団自決は「天寧寺山山頂」で行われ、彼らは「壮年輩」という設定である。白虎隊士はいうまでもなく十代の少年であり、自害の場は飯盛山であった。このように、本作の会津戦争の描写には史実を意識しない点が多々見られる。史実と合致する点を挙げれば、女性たちが仮病院で負傷者救護に当たること、新政府軍の密偵が領内に潜伏していること程度であろうか。むしろ、同志の者たちの血判、家族の離別、我が子の首との再会など、類型的場面が連続する感がある。序幕と二幕目の時間をそれぞれ三の午、菊の節句と設定するのも作為的である。

会津戦争後を描いた四・五幕目も同様である。ここでは、会津戦争の戦闘の中で亡くなった三代治になりすましたお竹と金太郎による騙りが仕組まれている。このなりすましによる騙りの手法は、竹の屋主人こと饗庭篁村《あえばこうそん》が新聞劇評で「円朝の続話ソックリ、其の円朝の続話は馬琴の作の玉石童子訓の偽健宗、そのまた本店《だな》も何処にかあるべし」▼注[15]と指摘するように、曲亭馬琴の読本『新局玉石童子訓《しんきょくぎょくせきどうじくん》』（弘化二〜五年刊）、三遊亭円朝の人情噺『蝦夷錦故郷之家土産《えぞにしきこきょうのいえづと》』（速記本初版は明治二十一年刊）等ですでに用いられており、『大岡政談』の天一坊が殺害された僧侶になりすますのも同工といえる。▼注[16]騙りが露見してお竹と金太郎が居直る様も、いかにも其水の師匠黙阿弥の作品を思わせるもので、やはり篁村による「弁天小僧の浜松屋そつくり」▼注[17]という評がある。極言すれば、「会津産明治組重」の前半は、お定まりの趣向を羅列した中に、会津戦争に関わる固有名詞をちりばめたに過ぎないのである。▼注[18]当時の観客の関心をより強く惹いたのは、会津戦争よりも折しも勃発していた日清戦争だったことは言うまでもないであろう。事実、先に挙げた多くの日清戦争劇では明治二十七年時点での同時代の出来事ばかりを描いている。それに対して其水は本作で、二十七年も前の出来事であり、もはや若い観客の記憶には薄かったであろう会津戦争を描いた。そのことは、右のような在来の趣向の羅列に過ぎないその描き方を見ると、さして意味のあることだったようにも思われないのである。

三、「組重」の意味

右のような、一見して大きな意味があるとも思われない会津戦争関係の筋を日清戦争劇に取り入れた構成は、結果として唐突な感を観客に与え、上演当時にも「煮染の組重を引くりかへした様なごたついた」[注19]内容であるという批判がある。『日本戯曲全集』でも後半の二幕のみが収録されるなど、狂言全体としては評価されてこなかったことはすでに述べた。しかし、会津戦争関係の筋に続き、日清戦争絡みの筋に関わる典拠を見ていくと、日清戦争時の社会における「会津」の意味が見えてくる。

再び、演劇博物館所蔵の台本（横本）記載の作中時間に目を転じたい。六幕目の第一・二場と第三場では、横本に記された時間の設定が前後している（先述のように第一・二場は双種の夢という設定である）。前者は九月十六日、後者は八月だが、この九月十六日の大同江と旅順口という戦闘場面の設定には、明確な根拠がある。九月十五日、日本陸軍第五師団は平壌総攻撃を決行、混成第九旅団の一部が大同江渡河作戦を行った。一方、海軍連合艦隊は十七日に清国海軍北洋艦隊との黄海海戦を行い大勝を挙げている。この戦闘海域は「旅順口」ではないが、北洋艦隊は旅順へ逃げ帰っている。九月十六日という設定は、中一日を置いての陸海双方での日本軍の華々しい勝利を一日に集約したものと考えられる。

八月に設定された第三場は、清国人の夫、日本人の妻と二人の間の息子という家族に対する差別や、彼らの別離を描き、本作全体の山場といってよい。岡本綺堂による絶賛についてはすでに触れたが、綺堂は「この一幕だけは全く作者の創作で、確に戯曲的価値を具へてゐた」[注20]と書いている。「作者の創作」を重視する点は、近代的芸術観を強く反映しているが、しかし、実はこの場面も現実の出来事を踏まえて書かれたものだった。『東京朝日新聞』十月十二日の記事によれば、左団次が舞台で着用した衣裳は、新富町に住んでいた林玉昌という清国人が帰国にあたって、妻としていた日本人女性に残していったものだという。開戦の翌日である七月二十六日の同紙では神戸から五十五名の清国人が帰国した旨が見え、二十七日の紙面にも横浜から七十一名の帰国が報じられており、在日清国人が一斉に帰国を始めたことがわかる。林玉昌の例に限らず、日本人の妻や子を日本に残していった者も少なからずいたのだろう。

七幕目第一場では、諜報活動中の清国人の捕縛が描かれる。これは、『東京朝日新聞』九月十一日の記事に見える、観音崎で不審な清国人が捕縛された事件によるものであろう。東京湾の入口を守る軍事上の要地である観音崎▼注[21]に間諜と思われる清国人が現れたことは、人々の関心を惹いたのだろう。其水はこのように、当時の人々に知られた出来事をいくつも、手際よく作中に取り込んでいるのである。

そして、重要なのは、続く七幕目第二・三場における登場人物の行動の描かれ方である。ここでは、会津戦争の際に逃亡するなど卑怯な振る舞いを見せた金太郎と四郎兵衛が戦地へ向かうことを決意するが、彼らはどのような立場で戦争に参加するのだろうか。金太郎は「兄弟分の勝五郎が大蔵《ママ》組の世話役で、今度あっちへ行く」のを頼って出立する。これは、「軍夫」としての出征である。大倉組は日清・日露戦争で軍御用商人として活躍し、大きな利益を得たが、その活動の中には軍夫の雇用請負も含まれていた。軍夫とは戦場での輸送等を担った非戦闘員で、日清戦争には大量の軍夫が動員され、大谷正によれば、「日清戦争の際に海を渡った日本陸軍は、一七万人あまりの正規の軍人と十数万人の軍夫からなっていた」▼注[22]という。大谷は『奥羽日日新聞』の記事を引き、次のような軍夫の姿を紹介している。

> 〔前略〕福島県会津から到着した軍夫の時代錯誤的な服装も人目をひいた。
> 一昨日の着到は四百余名を四隊に分ち、其内第一着の百人組は旧会津藩士にて白鉢巻に小袴を穿ち、名々《ママ》に大刀を横たへ隊号の旗を真つ先に押立て、勇気凛々として乗込みしは天晴昔しゆかしうぞ見うけられき、尚ほ其他は侠客七分農工商三分にて何れも倔竟の者共とぞ聞こえぬ。（奥羽・一〇月二日「福島県の人夫」）

時代遅れの白虎隊のような格好をしていた旧会津藩士は、その服装もさることながら、公然と帯刀していたこと、また旧藩士以外は侠客・博徒が多数を占めていたことにも注目しなければならない。▼注[23]

現実に会津から戦地へ向かった軍夫の中には、その日暮らしの生活を送っていた金太郎と似たような人物がいたと思われるのである。▼注[24] ここに来て、ようやく会津戦争と日清戦争がつながる。田中悟によれば、「旧会津藩をはじめとする佐幕派の立場からなされた（筆者注、維新史関係の）著述は、明治二十年代に入ってから見られるようになってくる」▼注[25]という。田中はさらに次のように述べる。

> これらの著作は、山川健次郎が言うところの「排幕勤王家」によって書かれた維新史に対して、旧藩主および会津藩の「冤罪」を雪ぎ、「佐幕勤王」という形で自らの立場を主張したもの」であった。この立場に立つ人々は、「佐幕」と「勤皇」との二律背反性を否定し、「真の勤皇」を称し、天皇への忠誠を薩長方と争うことで、「官賊史観」に対して「歴史の取戻し」を図ったのである。▼注[26]

明治二十年代には、会津藩の勤皇の姿勢は一貫しており、それは幕府側に付いた戊辰戦争時も変わらないという主張のもと、会津の名誉回復が図られていたのである。▼注[27] 日清戦争への参加で会津戦争時の汚名をすすぎ、「勤皇」を果たそうとする金太郎と四郎兵衛の姿は、こうした構図に見事に重なる。

明治二十年代半ばには、旧会津藩士の復禄運動が起こっており、▼注[28] 新聞紙上でも会津をめぐる動きの活発さが窺える。演劇の領域でも、本作の翌年には川尻宝岑《かわじりほうきん》の「会津戦争夢日誌《あいづせんそうゆめにっし》」という戯曲が発表されている。▼注[29] 明治二十六年十二月の会津戦争当時の藩主松平容保の死去によって、会津藩・会津戦争といった過去に一区切りが付いた感はあるが、一方で日清戦争が始まると、会津藩他の旧藩士が朝鮮半島へ出征する旧彰義隊士に義捐金を贈ることが計画されるなど、▼注[30] 近代日本初の対外戦争が勃発する中でも、人々は戊辰の昔を忘れてはいなかった。「会津産明治組重」の会津戦争と日清戦争をつなぎ合わせるという、一見不自然な「組重」の趣向は、このような時代の空気を敏感に捉えたものだったといえるのである。

四、黙阿弥からの継承

この「組重」の趣向から連想されるのは、先行する二つの戦争劇である。すなわち、明治八年六月新富座で上演された「明治年間東日記《めいじねんかんあずまにっき》」および、二十三年五月新富座の「皐月晴上野朝風《さつきばれうえののあさかぜ》」で、前者は黙阿弥（当時二代目河竹新七）、後者は其水の作である。この二作については前節ですでに論じたが、共通するのは、これらの作品の上演時に、「明治年間東日記」の場合は上野戦争で戦った彰義隊の記念碑建立、「皐月晴上野朝風」の場合は彰義隊二十三回忌と上野での内国勧業博覧会開催など注目を集めるイベントがあり、芝居の大詰でそうした「現在」のイベントが描かれる点である。▼注[31] そして、そこでは、かつて幕府側に付いた者と新政府側に付いた者、密告者と密告によって捉えられた者それぞれの身内など、対立していた人々が和解し、内戦を経た上で一つの近代国家となった明治の日本が讃えられるのである。「会津産明治組重」でも、其水は二十七年前の会津戦争と現在の日清戦争を「組重」のように重ねる手法を用いた。そして、「過去」の会津戦争では敗者の側におり、新時代になっても立派とはいいかねる境遇にあった金太郎のような人物が、過去の恥をすすぐべく、国家のために「現在」の戦争に尽くそうとする姿を描いた。これによって、一丸となって外国と戦う日本という国家が強く意識されたのである。

上野戦争をあくまでも在来の歌舞伎の題材と同列に扱い、「現在」とのつながりを意識しなかった他の作者たちの上野戦争劇に比べ、「過去」と上演時点での「現在」を対比する視点が導入されている点に、黙阿弥の「明治年間東日記」の斬新さがあり、其水も「皐月晴上野朝風」でそれを継承したといえる。「会津産明治組重」でも、その手法は踏襲されたのであるが、すでに触れたように、この作品においては、「過去」と「現在」の対比、言い換えれば「組重」の趣向は、観客に好評をもって受け入れられなかった。もっとも、其水はこれで二つの時代をを対比する方法を放棄してしまったわけではなく、明治三十二年九月明治座「夢物語篋碑《ゆめものがたりかたみのいしぶみ》」では高野長英の一代記の大切を長英の五十年祭建碑式に孫の高野長運が登場する所作事とし、三十四年一月の同座の興行では、一番目の「蒲冠者後日聞書《かばのかんじやごにちのききがき》」の主人公の後胤を二番目「祖先光輝磨鉈切《おやのひかりみがくなたぎり》」の主人公とする構成を取っている。しかし、後者の場合は一番目と二番目を関連付けることに大きな意味は見出せず、また、二番目の時代設定も上演時点での「現在」ではない。

そもそも、「明治年間東日記」は「過去」と「現在」を対比しただけでなく、「明治元年から八年までのことを八幕に脚色の趣向」[注32]と説明されるように、明治元（慶応四）年の上野戦争を振り出しに、「現在」までの、戊辰戦争の「戦後社会」を描くという点にも独自性があった。「皐月晴上野朝風」は、「過去」と「現在」を対比する趣向こそ踏襲しつつも、七幕のうち六幕までを上野戦争の戦闘場面と、上野戦争にごく近い時期の出来事に割いており、「戦後」の社会が描かれるのは大詰のみであり、十分に「戦後」を描いているとはいえない。これに対して、「会津産明治組重」では、七幕のうち四幕目以降は会津戦争の「戦後」を描いているのだが、これまでに引いた岡本綺堂や河竹繁俊といった人々の文章を見ても、本作を会津戦争の「戦後」を描く作品として捉える見方は見当たらない。「過去」と対比されるべき「現在」において、近代初の対外戦争という一大事件が勃発していた時世にあっては、観客は「現在」を会津戦争の「戦後」として捉えることができなかった。「もはや戦後ではな」かったのである。

おわりに

以上、異色の日清戦争劇である「会津産明治組重」に関して、典拠を中心に考察することにより、日清戦争の筋の前に会津戦争の筋を置く構成が、実は明治二十七年の社会情勢を考慮すると、決して唐突であったり、不可解なものではなかったことを見てきた。そして、このような「過去」と「現在」を対比する構成が、作者其水が師である黙阿弥から継承した手法であることを述べたが、黙阿弥がこうした手法を用いた戦争劇である「明治年間東日記」の構成が、上野戦争の「戦後」を描くという点に主眼を置いたものであったことを考えた時、「会津産明治組重」にも会津戦争の「戦後」を描く作品としての捉え方が成り立ち得るはずであった。にもかかわらず、この芝居があくまでも日清戦争劇としてしか受け止められなかったのは、上演時点での「現在」進行していた戦争が近代日本最初の対外戦争であり、従来の国内における戦争とはあまりに異質のものであったことによる。この異質さゆえに歌舞伎俳優の演技の「古さ」が露呈したことは、冒頭に触れたように先行研究において指摘されてきた。だが、問題は演技の面に止まるものではなく、作品そのものに対する観客の捉え方にも変化が生じたのである。

二百数十年に及ぶ平和を破った戊辰戦争、中でも江戸の市街地から至近の地で激しい戦闘が行われた上野戦争の衝撃を経て、黙阿弥が試みたのが、戊辰戦争の「戦後」の社会を描くことだった。こうした意識は、戦争劇に限ったものではなく、作中にしばしば武家社会の崩壊によって大きく生き方を変えねばならなかった士族が登場する黙阿弥の散切物にも見出せるのではないだろうか。しかし、対外戦争の勃発という新たな局面に至って、その「戦後」が終わりを迎えた時、黙阿弥流の戦争劇の作劇法にも限界が訪れたのである。もちろん、対外戦争が起きたことのみが、こうした手法を過去のものにした原因ではなく、その背景には、社会風俗一般と歌舞伎の世界が乖離していったことなどがあるのはいうまでもない。「会津産明治組重」上演の翌年に新聞に掲載された劇評では、散切物について、「徳川三百年間の事情は略《ほ》ぼ同《おなじ》くして替らねど、近今の十年間には驚くべき時勢の変化あり。左れば如何なる名人の作にても明治以後の脚色《かきもの》は、其の時々の新物にあらざれば、決して旧物を繰返すべからず。勉めて書卸を出すか、左もなくば散髪《ざんぱつ》狂言の一切は思ひ切つて投棄て、之れを書生役者に一任するかの二つに一つなるのみ」▼注[33]という意見が述べられている。歌舞伎を取り巻く環境の変化と、対外戦争という一大事の勃発は、右に見てきたような黙阿弥から其水へと続いた作劇上の一つの方法に限界をもたらしたのであった。

【注】

[1] 河竹繁俊『日本演劇全史』岩波書店、昭和三十四年、八五六頁。

[2] 神山彰「明治の「風俗」と「戦争劇」の機能」『近代演劇の来歴　歌舞伎の「一身二生」』森話社、平成十八年、一七〇頁。

[3] 注2前掲の神山論文の他、兵藤裕己『演じられた近代〈国民〉の身体とパフォーマンス』（岩波書店、平成十七年）、佐谷眞木人『日清戦争「国民」の誕生』（講談社現代新書、講談社、平成二十一年）など。

[4] 岡本綺堂は『明治劇談　ランプの下にて』（岡倉書房、昭和十年）で、「会津墝明治組重」と表記し、「あいづみやげめいじのくみじゅう」と読ませている。矢内賢二『明治の歌舞伎と出版メディア』（ぺりかん社、平成二十三年）でもこの題を採る（ただし、序文で断った上で本文では「会津土産明治組重」の表記を用いる）。しかし、辻番付・絵本役割番付・早稲田大学演劇博物館所蔵の二種類の台本、初演時刊行の活字本のいずれもが「会津産明治組重」とし、番付には「あいづさんめいぢのくみぢゆう」と振り仮名が施されていることから、こちらを採るのが妥当であると考える。

[5] 矢内、注4前掲書、一八九頁。

[6] 早稲田大学演劇博物館所蔵の台本（縦本）による場割。本作台本の諸本については後述。

[7] 河竹繁俊『歌舞伎作者の研究』東京堂、昭和十五年、三七六〜八頁。

[8] 毛谷六助が登場する、豊臣秀吉の朝鮮出兵を題材とした作品、いわゆる朝鮮軍記物は、明治以降しばしば、日本の対外拡張の動きを反映するようなタイミングで上演されている。日清戦争を扱ったこの興行の中幕の題材が毛谷村六助であることは非常に興味深い問題であるが、機会を改めて論じたい。

[9] 岡本綺堂「日清戦争劇」『舞台』第八巻第九号、昭和十二年九月。

[10] 注4前掲書。

[11] 佐々木克「東北戦争」『国史大辞典』吉川弘文館、昭和五十四年〜平成九年。

[12] 小二田誠二「軍記から戦争報道へ――『東山新聞』の位相」『江戸文学』二十九号、平成十五年十一月。

[13] 『読売新聞』明治十六年十二月二十一日には、白虎隊を描いた銅版画の売れ行き好調が報じられている。

〔14〕竹内隆信編『纂評新体詩選』（明治十九年刊）に「観会津白虎隊自刃之図有感」と題する詩が収められている。

〔15〕竹の屋主人「明治座劇評（二）」『東京朝日新聞』明治二十七年十月十二日。

〔16〕中込重明は『蝦夷錦古郷之家土産』の原話として、普仏戦争を題材とした、菊廼舎東籬作・小林清親画『欧州奇談《おうしゅうきだん》夢の暁』（明治二十二年刊）の存在を指摘している（「『蝦夷錦古郷之家土産』と『欧州奇談夢の暁』」『落語の種あかし』岩波書店、平成十七年）。

〔17〕竹の屋主人「明治座劇評（四）」『東京朝日新聞』明治二十七年十月十四日。

〔18〕集団自決する藩士たちが壮年となっているのは、あるいは座組の事情からくるものであろうか。

〔19〕竹の屋主人「明治座劇評」『東京朝日新聞』明治二十七年十月十一日。

〔20〕注9前掲書。

〔21〕昭和二十年まで観音崎は民間人が立ち入ることのできない土地であった。現在でも、海上自衛隊の警備所が設けられている。

〔22〕大谷正『兵士と軍夫の日清戦争　戦場からの手紙を読む』有志舎、平成十八年、八頁。

〔23〕注22前掲書、五十五〜六頁。

〔24〕なお、日清戦争当時の軍夫の小説や演劇での描かれ方について触れた論考には、梅山聡「「海城発電」論への一視点――日清戦争劇・軍夫・鏡花のパラドックス――」（『東京大学国文学論集』第七号、平成二十四年三月）がある。

〔25〕田中悟『会津という神話――〈二つの戦後〉をめぐる〈死者の政治学〉――』ミネルヴァ書房、平成二十二年、一〇八頁。

〔26〕注25前掲書、一一〇頁。

〔27〕田中の論考は、その後、昭和二十年に至るまで、会津が「勤皇」を自らのアイデンティティの一部とした歴史に言及している。同書一一六頁にも写真が掲載される通り、現在でも飯盛山の白虎隊士墓所近くにはローマ市と駐日ドイツ大使館付武官からそれぞれ贈られた碑が建っている。これは、昭和初期の会津がイタリア、ドイツという三国同盟の同盟国と積極的に交流を行った歴史を示すものである。こうした戦争遂行へ協力的ともいえる態度は、右のようなアイデンティティから来る

ものであった。

[28]『読売新聞』明治二十六年六月二十五日。以後、たびたび同様の記事が見える。

[29]単行本『会津戦争夢日誌』は春陽堂より明治二十八年四月二十九日に発行（奥付による）。ただし、宝岑による自序には「明治癸巳三月」とあり、二十六年（癸巳）には成稿していたらしい。この序文の版下を書いた依田学海の日記『学海日録』の二十六年二月二十四日条に、「河《ママ》尻宝岑来りて、その著戊辰夢会津戦争の序文をとり去る」とあることもこれを裏付ける（学海日録研究会編『学海日録』第九巻、岩波書店、平成三年、九十四頁）。宝岑と学海は合作による戯曲「吉野拾遺名歌誉」を単行本刊行以前に朗読会の場で発表した例もあり、黙阿弥らとの交遊関係からいっても、刊行以前に其水がその内容を把握していたことは十分に考えられる（ただし、学海と宝岑の「文覚上人勧進帳」を二十二年六月に中村座で上演した際には、学海が上演料を要求したことに劇場側が反発し、其水の作品として無断上演を行ったため、学海と劇場の間で争いが起こっている。この騒動は、中村座から五十円の稿料と興行中十間の土間を学海に提供することで円満解決を見たという）。「会津戦争夢日誌」と「会津産明治組重」には筋や設定の上で類似する点も散見することから、其水が宝岑「会津戦争夢日誌」を参照して「会津産明治組重」を執筆した可能性も考慮すべきであろう。

[30]『読売新聞』明治二十七年八月五日。

[31]ただし、「皐月晴上野朝風」の大詰は興行時間の都合で上演されなかった。

[32]渥美清太郎著、国立劇場調査養成部調査資料課編『系統別歌舞伎戯曲解題』上、日本芸術文化振興会、平成二十年、一二一頁。

[33]芋兵衛「春木座評判（続き）」『読売新聞』明治二十八年二月十一日。

第三節　幕末・明治の芝居と災害

はじめに

前節までに見てきた戦争劇とともに、やはり明治期にしばしば上演された作品群として、災害を描いた狂言がある。明治十九年のノルマントン号沈没を筋に取り入れた「三府五港写幻灯《さんぷごこううつすげんとう》」（二十年十月新富座）、二十一年七月十五日の会津磐梯山噴火を浅間山の噴火に仮託した「音聞浅間幻灯画《おとにきくあさまのうつしえ》」（二十一年十月中村座）、二十四年十月二十八日の濃尾地震を描いた新派劇の「大地震尾濃実記」（二十五年七月市村座）、二十九年六月十五日に起きた明治三陸地震津波を扱った複数の芝居などである。本節では、まずこれらの作品とそれに先立つ災害場面の演出について概観し、次に災害劇と戦争劇の類似性等について指摘を行い、この時期の歌舞伎に見られる「真に迫った」表現の追求について論じたい。

一、幕末・明治の芝居と現実の災害

明治期に相次いで戦争が起こったゆえに多くの戦争劇が上演されたのと同様に、災害劇とでもいうべきものがしばしば上演されたのも、実際に災害が発生したためであることは言うまでもない。当然、劇場もたびたび災害に見舞われている。災害を扱った演劇について触れる前に、まず劇場を襲った災害について見ていく。近世から近代初期を通じて日本、特に都市においては火災が頻発したが、これに加えて幕末・明治期は大規模な地震がたびたび発生した時期でもあった。この時期の主な地震を列挙すると以下の通りである。▼注[1]

嘉永六年（一八五三）二月二日	小田原付近	（マグニチュード六・七）
七年（一八五四）六月十五日	伊賀・伊勢・大和他	（同七・二五）
十一月四日	安政東海地震	（同八・四）
五日	安政南海地震	（同八・四）
安政二年（一八五五）十月二日	江戸地震	（同七・〇～一）
三年（一八五六）七月二十三日	安政の八戸沖地震	（同七・五）
五年（一八五八）二月二十六日	飛越地震	（同七・〇～一）
明治五年（一八七二）二月六日	浜田地震	（同七・一）
二十二年（一八八九）七月二十八日	熊本県西部	（同六・三）
二十四年（一八九一）十月二十八日	濃尾地震	（同八・〇）

二十七年（一八九四）六月二十日　東京地震（同七・〇）
十月二十二日　庄内地震（同七・〇）
二十九年（一八九六）六月十五日　三陸沖地震（同八・二）

猿若町の江戸三座は、嘉永七年（十一月二十七日に安政へ改元）の東海地震による火災でいずれも焼失した。翌年二月末には河原崎座が劇場を再建して興行を再開、三月には中村座と市村座も再び興行を行うようになったのだが、十月二日に安政江戸地震に見舞われる。『歌舞伎年表』にはこの時の様子が次のように記される。

当十月二日の夜四ッ時頃、大地震にて府内近在まで建物くづれ火災起りて、よし原を首めとして江戸中二十三ヶ所やけ、猿若町三芝居、茶屋并役者の宅不残焼失。のこり者は一丁目入口の処、勘弥、梅幸、彦三郎、同竹三郎、羽左衛門、福助、坂東吉弥、片岡我童其外茶や四五軒のみ也。▼注[2]

「続ての焼失故、普請も早急には出来間敷との風聞」▼注[3]もあったが、それでも各座はすぐに再建された。市村座はもっとも早く安政三年三月三日に新築初日を迎えたが、この時、劇場建築の面で一つの変化が起きている。従来、芝居小屋の建築には大梁三本が必要であったところを、市村座の大工の棟梁であった十二代目長谷川勘兵衛による工夫で小梁十四本を組み合わせて代用したのである。この梁組を「亀甲梁」と呼び、客席からの視界を妨げる柱が不要となる利点があった。三代目歌川豊国画「江戸花市街建前《えどのはなちまたのたてまえ》」（図8）▼注[4]はこの再建時の市村座の上棟式を描いた二枚続きの錦絵だが、左側の上部には「新工夫梁組之図」として亀甲梁の図が掲げられており、当時話題を呼んだことが想像される。なお、この亀甲梁は中村座でも採用された。

大地震が頻発した幕末・明治期に限らず、歌舞伎の劇場は災害、特に火事の被害をたびたび受けている。やはり幕末・明治期の、今度は大阪の例を挙げる。明治九年に道頓堀の劇場街において大規模な火災が相次いで起こった。まず、一月八日の火災で若太夫芝居と竹田芝居が焼失。二月二十日に今度は筑後芝居、中の芝居、角の芝居の三座が焼けている。四月十八日の火災では再建していた竹田芝居が再び焼失。この時は五十人以上の死者が出ている。大阪府立中之島図書館蔵の『明治九年子之歳中芝居番附帖』▼注[5]は、道頓堀で芝居番付屋を営んでいた今井嘉吉が収集した番付集だが、その最初の丁には「あのことわ《ママ》いつしよ（日置注、一生）わすれられぬ竹田の芝居／明治九年子とし四月十八日午後八時ごろ／今井市ゑもん　四十一才／今井いわ　二十三才／きうの三月二十四日たつの日」と記した貼紙が付されている。火事によって嘉吉の家族が亡くなったものと見え、この災害が彼にとっていかに印象の強いものであったかを物語っている。衝撃を受けたのは嘉吉だけではなかった。相次ぐ火災を受け、新聞紙上では劇場廃止論

図８　三代目豊国「江戸花市街建前」〔国立国会図書館デジタルコレクションより〕

や劇場建築の改良論が飛び交うこととなり、実際にこれ以降に建てられた劇場では構造の安全性が謳われるようになる（第三章第一節参照）。

このように、幕末から明治初期だけを見ても、大規模な災害が主に劇場建築の面で歌舞伎に大きな影響を及ぼしたことがわかるのだが、その一方でこれらの災害を仕組んだ狂言の上演を見出すことはできない。

二、災害の演出

しかし、幕末から明治初期の歌舞伎の舞台に災害がまったく登場しなかったわけではない。むしろ、この時期は災害を含む、今日の言葉でいうスペクタクル性の強い演出が多く用いられた時代であった。

まず取り上げたいのは、洪水や大波といった水による災害の演出である。水による災害は後述する火事に比べ、浪布《なみぬの》を用いることで比較的容易に演出することができるため、幕末以前から行われたと考えられるが、幕末・明治期にはその内容がより大がかりなものへと変化していった。大名細川家の家臣大川友右衛門が、家宝の御朱印を自らの腹を切り、その中へ入れて火災から守ったという伝説を脚色した、いわゆる「血達磨」の狂言は元禄期にすでに上演の記録があるが、火事の演出を行うことはやはり難しかったと思われる。嘉永元年八月中村座の「高木織右武実録《たかぎおりえもんぶどうじつろく》」は、渥美清太郎が「火を使うことができないので水にしたのである」▼注[6]と指摘する通り、四代目中村歌右衛門の大高主殿（大川友右衛門）が三代目関三十郎の敵役横山大蔵を琵琶湖上の島へ追い詰め、「達磨の一軸」を取り戻すが、敵に囲まれたために一軸を腹中に隠すという筋になっている。歌右衛門の子四代目芝翫が主殿を勤めた文久二年八月市村座「月見瞻名画一軸《つきみのはれめいがのいちじく》」でも琵琶湖で大蔵と争う場面が大詰に置かれている。

実録『大久保武蔵鐙《おおくぼむさしあぶみ》』を脚色した安政三年三月大坂・中の芝居「昔鐙文武功《むかしあぶみぶんぶのいさおし》」では、河辺源三郎（初代実川延三郎）が大雨で増水する隅田川を馬で乗り切る場面が仕組まれており、江戸でも曲亭馬琴の読本『皿皿郷談《べいべいきょうだん》』（文化十二年刊）の筋と組み合わせて「魁駒松梅桜曙微《いちばんのりめいきのさしもの》」（通称「紅皿欠皿」、元治二年三月守田座）として上演されている。同作の大詰には、「本舞台正面の遠見あをり返し、銀張の浪に成る。三段の地がすりあをり返し、うねりつき同銀張の浪に成る。一の手の浪手摺、大臣柱まで押出し、上下共一ッぱいに成るやうにして、弐の手、三の手共都合よく順に押出し、東西桟敷あをり返し、平舞台一面に雨落迄浪布を鋪詰め、都て洪水の模様」▼注[7]という道具の指定があり、洪水の中で芝翫の佐野源左衛門による乗っ切り▼注[8]と、三代目澤村田之助の欠皿による敵討ちが演じられる。この乗っ切りの場面は好評だったと見え、「隅田川乗切講談」等の題で明治六年六月守田座、八年四月中島座、二十四年十二月春木座、二十六年一月市村座等、たびたび再演されている。同じ乗っ切りでも明治三年一月守田座の「館扇曽我訥芝玉《ごしょおうぎそがのとしだま》」では二代目澤村訥升の武智左馬之介光俊による琵琶湖の乗っ切りを描く。この場面の舞台書きを見ると「舞台前雨落ちより、打寄せの波手摺、花道切落し両側波手摺、一面に波布を張り、両桟敷向う正面水引引返し」▼注[9]というように、やはり浪布を多用した演出が行われたことがわかる。

このように幕末から明治初年にはすでに、荒れ狂う海や川、湖の場面が好まれていたようだが、明治十年代にはさらに臨場感のある演出が行われるようになる。▼注[10]明治十年代に初演された狂言中のこうした場面としては十二年五月大阪・戎座《えびすざ》の「鳥追於松海上話」三幕目返しで主人公お松が崖から遠州灘に転落して蒸気船に救われる場面、▼注[11]十四年十一月新富座「島鵆月白浪《しまちどりつきのしらなみ》」二幕目で明石島蔵が大荒れの海へ漕ぎ出す場面等を指摘できるが、中でも注目すべきは十二年九月新富座の「漂流奇談西洋劇《ひょうりゅうきだんせいようかぶき》」である。その序幕の難船の場面において、道具方の十四代目長谷川勘兵衛による新工夫が行われた。

明治十二年九月新富座で『太平《マ》洋漂流奇談《マ》』と云ふ書卸の狂言を演ずることになつたが、其場割の中に海上の難船を見せる所があるのだ。在来芝居で海上の摸様を見せて居たのは、只だ浪板を舞台に並べ、遠見に浪の張物を用ひる許りで、至極単純な道具立であつたのだ。デ今度海上難船の場を見せるに就ては、迚も此の活動しない古式の道具を用ひる訳に行かないので、例の凝性の勘兵衛は、何とか実際の摸様を摸《うつ》して見やうと頻りに考へて居たのだ。▼注[12]

より写実的な表現を模索していた勘兵衛は、暴風の中隅田川の渡し船に乗ったのだが、そこで船が「一上一下して今にも覆へらんとする許り」なのにも構わず水面を観察し、道具の工夫を思いつく。「会得する所があつたと見え、思はず手を拍《う》つて『ア、是だ……』と大声に叫んだから、乗合の者が驚いて『ア、是だ……面白くもねへ手を叩きやがつて……』と口へこそ出さぬが、忌々しさうに勘兵衛の顔を見詰めたのである」という描写はいかにも芝居がかっているが、ともかく実際の水面の観察から彼が道具の改良を思い付いたのは真実であろう。その工夫は以下のようなものであった。

〔前略〕浪布を舞台一面に張詰めて、其下へ二寸角の棒を所々に建て、緩《たる》みを持たせ、ソシテ幾人となく隠れて居て、足で下から布を蹴就けると、真個《まこと》波瀾の起る状《さま》に見えるのである。デ又船の裏に人力車のバネを附けて、波間に出来《しつら》へある道を通るので、バネ仕掛に依りて宛《さ》も浪に漂ふかの如く揺れるのだ。

この工夫は同興行を欠勤した五代目尾上菊五郎が「何故俺が出ない時に、此んな新工夫の道具を遣ふのか」と「苦情を申込んだ」というほど評判になったらしく、六二連の『俳優評判記』第五編でも「大道具高浪の工合真に迫て感服で有升た。実に太洋は斯な物かトすごみが見え升た」[注13]と絶賛されている。

明治二十年十月新富座「三府五港写幻灯」七幕目返しは、紀州沖で九代目市川団十郎演じる近藤辰雄らの乗る汽船が難破する様を描くが、同興行の絵本役割番付の当該箇所（図9）には、「此所蒸汽船沈没大仕掛」と記されており、興行者側がこの場面を一つの見せ場としていたことがわかる。木村錦花によれば、「帰天斎正一と云ふ奇術師が来て、化学応用の触れ込みで、幻灯で月を出したり、マグネシユームの稲光りを見せ」るなどの演出が行われ、「丸物の大船が激浪に呑まれて沈んで行く凄惨な場面は、真に迫つて評判に成つた」[注14]という。この難船の場面は、前年十月二十四日に起きたノルマントン号事件を当て込んだもので、西洋人乗組員は助かった一方で日本人乗客が全員死亡した実際の事件を反映して、「我が疎略にて暗礁へ押上げたるを恥とも思はず、乗込む客を打捨て己れの命を助かるとは言語に絶せし此振舞」[注15]と、船長の行動が否定的に描かれている。右に見てきたように、難船の場面は明治期の流行であり、次第に迫力あるものへと進化

図9 「三府五港写幻灯」（明治二十年十月新富座）絵本役割番付〔早稲田大学演劇博物館ロ 24-13-369〕

していったと考えられるのだが、「三府五港写幻灯」においては、それがごく近い時期に起きた実際の事件を描いている点で画期的であるといえる。

明治期にしばしば舞台に上った災害は、水にまつわるものだけではない。「血達磨」の狂言の元になったとされる伝説には火事が登場するにも関わらず、それが舞台においては水に置き換えられていたことはすでに見てきたが、明治期に至って初めてこれを伝説通り火事場とする演出が行われた。明治二十二年十一月市村座の「蔦模様血染御書《つたもようちぞめのごしゆいん》」がそれで、初代市川左団次の大川友右衛門が火に包まれた宝蔵に飛び入り、切腹する様を見せた。新聞が報じるところでは、その様は次のようなものであった。

〔前略〕火事の道具は実に本物を見る如く、土蔵の戸前を明ると其内より黒烟を吹出し、夫より炎々たる焔が燃出て自づと庇へ燃うつるなど、見るも恐ろしき程にて、此火中へ左団次の友右衛門が駈入て御朱印を持出す姿は、鬘より髭、衣服まで諸所に焼焦たる痕ありて、真に火中より出たる人の如く、こゝは頗る大喝采なりといふ。

（「市村座の火事仕掛け」『東京朝日新聞』明治二十二年十一月四日）

〔前略〕今度同座の呼物とも云べきは火事場の大道具大仕掛なり。舞台一面に土蔵三棟を見せ、上手の一棟は上窓より烈しく火を吐き出し、下手の一棟は最早焼崩れて腰巻ばかりとなり、其内より柱に火うつり、又家根上よりも二ヶ所ほどちら〳〵……ちら〳〵……と燃え抜けたる火の見える状《さま》などは実に芝居とは思はれず。下座の半鐘、両花道の太鼓板木の音おどろ〳〵と響きて、其の物すごさには驚き入たり。

（「市村座」『東京朝日新聞』明治二十二年十一月十七日）

これらの記事からは、初めて見る真に迫った火事場の舞台表現に驚いた観客の様子が窺える。そして、これ以降火事の場面もたびたび芝居で演じられるようになったのである。

高島屋左団次一たび市村座にて血達磨の火事を演じ、大いに喝采を博してより、芝居は悉く火事の世界とはなりたりける。富山の火事、上野の火事、遂に千歳座の本火事を見るに至る。こゝに本郷の春木座次狂言「五月晴桔梗旗揚」本能寺信長討死の場は、明智が焼撃の大仕掛けにて、本能寺焼失の摸様は舞台一面の火を見せる趣向なりといふが、此の事を聞いて同座近隣の人々は大いに心配し、彼是座主へ注意する向もこれあるよし。取越苦労とはいへ、いかさま暑中火事でもあるまいか。

（「芝居の火事流行《ばやり》」『東京朝日新聞』明治二十三年六月二十日）

右の記事に見える「富山の火事」は、豊臣秀吉が佐々成政の籠もる富山城を攻略した富山の役を脚色した二十三年三月桐座「富山城雪解清水《とやまじょうゆきげのきよみず》」四立目の「神通川合戦の場」で、「城の遠見へ火の手上る仕掛け」によって成政の家臣建部兵庫頭が落城を知る場面を指し、「上野の火事」は上野戦争を描いた二十三年五月新富座「皐月晴上野朝風《さつきばれうえののあさかぜ》」（第二章第一節参照）で官軍の攻撃によって火の回った寛永寺から僧光仁（輪王寺宮を暗示する）らが落ち延びる場面のことである。「千歳座の本火事」は、二十三年五月六日に千歳座が焼失したことを言っている。これは火事場の演出とは関係なく、煙草の火の不始末によるものであったらしい。▼注[16] ちなみに右の記事で「近隣の人々」が失火を案じていることが報じられた春木座も、この直後の六月二十三日に、皮肉にも近所の火事による類焼で休座に追い込まれている。火事の場面が舞台に上るようになっても、現実の火災が劇場にとって脅威であったことがよくわかるが、ともかく、大きな船の難破や火事といった災害を大がかりな仕掛けを用いて舞台上に表現することが、この時期流行したのである。▼注[17]

三、災害劇と戦争劇

すでにノルマントン号事件の劇化について触れたが、災害を舞台で描くことの流行に少し遅れて、ようやく、現実の災害を反映し、それを物語の中心に据えた「災害劇」とでもいうべき芝居が登場した。明治二十一年十月中村座「音聞浅間幻灯画」は、同年七月十五日の会津磐梯山噴火を天明三年の浅間山噴火に仮託して描いたもので、その内容は、五代目尾上菊五郎演じる道中師伊豆屋初蔵が、悪人から嫁入りを強いられて難儀する主筋の娘おなつ（四代目岩井松之助）を信州の本家へ送り届ける途中で浅間山の噴火に遭遇しておなつと生き別れになったため、江戸に戻った後、責任を取るため切腹をしようとするが、あわやというところで制止され、おなつの生存も判明、おなつは悪人の手から救われ、密かに恋仲となっていた奉公人で初蔵の弟である佐七（坂東家橘）と結ばれるというものである。▼注[18]

明治二十五年七月には市村座で、前年十月二十八日に発生した濃尾地震を描いた「大地震尾濃実記」が、山口定雄、高田実らの新派の一座によって上演されている。七月十二日の『東京朝日新聞』によれば「序幕名古屋大洲公園地の場、同じく秋琴楼の場、笹島ステーションの場、大切岐阜大地震の場」という場割であり、香朝楼豊斎による三枚続きの錦絵（図10）には、地震によって家屋が崩れ、火災も発生している町並みの前で、棒を手に

図10　豊斎「七月興行改良演劇尾濃大地震之実況」
〔早稲田大学演劇博物館 101-5400~5402〕

した山口の「自由壮士国野武雄」と、刀を抜いた「詐欺師山田三蔵」（斎藤彰二）が争い、若宮万治郎の「警部上野明」が二人を制止しようとしている場面が描かれている。同作の詳しい内容を知ることはできないが、前年に起きた大地震を芝居に取り入れることで話題を呼ぶことを狙うとともに、壮士の主人公の登場や、写実的な闘争場面などで歌舞伎にはない新しさを見せたものであろうか。

明治二十九年六月十五日に起きた三陸沖地震に伴う津波、いわゆる明治三陸地震津波の際には、それまでの災害とは異なり、各地の複数の劇場で次々と災害劇が上演されている（表2「津波劇上演の一覧」参照）。最初に津波の芝居を上演したのは「大地震尾濃実記」を上演した山口の一座で、七月七日から大阪浪花座で「大海嘯見聞実況《おおつなみみききのじっきょう》」を演じた。▼注[19]辻番付の絵や役名からは、山口演じる「大槌村の宮越徳二郎」が悪人たちに苦しめられるものの、津波によって悪者は流され、山口が二役で演じた「芸妓照子実は徳二郎妹定子」が「徳二郎妹お波」と再会を果たすなどの内容であったと思われるが、詳細は不明である。

春木座で上演された「三陸大海嘯《さんりくおおつなみ》」は、大阪府立中之島図書館に現存する台本▼注[20]から、以下のような内容であったことがわかる。

表2　津波劇上演の一覧（外題に○を付したのは新派）

上演月日	劇場		外題	出演	備考
7月7日～20日	大阪	浪花座	○大海嘯見聞実況《おおつなみみききのじつきょう》	山口定雄一座	四代目瀬川如皐作
7月12日～	東京	春木座	三陸大海嘯《さんりくおおつなみ》	七代目澤村訥子、三代目澤村訥升（七代目宗十郎）他	三代目勝諺蔵作
7月14日～	東京	浅草座	○大海嘯《おおつなみ》	伊井蓉峰一座	
7月15日～	東京	都座	○大海嘯《おおつなみ》	福井茂兵衛一座	
7月15日～	大阪	福井座	三陸海嘯後日噂《さんりくかいしょうごじつのうわさ》	中村芙雀一座	
7月31日～	東京	真砂座	大海嘯	璃笑、紅車他	
8月1日～	京都	福井座	三陸海嘯《さんりくつなみ》	女芝居	

【序幕　本吉郡清水村漁師内の場】

清水《しず》村の漁師亀嶋浅右衛門宅。浅右衛門が漁のため夜の海へ出ている留守に近所の漁師らが訪れ、娘のおしづと婿の藤次郎の仲の良さをからかっていると、地震で神棚の御神酒徳利が落ちて割れる。漁師らが帰った後へ、浅右衛門から勘当を受けているおしづの兄浅五郎（訥子）が情婦のお滝を連れてやってくる。おしづが浅五郎を追い返そうと争うところへ巡査が通りかかり、説諭を加える。結局、おしづと藤次郎は近所に住む藤次郎の伯父の元へと出て行く。後に残った浅五郎とお滝が酒盛りをしようとするところへ津波が押し寄せる。

【大詰　志津川海岸被害地の場】

人々の遺体や瓦礫が散乱した海岸で、医者（訥升）や村長（訥子二役）、巡査が必死に怪我人を救おうとしている。藤次郎とおしづは家の残骸の下に浅五郎とお滝の遺体を見付ける。そこへ沖にいて津波に気が付かなかった浅右衛門が戻り、津波の被害を受けた海岸を見て驚き、極悪人の息子が死んだことを喜ぶ。村長の息子徳三郎が被災者を苦しめる悪質な商人を糾弾するところへ、東京の吉原からの救援隊と赤十字社の人々が到着し、人々はこれも天皇陛下の恵みと感謝する。

浅草座の新派伊井蓉峰一座の「大海嘯《おおつなみ》」は、同興行の絵本役割▼注[21]によると「南部漁師町の場」「大海嘯の場」「海嘯後浜辺の場」の三場からなり、伊井の「兵士国尾護」と「海産商金島正平」の二役、佐藤歳三の「巡査川口正成」、福島清の「教員民野監」、守住月華（市川久女八）の「看護婦」等が登場した。福島清の演じた役が教員であり、絵本役割に御真影を手にした人物が激浪に呑まれそうになっている様が描かれていることからは、この芝居が、越喜来村《おきらい》（現大船渡市）の教員佐藤陣が学校に掲げられた御真影を津波から守ったという、当時新聞で報じられた事実を仕組んだものであることが窺える。▼注[22]

都座の「大海嘯」（新派、福井茂兵衛一座）も佐藤陣の逸話を脚色したものであったことが、「中幕の「大海嘯」は際物とて別に変りたる趣向なく、彼の小学教員が妻子及び我身を忘れて至尊の影像を怒濤の内より取出すと云ふを骨子とせるもの」▼注[23]という新聞評によってわかり、辻番付にも、▼注[24]津波の中で御真影を抱えた男の絵を確認できる。番付によれば福井の演じた教員は「佐藤陳」▼注[25]であり、都座では実名を用いたらしい。

真砂座の歌舞伎「大海嘯」は、『歌舞伎新報』一六五〇号（明治二十九年八月十七日発行）の評によれば、「非道な女」

である「徳次」の女房「お夏」が津波によって流される、「お夏」以外の一家の者は命が助かるといった筋であったらしい。登場人物の名や、「お夏」が「邪慳な者」「非道な女」である点の一致から、同作は大阪で山口一座が上演した「大海嘯見聞実況」の再演であったかと思われる。なお、大阪福井座の歌舞伎「三陸海嘯後日噂《さんりくかいしょうごじつのうわさ》」、京都福井座の女芝居による「三陸海嘯《さんりくつなみ》」は番付も未見であり、その内容を知ることができない。

四、戦争劇との共通性――「真に迫る」ということ――

仕掛け等を用いた災害場面の演出の発達と、災害劇の上演について見てきた。ところで、こうした流れと密接に関係を持つものとして、本節の冒頭で触れたように明治期にやはりしばしば上演されたジャンルである戦争劇が存在する。舞台における戦争の表現と災害の表現とは、近いものであり、一方の発達はもう一方にも影響を与える関係であったと考えられる。明治三年八月守田座の「狭間軍紀成海録《はざまぐんきなるみのききがき》」、八年六月新富座の「明治年間東日記《めいじねんかんあずまにつき》」はいずれも上野戦争を題材としており（第二章第一節参照）、戦場の場面が描かれているが、その演出の実態は明らかでない。西南戦争を描いた明治十一年二月新富座「西南雲《おきげのくも》晴《はらう》朝東風《あさごち》」で菊五郎の箕原国元（篠原国幹）が戦死する場面では、「砲煙弾雨のところ実物を見る如く、落馬しての討死に西洋花火を遣ひしが、まだ此頃は珍らしかりしかば、見物の目を驚ろかしたり」▼注[26]というように、火薬を用いた演出が取られている。明治二十三年五月新富座の「皐月晴上野朝風《さつきばれうえののあさかぜ》」の上野戦争の場面も、「火炎の堂の間より閃きのぼり、烟の廓にまはるさまなどおもしろし」▼注[27]と評されたように、仕掛けによって戦争の様子を描いた。こうした演出に用いられる仕掛けは、「マグネシユームの稲光りを見せ」たノルマントン号沈没場面や、様々な火事場の演出に用いるものと類似したものであったことが想像される。

さらに時代が下って、日清・日露戦争時に上演された戦争劇では、敵艦の沈没場面がしばしば登場している。日清戦争の最中に上演された明治二十七年九月春木座「日本大勝利《にっぽんだいしょうり》」四幕目豊島沖功落号砲撃の場では、「又此砲声にて日本艦より大砲を打。是にて切《ママ》落号へ当りし心にて、功落号打砕けて段〳〵と沈む。是にて煙り花火を焚、志那兵はハア〳〵泣ながらうろ〳〵してトゞ波布の中へ飛込む」▼注[28]というように、清国の軍艦が沈没し、兵が海中へ飛び込む様が演じられた。翌十月の明治座「会津産明治組重《あいづさんめいじのくみじゅう》」六幕目でも海戦の場面が仕組まれているが、台本には「ト文句の止り一発打つ。是れにて清艦の真中仕掛にて崩れ、花火のパチ〳〵といふ音して、艦中より発火なし、黒煙りの内折々火の手上り、トゞだん〳〵沈没する、此の内小筒の音頻りとして、海中へ沈み帆柱ばかり残る、此の内風の音烈しく、帆柱の頂上にある志那の国旗切れて合引にて飛び、ぐる〳〵廻りながら日覆へ引いて取る、此の内帆柱だん〳〵海中へ這入る」▼注[29]と、非常に細かく仕掛けの指示が記されており、やはり火薬等を用いて大がかりな沈没場面を見せたことがわかる。日露戦争劇の場合も、明治三十七年二月二十七日から東京座で上演された「日本勝利歌《にほんのかちどき》」には旅順口におけるロシア艦隊撃沈の場面が仕組まれ、三月三日初日の新富座「日本軍万歳《にっぽんぐんばんざい》」でも、旅順での海戦における「露艦轟沈を文字張越しに花火仕掛で見せ」▼注[30]る場面があった。これらの演出と先に見てきた災害場面の演出が、やはり技術的に近しいものであることは明らかだが、明治三十七年六月演伎座の「旅順口閉塞」についての次のような記事はそれをさらに裏付けている。

大切旅順口閉塞は先年新富座でノルマントンの沈没を見せし仕掛けとし、船体が海中に沈むとマストの上には将校が居て指揮し、ボートを下して飛び乗り、沖合ひに漕ぐうち遠見となり、子役から人形に変り、自然と場面もうつり行くなど、活動写真式の仕掛を見せるといふ。

（『都新聞』明治三十七年六月六日）

このように、災害劇と戦争劇とは、演出の上で表裏一体の存在だったのである。

こうした明治期の災害劇、戦争劇中の仕掛けを用いた大がかりな演出が目指したのは、「真に迫った」光景を舞台の上に描き出すということであろう。先に触れた「漂流奇談西洋劇」の際の長谷川勘兵衛による難船場面の新工夫は、「実際の摸様を摸《うつ》して見」ようとする彼の姿勢から生まれたものであった。また、「三府五港写幻灯」の難船場面は「真に迫つて評判に成」り、左団次が演じた「蔦模様血染御書」の火事場は、彼が「真に火中より出たる人の如く」見え、火事の模様が「燃え抜けたる火の見える状《さま》などは実に芝居とは思はれず」と観客に感じさせたために評判を取ったのである。一方の戦争劇についても、すでに「明治の戦争劇の特徴は、著しく視覚的な刺激を強調したことである。それは、当時隆盛した「戦争錦絵」や「パノラマ」にも見られる通り、写実や迫真性への異様な情熱という時代の偏執を現している」▼注[31]という神山彰の評がある通り、現実の出来事を目前で見るかのように舞台上に再現するという点に眼目があった。

ただし、こうした傾向は必ずしも手放しに喜ばれているわけではない。例えば、竹の舎主人（饗庭篁村《あえばこうそん》）は、仕掛けを多用して「真に迫った」表現を追い求める風潮に対して次のように苦言を呈している。

火事だの喧嘩だのと騒ぎで驚かして、切落しを悦ばせる悪い風が芝居の中へ流行出したは作者の不名誉、俳優《やくしや》の恥辱といふべし。趣向《すぢだて》がよく伎芸《げい》さへ上手なら強ち火を見せず、水を見せずとも見物に火とか水とかの感じは起るべし。ドンチヤングワン〳〵只騒ぎでごまかし、道具で見せるなら、俳優は誰でもよし。芸の妙を何処《いづこ》にか認めん。作者も実地の話しを聞たま丶それを書取て続け合した丈ならば、作の妙を褒める所なかるべし。「仕掛が妙だ」の評判あらば、これ芝居道衰滅の時と思ひ、以来は斯る騒ぎを舞台へ担ぎ上げぬやうにせられたし。若し此先地震、洪水と祈りあげなば、果は真個《ほんま》に腹も切り、人の首を並べるにも至るべし。厭な事では有るまいか。

（「新富座劇評（三）」『東京朝日新聞』明治二十三年六月四日）

また、戦争劇についても幸堂得知の「パチリドン〳〵の騒ぎ、是が呼もので大入も道理至極《もつとも》、実に愉快なり。併し歌舞伎狂言とは余程離れたものなれば、此評言は見合すべし」▼注[32]というような評を見ることができる。右の篁村の批判は、「皐月晴上野朝風」の評の中で出たもので、同じ劇評家でも三木竹二は同作の評中で、「実際派とはかかるものかと涙の出づるばかりの有り難さなり」と記しているのであるが、篁村や得知の書きぶりからは、仕掛けを多用した派手な演出はどちらかといえば、「切落し」で芝居を見るような大衆に支持されるものであり、彼らにとっては劇評でことさらに取り上げるべきものではなかったのである。こうした反応からは、「真に迫った」表現の追求が明治期の歌舞伎の特色であったとは言いながら、それに対する人々の反応は多様であったことが窺えるのである。

おわりに

以上、幕末から明治期にかけて歌舞伎における災害場面の演出が発達していき、その中から現実の災害を物語の中心に据えた「災害劇」が生まれたこと、また災害場面の演出と戦争劇の演出とは技法の上で類似しており、災害劇と戦争劇はいわば表裏一体の関係であることを見てきた。先の神山の指摘にもあるように、戦争劇あるいは災害劇の「真に迫る」ことへのこだわりは、歌舞伎に限らない同時代の潮流に乗ったものであった。その点で、戦争劇と災害劇は、団十郎が行った活歴、[注33]あるいは今日の定型となっている数々の時代物における演出、菊五郎の世話物における写実的な演技等々と実は通底するものを持っているのであるが、現在ではそのことは忘れられている。今日、団十郎やその門弟の七代目松本幸四郎、初代中村吉右衛門といった人々の流れを汲む時代物や、五代目菊五郎から六代目、その門弟の尾上松緑や十七代目中村勘三郎といった伝承過程を経た世話物が古典として歌舞伎の中心である一方で、戦争劇や災害劇が舞台に上ることはまずなく、火事や洪水、難船といった災害を大がかりな仕掛けで見せることも、やはり歌舞伎の「本道」から逸れるもののように見なされがちである。しかし、幕末から明治期にかけて、「切落しを悦ばせる悪い風」、「歌舞伎狂言とは余程離れたもの」などと言われつつも、これらの演出が多くの観客の支持を集めたこと、右に述べたような団菊以来の「正統的」な古典の演出が、戦争や災害の芝居と同時代に、一定の要素を共有しながら生み出されたものであったことは記憶されるべきであろう。

【注】

[1] 各地震の日付、名称あるいは地域、規模(マグニチュード)は国立天文台編『理科年表 平成二十五年』(丸善、平成二十五年)所収の「日本付近のおもな被害地震年代表」によった。明治五年までの地震の日付は旧暦による。

[2] 伊原敏郎『歌舞伎年表』第七巻、岩波書店、昭和三十七年、二十五頁。

[3] 関根只誠纂録、関根正直校訂『東都劇場沿革誌料』下、国立劇場、昭和五十九年、六一九頁。

[4] 国立国会図書館蔵『俳優似顔東錦絵』(寄別2-4-1-1)所収。

［5］請求記号974―122。

［6］渥美清太郎『系統別歌舞伎戯曲解題』下の一、日本芸術文化振興会、平成二十三年、一六三頁。

［7］国立国会図書館所蔵（演劇台帳222―225）の台本による。

［8］乗っ切りの場面は、舞台書きにある「手摺」を用い、子役の遠見を出すという、現行の「一谷嫩軍記」組討の場に類似した演出によっている。

［9］『黙阿弥全集』第六巻、春陽堂、大正十四年、八四五頁。同書では「墨画龍湖水乗切」として湖水乗っ切りの場面のみを収録している。

［10］この時期に行われた海難場面については、原道生・神山彰・渡辺喜之校注『新日本古典文学大系明治編　河竹黙阿弥集』（岩波書店、平成十三年）の注にも指摘がある（同書二三四頁）。本論考においても、当該の注釈を参考にしている。

［11］大阪府立中之島図書館所蔵の台本（252―102）を参照。

［12］「諸芸一流今の名人　芝居の道具方長谷川勘兵衛（六）」『読売新聞』明治三十六年十月二十一日。以下の引用も同記事。

［13］六二総連編・法月敏彦校訂『六二連　俳優評判記』上、日本芸術文化振興会、平成十四年、二〇二頁。

［14］木村錦花『守田勘弥』新大衆社、昭和十八年、七六四～五頁。

［15］『歌舞伎新報』第八三六号（明治二十年十月）掲載の筋書による。

［16］『東京朝日新聞』明治二十三年五月七日。

［17］東京に限らず大阪でも、「四幕目結城会社の火事は大仕掛にて、花道へ喞筒《ぽんぷ》のパイプを引きしなど、大穿ち大受けなり」（『大阪朝日新聞』明治二十六年三月十四日）と評判であったという二十六年三月弁天座の「紡績会社縁撚糸《ぼうせきがいしやえんのよりいと》」など、仕掛けを用いた火災場面の上演が行われている。

［18］『黙阿弥全集』第二十六巻（春陽堂、大正十五年）による。

［19］早稲田大学演劇博物館蔵（ロ18―92―2B）。

［20］『大海嘯』（請求記号252―114）、半紙本一冊（二冊を合綴して表紙を補う）、三十三丁。役名表記だが、一部、上演時の改訂を

記したと見られる書き入れに役者名による表記の部分あり。末尾に本文の欠落が見られるが、『歌舞伎新報』一六四八号（明治二十九年七月二十九日）掲載の梗概によってある程度補うことが可能である。

［21］国立国会図書館蔵『幕末并明治大正芝居紋番附』第十三冊（847-121）所収。

［22］『東京朝日新聞』明治二十九年六月二十一日。

［23］『都新聞』明治二十九年八月一日。

［24］日本大学総合学術情報センター蔵（nihb 40-180）。

［25］「陳」は「陣」の本字である。

［26］田村成義編『続続歌舞伎年代記　乾巻』鳳出版、昭和五十一年（初版は大正十一年）、二〇六頁。

［27］三木竹二『観劇偶評』岩波書店、平成十六年、七十三頁。

［28］『歌舞伎新報』一六〇五号、明治二十七年九月。

［29］『日本戯曲全集　第三十二巻　河竹新七及竹柴其水集』春陽堂、昭和四年、六八七〜八頁。

［30］「戦争演劇《せんさうしばゐ》　其四（新富座）」『東京朝日新聞』明治三十七年三月二十六日。

［31］神山彰「明治の「風俗」と「戦争劇」の機能」『近代演劇の来歴　歌舞伎の「一身二生」』森話社、平成十八年、一六六頁。

［32］幸堂得知「春木座劇評（下）」『東京朝日新聞』明治二十七年九月二十二日。

［33］活歴の写実性に関しては、神山、注30前掲書に詳しい。

［付記］本節の初出以後に刊行された大久保遼『映像のアルケオロジー　視覚理論・光学メディア・映像文化』（青弓社、平成二十七年）は、映像研究の観点から「音聞浅間幻灯画」について論じている。

第三章

上方劇壇と「東京」

第一節　明治初期大阪劇壇における「東京風」

はじめに

一般的な演劇史において、上方歌舞伎は江戸時代後期以降は「衰退」していったと説明される。権藤芳一は二段組みの紙面の上段に江戸・東京、下段に上方の上演記録等を掲げる伊原敏郎『歌舞伎年表』（岩波書店、昭和三十一～八年）について、初期は上段（江戸）に空白が目立つのに対して、「四巻の安永六年（一七七七）あたりからだんだん下段の空白が目立ちだし、六巻の文政末年から天保年間にかけては、上下のアンバランスがきわだってくる」▼注[1]と指摘する。江戸後期の上方歌舞伎「衰退」が視覚的に表れた例といえよう。権藤は「上方歌舞伎衰退の原因は、まず、すぐれた狂言作者が生まれなかったことである」▼注[2]とする。江戸後期から明治期に至るまで引き続いて有力な狂言作者が輩出し、現在まで演じ継がれる作品が生まれた江戸に対して、上方では狂言作者が役者への従属を強めていき、主体的に新作を生み出すことが稀になったという指摘はしばしばなされるし、同時代にあっても西沢一鳳《にしざわいっぽう》は『伝奇作書』（天保十四年～嘉永四年成立）において作者の権威の失墜を嘆いている。

明治に入っても、この上方歌舞伎の長期低落傾向は続いたとされる。というよりも、むしろ一層東西歌舞伎の差は大きくなったと考えられている。明治期の歌舞伎に関する最初の通史である『明治演劇史』（早稲田大学出版部、昭和八年）で伊原敏郎は「明治の革新によつて東京が政治や文化の中心となつたため、そこの劇壇はますます発展すると同時に、京阪のそれは終に頽廃してしまつた」[注3]と述べる。河竹繁俊の『日本演劇全史』も、明治期の上方劇壇は、東京劇壇に比べて新しい動きに欠け、後世への影響もより小さいとした上で[注4]、明治期の上方歌舞伎の演劇史的意味を次のようにまとめる。

結局上方においては、脚本の面での新聞脚色ということ、（日置注、中村）宗十郎の写実的な芸風、それらが後の新派に及ぼした影響以外には、ただ時代に先がけて新しいものを舞台にのせたというにとどまり、改良の歩みもスケールも小さく、歌舞伎の質的変化をもたらすには至らなかったといわねばならない。[注5]

「歌舞伎の質的変化をもたらすには至らなかった」とされる明治期の上方歌舞伎ではあるが、例えば明治後期に上方で誕生した松竹を抜きに近代の歌舞伎興行を語ることは不可能であり、決して無視すべきではない。松竹以前ともいうべき明治初期の動向にしても、果たして全く注目に値しないものであると言い切ってしまって良いのであろうか。本稿では明治十年代末までの大阪劇壇におけるいくつかの改革の事例を紹介し、明治初期上方歌舞伎の演劇史的意義の再考を試みたい。

一、新作狂言の増加

先述のように、決して注目されているとは言い難い明治初期の上方劇壇の動向だが、小櫃万津男による論考によってある程度の見通しは示されている。小櫃は大阪における演劇改良の先駆者として中村宗十郎の存在を指摘している。[注6] また、明治十年代までの大阪で新聞紙上等で演劇改良が議論され、幕内においても興行師の三栄らが関係した演劇改良の動きが見られることに触れた上で、そうした流れの結実として十九年九月大阪演劇改良会の発足があることを述べる。[注7] わずか二回の会合を行ったのみで消滅した大阪演劇改良会であるが、小櫃は次のような点に関してその意義を評価する。

- 発起人に府会議員等、多くの名士が名を連ねるなど大きな社会的反響を呼ぶ出来事であったこと。
- 「俳優等演劇関係者の近代的自覚が促され」、演劇の社会的地位の向上につながったこと。
- 「演劇についての論議が下級俳優に至るまで、広く社会的に盛んになったこと」。
- 改良演劇の上演が行われ、これを後の新派劇につながるものとして評価できること。

中でも小櫃は大阪における改良演劇の試みが、大阪で誕生した新時代の演劇である新派に与えた影響を大きく評価し、「大阪演劇改良会を頂点とする大阪の演劇改良運動は、正にこの点で大きな成果を齎したのであった。これは東京に於ける天覧劇の実現より、ある意味では、はるかに大きな意義を有すると言へよう」[注8]とまで言っている。

その一方、大阪演劇改良会以前の演劇改良の動きに対する小櫃の見方は、改良会につながるものとして一定の評価は与えつつも、厳しいものであると言わざるを得ない。小櫃の宗十郎に対する評価は、「先駆の憂目を見なければならなかった」▼注[9]というものであるし、改良会以前に大阪の劇場において上演された作品についてはほとんど言及していない。だが、明治十年代末までの大阪の各座の上演演目を見ていくと、この時期における大阪劇壇の変容が浮かび上がってくるのである。

上演演目の面から見た明治初期の大阪劇壇の変化の第一として指摘できるのは、新作狂言の相次ぐ上演が見られるようになることである。近世後期からすでに上方においては新作狂言が払底していたことにはすでに触れた。明治に入っても、五年までに上演されためぼしい新作狂言としては元年四月竹田芝居「鳴渡浪花噂」が挙げられる程度である。しかし、この傾向は六年初めから突如変化を見せる。六年二月筑後芝居「誠忠誉強勇」と若太夫芝居「桜田雪盛忠美談《はなふぶきせいちゅうびだん》」の二作を皮切りに、以後次のような新作狂言が舞台に上った。

六年三月　竹田芝居　「本朝三河風土記《ほんちょうみかわふどき》」
　四月　若太夫芝居　「緘合赤穂城聞書《とじあわせあこうのききがき》」
　九月　角の芝居　「大汐噂聞書」
　　　　若太夫芝居　「打哉太鼓淀川浪《うつやたいこよどのかわなみ》」
　十月　筑後芝居　「君臣浪宇和嶋」
七年二月　若太夫芝居　「桜田雪後日文談《はなふぶきごにちぶんだん》」
　四月　角の芝居　「大和錦朝日籏揚」
　九月　筑後芝居　「千石積湊大入船《せんごくつみみなとのいりふね》」

十一月　角の芝居　「四季摸様白縫譚」
竹田芝居　「正説慶安太平記」

「桜田雪盛忠美談」は桜田門外の変を題材とした芝居であったが、翌七年二月に同じ若太夫芝居で続編「桜田雪後日文談」が上演された。さらにこの後、八年五月にも同座で坂下門外の変を扱った「桜田拾遺藤坂下《さくらのあとふじのさかした》」、九年一月に天満大工町芝居で「桜田雪嶋田実記[注10]」と「桜田物」の上演が続く。なお、「桜田物」はこれ以降もたびたび上演されており、明治期の大阪でも特に親しまれた題材であったと言える。「打哉太鼓淀川浪」は戊辰戦争の鳥羽伏見の戦いを描いたもの、「大和錦朝日籏揚」は文久三年に起きた天誅組の変に材を取っている。こうした幕末期の事件を扱う新作は、この後もやはり文久三年の足利三代木像梟首事件を取り入れた「嗚呼忠臣楠柯夢」が十年四月角の芝居で上演されるなど、この時期の一大潮流となっている。他には、いわゆる「忠臣蔵物」である六年四月若太夫芝居の「緘合赤穂城聞書」が「大石内蔵助」という実名を使用していることも目に付く。

二、三栄、河竹能進・勝諺蔵親子と黙阿弥受容

新作払底状態を打ち破る、それも明確な方向性を持った新作上演や実名使用といった新しい動きを主導したのは、若太夫芝居と筑後芝居であったが、この両座は当時、興行師三栄の傘下にあった。木村錦花によれば、三栄は三河屋栄吉もしくは妻吉といった三河出身の侠客で、「初めは大阪城内玉造口の部屋頭を勤め」たという[注11]。他に東京の相模屋政五郎の子分とする新聞記事[注12]もあり、少なくとも明治四年頃までには道頓堀の西櫓町に三栄席を

所有して貸座敷業をも行っていたらしい。▼注[13] 妻吉は十六年九月に没したが、生前すでに隠居しており、家業は子の安五郎が引き継いでいた。▼注[14]

○戎座の金主にて有名なる島の内笠屋町（三栄事）三川安太郎《ママ》は、流石活発な気象丈け有つて、今度自分の居宅《ゐたく》を洋風造りに建換んと、既に我宅を取り毀《こぼ》ち、普請の着手《てはじめ》に取掛る用意なりと。何れ新築棟上の式には、東京に名を轟かせし守田勘弥に祝文を乞ひ、勝能進に其祝詞《しゆくし》を棒読《よま》させ、また石川一口或ひは諸俳優《やくしやたち》には、思ひ〳〵の芸道をさせ、一層盛んに祝宴を開筵《ひら》くと、此頃其用意して居りますさうなが、近々落成の上は立派な事で有りませう。

（『朝日新聞』明治十二年七月八日）

○道頓堀戎座の仕打三栄が発起にて、不日多くの書籍を購求、無代価にて俳優一等《ママ》へ貸与へ、教導職の任に背かざるやうにさせんと此頃謀て居ると云ふ。

（『朝日新聞』明治十三年十一月二十三日）

右のような新聞記事からは、新時代の潮流とその中での芝居の位置というものを意識する三栄の姿勢が浮かび上がってくる。こうした革新的な姿勢は以下で紹介する通り、明治初年からのものであり、妻吉、安五郎の二代に一貫していたと考えたい。

しかし、三栄が新作上演を企図しても、その書き手がなければ実現が不可能なのは言うまでもない。先に列挙した新作の大部分を執筆したのが、右の新聞記事中にも名前の見える河竹（勝）能進《のうしん》と三代目勝諺蔵の親子である。両人の来歴については伊原『明治演劇史』に一章が割かれる他、尾澤良三『女形今昔譚　明治演劇史考』（筑摩書房、昭和十六年）において詳述されている。▼注[15] ここでは詳しく述べることは避けるが、能進は東京の河竹黙阿弥の門弟であり、その息子の諺蔵は三代目瀬川如皐門下でいずれも江戸・東京の大芝居において作者修行をした人物である。なお、十一年二月まで能進は二代目諺蔵を、三代目諺蔵は浜彦助を名乗っていた。二人の大阪行きの時期については諸説あるが、能進は四年末から五年にかけての時期に、諺蔵も父からそう遅れることなく大阪へ移ったらしい。この下阪について尾澤は五代目大谷友右衛門（紫道）による招聘という説を主張している。▼注[16] しかし、四年二月に大阪へ下った友右衛門は六年二月に亡くなっているが、この間、能進は必ずしも彼と同座しておらず、この説については伊原も疑問視している。▼注[17] 先に触れた記事中の相模屋政五郎の子分という記述を信じれば三栄自身早くから東京劇壇との関係を持っていた可能性もあり、必ずしも友右衛門を介したと考える必要はない。むしろ、尾澤自身も「三栄が〔中略〕大谷友右衛門より東都における能進の実力を聞き、大阪脚本の改良の為に、その招聘を快諾した」▼注[18] と記しているように、最終的な招聘の決定には興行師の意向が無関係であり得なかったであろう。

三栄の意向を受けて新作を続々と生み出したと考えられる能進と諺蔵であるが、尾澤が「新七風（黙阿弥風）脚本移植の企図」と述べたように、黙阿弥の作風を大阪で根付かせたという点でも、大阪劇壇に与えた影響は大きかった。黙阿弥作品でも「鼠小紋東君新形《ねずみこもんはるのしんがた》」（「鼠小僧」、安政四年正月市村座）、「夢結蝶鳥追《ゆめむすぶちょうにとりおい》」（「雪駄直し長五郎」、安政三年三月市村座）などいくつかの作品は比較的早く江戸以外でも上演されたが、先に見た新作狂言増加と歩調を合わせるように、黙阿弥劇の大阪での初演が目に付くようになる。主なものを挙げていくと次の通りである（括弧内は江戸・東京初演時の名題）。

五年四月　中の芝居　「怪談月笠森《かいだんつきのかさもり》」
七年十一月　中の芝居　「勧善懲悪新聞集」（「繰返開花婦見月《くりかえすかいかのふみづき》」）
八年十月　中の芝居　「十二時義士廻文」（「仮名手本硯高島《かなでほんすずりのたかしま》」）
十一年三月　中の芝居　「都鳥廓白浪《みやこどりながれのしらなみ》」
十一年四月　角の芝居　「三人吉三廓初会」（「三人吉三廓初買《さんにんきちさくるわのはつがい》」）
十二年一月　中の芝居　「時得物千曳網船《ときえものちびきのあみぶね》」（「網模様燈籠菊桐《きくもようとうろのきくきり》」）
十二年三月　戎座　「蝶千鳥曾我実録」（「蝶千鳥曾我実伝《ちょうちどりそがのじつでん》」）

これらの作品が上演された興行の番付を見ると、多くの場合、能進もしくは諺蔵が作者として一座している。[注19]七年七月に東京の新富座で初演された散切物「繰返開花婦見月」が、同年十一月に早くも移入されている点など目を引く。一方で、今日黙阿弥作品の中でも上演頻度が高く代表作とされる「三人吉三廓初買」は安政七年初演であるが、この時まで上方での上演記録がない。このことについては後に触れたい。

「黙阿弥風」の移入は単に黙阿弥作品の上演にとどまるものではなかった。大阪初演作品にも黙阿弥の先行作品から大きな影響を受けたものが出てきた。たとえば、八年九月角の芝居で上演された諺蔵作「早教訓開化節用」は、巡査による矢場女殺しという三面記事を脚色したものとされるが、主な筋は黙阿弥の「八幡祭小望月賑《はちまんまつりよみやのにぎわい》」（「縮屋新助」、万延元年七月市村座）および「青砥稿花紅彩画《あおとぞうしはなのにしきえ》」（「白浪五人男」、文久二年三月市村座）を借用したものであることは尾澤良三や小笠原幹夫によって指摘されている。[注20]特に、「青砥稿花紅彩画」の利用は台詞のレベルに至るもので、尾澤も「最早既に剽窃に近い傾向がなくはなからうか」という程である。「嗚呼忠臣楠柯夢」は先述のように攘夷派の志士が京の等持院に安置されていた足利将軍の木像の首を斬り鴨川の河原にさらした事件を脚色したものであるが、八幕目「洛東祇園絵馬堂の場」は、常陸家の家臣渡邊蔵之進の息女皆瀬と若党の市助にそれぞれ姿を変えた鵜のお勘と鴈の重吉の両人による騙りを描いている。本物の市助や浪士の長尾幾三郎らに騙りを見破られ、顔に焼き金を当てられたお勘は、開き直って自分の身の上を語り出す。

幾　シテ又そちが。
皆々　素性といふは。
かん　お望みならばいつて聞そふ。どなたもかうだ、聞ておくれ。
　ト是を誂への合方に成り、お勘煙草を呑ながら。
元はわつちも常陸の国鹿嶋浦の漁師の娘。産れ立から手癖が悪く、あそこの賽銭、爰の布施、とふ〳〵それが病み附て、海に入つて魚をば取ろうよりは人の物取たがましと悪心の段々きざせばきざす程、蜑《アマ》の業がいやに成り、十五の年に親に勘当されるその時に、異見の為と無理やりに腕に彫られた入黶《（いればくろ）》。
　ト右の肩を脱ぐ。重吉お勘の袖を引き。
重　ヲイ姉御、罰金だぜ。
かん　違へねへ　〇
　ト肩を入れて袖をまくると右の腕に一首の歌を二行に入黶してある事。
白浪のよする渚に世を過す蜑の身を《ママ》れば宿も定めず　〇　コリヤ昔しの公家さんが読だ歌だとい

ふ事だが、ぬすみ心を白浪に寄せて宿も定めずとは勘当をした印だと彫た親仁もひやうきんものサ。なんの異見を聞く所か、人のものは我のものと、濡れ手で安房《アハ》から上総下総流れ渡つて東海道五十三次宿々を、押がりゆすり筒もたせ、ずきの廻つたその時にやア、海でも川でも飛込んで水をくぐつて逃るのが、浜辺に育つた是も一徳　○　蜑と聞たら見世物に出た女だと思ひなさろうが、そんな小さな事よりは大きな仕事と文金に眉毛を引て振り袖のおぜうさんの声色も常陸なまりの附焼刃にそれも一ト皮むかれたら、元のもく網漁師の娘。水に達者な所から、誰いふとなく異名につた鵜のおかんとはわつちが事だ。▼注[21]

以下には重吉の名乗りが続く。公衆の面前で肌を露出することに対して罰則を定めた違式詿違条例を意識した「罰金だぜ」という明治らしい台詞や、女に化けた男の盗賊と、本物の女盗賊という違いこそあれ、この場面も「青砥稿花紅彩画」の「浜松屋の場」における弁天小僧と南郷力丸の騙りを下敷きにしていることは一見して明らかである。明治期の上方狂言は大部分が未翻刻であり、また完本を目にすることができない場合も多いが、東京を舞台とした作品は明らかに多く、右のような黙阿弥利用の例は他にも見出すことができるように思われる。

近世後期から新作狂言が減少し、幕末から明治初頭にかけては新作払底状態であったといえる大阪劇壇において、多数の新作が上演されたことは大きな変化であったと言える。そして、その新作の多くが桜田門外の変や戊辰戦争といった幕末期の出来事を扱っていたり、歴史上の人物を実名で登場させるなど、広い意味で「史実」に対する意識が生まれていたことも重要である。また、黙阿弥の作風移入も大きな意味を持つ出来事であった。大阪での黙阿弥劇上演が必ずしも江戸・東京における上演をそっくりそのまま持ってきたものであったと考えるべきではないが、[注22]それでも旧来の上方狂言の複雑な構成と全く異質な黙阿弥の作風が大阪劇壇に与えた影響は大きかったであろう。

三、劇場と興行

次に、劇場や興行形態の面での変化に目を向けてみたい。時系列で見ていくと、まず五年に、明治改元後新たに開発が始まった松島に松島大芝居（三河座）が開場した。松島には五年一月にすでに文楽座が開場しており、少し遅れて三月に歌舞伎の劇場も開場したのであるが、この劇場も三栄の所有であり、建築の際には東京の「猿若町劇場ノ絵図ナドヲモ取寄セ」参考にしたという。[注23]こうした事実は、三栄が早くから東京との関わりを有していた、あるいは少なくとも関心を持っていたことの証左と言えるかもしれない。

同年八月には寺社境内における芝居興行を禁止する布令が発せられた。[注24]すなわち、天満天神社内等八ヶ所の芝居に対し、「斯く四方ニ散在致し居候而ハ、少年子弟之職業を荒ミ、風儀を破り候弊害不少候」ということで、十月以降の興行禁止が通告されたのだが、ただし、松島への移転は「可為勝手候事」とされた。ただし、結局不便な松島へ移転して興行を続けた例はなく、六年十二月には堀江、北新地での興行が再び許可されている。

この一方で、大阪における芝居興行の中心地である道頓堀の劇場には目立った変化はなかったといえるが、八年には二の替り狂言の外題に「けいせい」を冠するという古来の伝統が途切れるなど、新時代の波が押し寄せつつあったのは確かである。九年に至って、劇場廃止論や劇場建築の改革論が大々的に議論される事態となった。これは、この年、一月八日、二月二十日、四月十八日と短期間に劇場の火災が相次いだことによる。新聞に掲載された論の中に次のようなものがある。

〔前略〕芝居の表掛りの建方は（楽屋はどうでもよろしい）、東京風の建方に仕たいものです。東京風といふのは、先、東の上下の桟敷の見物は東の木戸口、西の上下の桟敷の見物は西の木戸口（留場の口）、土間の見物は昼のうちは鼠木戸と称へ三尺斗りの入口にて出入をして、打出しの時（ハテ）は鼠木戸を双方へ開く。間口は十四間が定法（近来は十六、七間も有升）。東の桟敷の口、二間。西の桟敷留場の口も二間。仕切場が二間。真中が凡十間有て、格子戸を双方へ引くと二間ふさがり、開所が八間と成る様に仕てあります（五、六間でもよろしい。又、楽屋道も有つて、打出しの節には表口へも出るなり。表三方、裏一方です）。（『浪花新聞』明治九年四月二十五日）

ここでは出入口が広く、火災時に避難が容易な「東京風」の劇場構造の優位性が主張されている。この「東京風」という言葉は、以後しばしば大阪の劇場の建築等に関する新聞記事中に登場する。十四年に新町に開場した高嶋座では、「内桟敷、土間は残らず青畳を新たに布詰《しきつめ》、木戸より内へも東京風に上布《うはじき》を敷詰て、下駄、持物等は表方にて受取置」いたという（『朝日新聞』明治十四年三月二十三日）。なお、この観客の履物を預かるという仕組みは、先述の松島の三河座が大阪では最初らしく、木村錦花によれば「阪地ではそれまで観客自身が下駄を持って入場する風習だった」▼注[25]という。「東京風」の導入は内装のみならず、劇場の外観にも見られる。次の記事は劇場正面の招き看板に関するものである。

○今度角の芝居は招牌《まねき》を東京風《とうけいふう》に改めしが、追々其余の事も何呉となく東京風に改むるとて、二三の人々が頻に尽力して居るといふ。

（『朝日新聞』明治十四年九月十七日）

ここにも「何呉となく東京風に改むる」とあるが、「東京風」への志向は劇場全体にまで及んだらしい。

○角の芝居は這回《こたび》高麗橋三丁目呉服店三越利右衛門氏の所有と成、以後営繕《ふしん》を加て東京新富座の風になさんと目論見中の由。

（『朝日新聞』明治十二年七月十日）

ここでは「東京風」というよりもさらに具体的に、十一年六月に新築開場した東京の新富座の名が挙げられている。新富座を模倣した劇場の建て替えの計画はこれ以外にも報じられており、▼注[26] 十七年の角の芝居の新築にあたっては、新富座風の劇場建築が実現するのである。

角芝居大工棟梁、西横堀の長谷川は同座新築の為上京してをりしが、新富座の小屋の図を詳しく写取、近日帰阪せしかば二の替狂言打上次第、直《たゞち》に小家囲に取掛るとの噂。

（『朝日新聞』明治十六年二月一日）

実際に新富座の実地調査を行った上で建築が行われたのみならず、落成後の開場式も多くの有力者を集め、万事洋風で執り行った新富座のそれ（明治十一年六月七、八日）を模したものであった。▼注[27]

又、本日は開場の祝儀として三番叟のみを舞ひ、明二日は府庁、各裁判所、造幣局等の高官を始め、各国領事、諸銀行、堂島株式、其余諸会社、各新聞社員、府会議員等、府下の紳士五百余名を正午十二時より招待し、二階桟敷へ瓶花、盆栽、茶器、碁局《ごばん》を陳列して、是を休足所とし、午後一時より演劇開場、場一面に卓子椅《テーブル》子を陳《なら》べ、此処にて看物《けんぶつ》をさするといふ。舞台の正面は一面の金襖、惣坐中一統礼服にて出席、第一番に該坐の履歴書を読上げ、次に祝文朗読、右終ると舞台左右に開け、一面能舞台の道具立と成り、繰《あやつり》三番叟（翁・蝦十郎、千歳・小団治、三番叟・右団治）、右引抜七福神の所作事。次に望月を演ず。（『朝日新聞』明治十七年三月一日）

上流社会への接近を図った明治十年代の新富座が、しばしば外国からの賓客を迎えたことはよく知られている。▼注[28]「東京風」、特に新富座風を目指した大阪の劇場においても、十六年五月二十四日に「印度柔向《ジョホア》国王アホバカ殿下一向」（現在のマレーシアの一部にあたるジョホール王国の国王アブ・バカール）が戎座を来訪しており、▼注[29]右の角の芝居開場式の参列者を見ても、上流社会への接近が強く意識されていたことは間違いない。

四、「東京風」から東京への「還流」

このように、上演作品と劇場建築や接客の仕方等様々な面で、明治十年代までの大阪劇壇に変化が生じていたのであり、その変化は劇場建築に関する議論の中でしばしば用いられた「東京風」という言葉に端的に表れているが、東京の動向を強く意識したものであった。実はこの「東京風」という語は劇場に関してのみ用いられたわけではなく、以下の用例を見てもわかるように、文化・風俗全般に用いられた語であった。

○京都府下愛宕郡白川村の石工《いしや》小川権三郎と云ふ人の依頼《たのみ》に因り、西区南新町一丁目寄留中原昌発さんが市中の橋々を東京風《とうきようふう》に石橋にせんと、昨日府庁へ建白書を差出されました。（『朝日新聞』明治十二年二月二十八日）

○一昨夜の節分に各神社へ参る娘連を見るに、十二、三歳の女子《こども》までが東京風《とうけいふう》の丸髷に結ひ、中には鉄漿《おはぐろ》を塗るもあり、其新奇の流行を逐《おふ》て誇顔に見せ歩行《あるく》有様は、実に困ッた御幣担ぎの嬢公達《ねいさんたち》ならずや。（『朝日新聞』明治十三年二月五日）

○鬼神のおまつ歟熊坂お長の再来なる歟、此頃府下の諸所に毎夜徘徊する女強盗は廿年《はたち》前後の年齢《としばひ》にて、東京風《とうけいふう》の打扮《いでたち》なりと。（『朝日新聞』明治十三年五月十六日）

○西区松島中之町に這回《こたび》高砂楼といふ東京風《とうきやうふう》の揚屋茶屋をこしらへ、一切東京風の仕かけにするとか。（『朝日新聞』明治十四年四月五日）

女盗賊の身なりにまで用いられると、果たしてこの「東京風」という表現がどこまで実際の東京の風俗の実態を反映したものであるのか怪しい気もしてくる。実際、すでに指摘したように大阪における黙阿弥劇は、常に江戸・東京における上演と全く同じように上演されていたわけではなく、黙阿弥の影響が多分に見受けられる上方の散切物も、黙阿弥の散切物とは異なる性格を持っている（次節参照）。「東京風」がこの時代の上方における一種の流行であり、演劇にもその影響を大きく受けた変革が起きていたことは間違いないが、「東京風」とは「東京そのまま」ではなかったことが窺えるのである。

そして、この上方における「東京風」流行は単に一地方における東京への追随には止まらない。明治十年代までの大阪劇壇における「東京風」の変革は、大阪劇壇である程度根付いた後、今度は東京劇壇へ逆に影響を与えていったと考えられる。すなわち、「還流」とでもいうべき現象が起きているのである。

明治期の東京の小芝居では上方役者中心の一座が組まれ、上方狂言が上演される例が数多くみられるが、この場合の上方狂言のかなりの部分は能進や諺蔵の作品であると言ってよい。[注30] のみならず、諺蔵は二十五年以降、東京の春木座の立作者を務めると同時に、大阪の劇場にも作品を提供している。[注31] 芝居自体だけでなく、大阪から上京した興行師鳥屋熊吉が「大阪風の芝居」を謳い、[注32] 十八年五月から春木座で興行を行ったいわゆる鳥熊芝居は、雨の日に観客の下駄を洗い、帰り際に返してくれるというサービスで注目されたが、これも五年に松島三河座で始まったという、観客の履物を預かる仕組みがあってこその発想であるように思われる。明治期の東京劇壇における「大阪風」あるいは「上方風」は、すでにそれ以前に「東京風」の影響を受けて変容した「大阪」「上方」だったのではないだろうか。

「還流」は明治初期の大阪で積極的に受容された黙阿弥劇においても見出される。先に安政七年初演の「三人吉三廓初買」が大阪では明治十一年に初めて上演されたことを述べた。実は、この大阪初演は「三人吉三」の二演目にあたる。そして、これ以降この芝居は主に上方において上演されていくのである。試みに明治期を通じての「三人吉三」の上演回数を見てみると、大阪二十四回、京都十回に対して東京は十四回であり、二十年代までに限ると京阪の合計十七回に対してわずか一度しか上演されていない。[注33]「三人吉三」同様に今日比較的上演機会の多い「都鳥廓白浪」等も上演史をたどれば東京の一流とされる大劇場よりもむしろ、上方や上方と結びつきの強い小芝居を主たる上演の場としてきたのであり、今日江戸歌舞伎の代表的なイメージを持たれる黙阿弥劇の伝承に果たした上方の役割は見直しの余地があろう。

おわりに

以上、明治十年代までの大阪劇壇における改革の諸例を見てきた。そして、それらの改革はいずれも「東京風」を意識したものであったが、単に大阪という地域における東京の模倣や追随に留まらず、東京劇壇へと「還流」し、黙阿弥劇の上演史の例のように現在の歌舞伎にも影響を与えていることを指摘した。

なお、小櫃万津男によって大阪の演劇改良の先駆者として中村宗十郎の存在が指摘されていることに触れた。宗十郎は三河出身で三栄と同郷であり、筆者は大阪における広義の演劇改良は宗十郎と三栄の協働による面が大きいと考えている。ところで、明治四十二年に松竹創業者の白井松次郎は、「大阪市南区笠屋町三十六番地の、大阪役者の中村宗十郎が住んでいたという家を買って」、「住宅兼大阪事務所」▼注[34]としたのだが、実はこの宗十郎旧宅は三栄の隣家であった。▼注[35]松竹と旧来の道頓堀の興行師の間には対立も伝えられるが、▼注[36]三栄とは良好な関係を築いていたことが窺えるのである。松竹の興行姿勢自体、会社組織とはいいながら旧来の興行師に近い面があり、「方法の新旧・出所にこだわら」ない柔軟さこそが特徴であると指摘されているが、▼注[37]松竹を経由して明治初期の「東京風」を志向した改革が後世に何らかの影響を与えている可能性も考えられ、今後のさらなる考究が求められる。

また、本節においては、大阪を主たる考察対象とし、京都の芝居については触れることができなかった。大阪と京都の芝居の差異についても今後の課題としたい。▼注[38]

【注】

［1］権藤芳一「上方歌舞伎の衰退――その原因についての一考察――」『文学』第五十五巻第四号、昭和六十二年四月。

［2］注1前掲論文。

［3］伊原敏郎『明治演劇史』早稲田大学出版部、昭和八年、七一六頁。

［4］河竹繁俊『日本演劇全史』岩波書店、昭和三十四年、八二四～五頁。

［5］注4前掲書、八三五頁。

［6］小櫃万津男「中村宗十郎の演劇改良とその理念」『日本演劇学会紀要』第六号、昭和三十八年一月。

［7］小櫃万津男「大阪演劇改良会とその周辺」『日本演劇学会紀要』第八号、昭和四十一年七月。

［8］注7前掲論文。

［9］注6前掲論文。宗十郎は大阪演劇会良会にも関与したが、二十二年に世を去っている。なお、「先駆の憂目」という言葉は高安月郊による宗十郎評を借りたものである。

［10］大阪府立中之島図書館蔵『明治九年子之歳中芝居番附帖』（974-122）所収の番付書き入れにより、この芝居も元来は若太夫芝居での上演を予定していたことがわかる。

［11］木村錦花『興行師の世界』青蛙房、昭和三十二年、三十六頁。なお、本論考中では新聞記事等で多く用いられる妻吉の名を採る。

［12］『読売新聞』明治九年二月十八日。

［13］『朝日新聞』明治十二年一月二十九日の記事による。

［14］『朝日新聞』明治十六年九月二十八日、十月二日等。十月四日の記事によれば妻吉の隠居所は北久太郎町にあったという。

［15］『最新歌舞伎大事典』（柏書房、平成二十四年）の「勝能進」「勝諺蔵」の項（いずれも日置執筆）も参照されたい。

［16］尾澤良三「河竹能進」『女形今昔譚　明治演劇史考』筑摩書房、昭和十六年、二八五頁。

［17］注3前掲書、八二四頁。

[18] 注16前掲書、二九七頁。
[19] 八年三月および十月の中の芝居は番付に名前が見えない。
[20] 尾澤良三「勝諺造伝」注16前掲書、三五五～七頁。小笠原幹夫「散切物の展開とその限界――『撮絞鮮血染野晒』をめぐって」『歌舞伎から新派へ』翰林書房、平成八年。
[21] 引用は大阪府立中之島図書館所蔵の台本（252-102）による。
[22] 黙阿弥作品の大阪における改作については、第一章第四節でその一例を挙げて考察を行っている。
[23] 『日要新聞』第三号、明治五年一月（『新聞集成　明治編年史』第一巻、財政経済学会、昭和九年、四二七頁所載。原紙未見）。
[24] 申二九三号。大阪府史編集室編『大阪府布令集』第一巻、大阪府、昭和四十六年、六一三～四頁。
[25] 注11前掲書、三十六～七頁。
[26] 『朝日新聞』明治十三年一月二十二日、同十五年一月十九日等。
[27] 東京の劇場においても新富座の開場式の模倣が見られることが、林公子「明治期東京の劇場開場式」（『歌舞伎をめぐる環境考』晃洋書房、平成二十五年所収）に指摘されている。
[28] 松本伸子「外客接待と演劇の向上」（『明治前期演劇論史』演劇出版社、昭和四十九年所収）に詳しい。
[29] 『朝日新聞』明治十六年五月二十六日。
[30] 佐藤かつら「大阪の散切物「早教訓開化節用」をめぐって」（『歌舞伎の幕末・明治　小芝居の時代』ぺりかん社、平成二十二年）では「早教訓開化節用」の東京における上演にも触れている。黙阿弥劇の上演同様、上方狂言が東京で上演された場合もまた、しばしば何らかの改変が加えられたと思われる（次節参照）。
[31] 諺蔵の再上京は二十六年に入ってからである（本章第七節参照）。遠隔地からの狂言執筆の実態については不詳であり、今後考察すべき課題としたい。
[32] 注11前掲書、五十七頁。
[33] 国立劇場調査記録課編『国立劇場上演資料集〈553〉通し狂言三人吉三巴白浪・奴凧廓春風』（日本芸術文化振興会、平成

二十四年)所収の上演年表による。ただし、明治期の上演のうち、大阪二回、京都四回は文里一重の筋のみの上演と思われる。明治期には他に名古屋で三回、横浜で五回の上演が行われている。

〔34〕『松竹百年史』本史、松竹株式会社、平成八年、一七二頁。

〔35〕明治十二年十一月十五日の『朝日新聞』に「南区笠屋町三十五番地平民三河安五郎」と三栄の住所が記されている。

〔36〕注34前掲書に朝日座や弁天座を松竹が傘下に収める際に妨害を受けたことなどが紹介されている。

〔37〕寺田詩麻「明治三十年代京都の松竹——その経営の性質——」『演劇研究センター紀要Ⅷ』(平成十八年一月)。

〔38〕一般には近世後期以降、京都は大阪の興行圏の一部となっていくとされるが、幕末期でも、因果道士(中島棕隠)『都繁昌記』(天保八年刊)などでは京と大阪の観客の雰囲気の違いなどが示唆されており、考察の余地がある。

第二節　上方における初期の散切物について
―「娼妓誠開花夜桜」を中心に―

はじめに

従来、散切物について論じる場合に主に取り上げられるのは、多くの場合、東京において上演された作品であり、その多くが河竹黙阿弥の手によるものであった。幕末・明治期の劇界における黙阿弥の存在の大きさや、「水天宮利生深川《すいてんぐうめぐみのふかがわ》」（明治十八年二月千歳座）等いくつかの作品が戦後に至っても上演されている点、多くの作品が翻刻されている点などを考えればこれは自然なことと言えよう。それに比べると、上方で初演された散切物に関する言及はいくつかの例外を除いて極めて少ない。▼注[1]これは黙阿弥散切物の場合とは逆に、明治期の上方歌舞伎自体があまり注目されず、そこで生まれた散切物も今日まで上演が続く作品が皆無であり、翻刻が備わる作品もごく少数であるという事情によると思われる。しかしながら、当時の番付や新聞記事を見ていくと、大阪の劇場において初演された散切物が、京都や名古屋といった大都市に限らず、北陸等においても再演を繰り返し、人々にもてはやされている様を目にする。こうした上方の散切物は果たして東京のそれと比較した時、どのような特色を持つものなのであろうか。また、これらの作品のどのような点が同時代の観客の心を掴んだのであろうか。本節では、「娼妓誡開花夜桜《じょろうのまことかいかのよざくら》」（明治十年五月大阪・中の芝居）という作品を中心に論じていきたい。

一、上方における散切物の始まり

まず、前提として上方における散切物の始まりについて見ておきたい。上方で最初に上演された散切物としてしばしば名前を挙げられるのは、英国で一八五九（安政五）年に出版されたサミュエル・スマイルズ Samuel Smiles の『自助論』Self-Helpを、中村正直《なかむらまさなお》が翻訳した『西国立志編《さいごくりつしへん》』（明治四年刊）を原作として明治五年十一月に京都・四条南側芝居、同北側芝居で同時上演された「鞋補童教学《くつなおしわらべのおしえ》」と「其粉色陶器交易《そのいろどりとうきのこうえき》」（いずれも佐橋《さばし》富三郎作）である。前者は英国「波都毛土《ほいつもふす》」（ポーツマス）に住む靴直しの職人邦治《ぱんす》（パウンズ、市川荒五郎）が仕事の傍ら地域の貧しい子供への教育を行っていることが国王の耳に入り、使者（初代実川延若）が派遣され、都へ出発するというもので、原作第十二編の九「邦治《パウンズ》鞋《クツ》ヲ補ナヒ家業ヲ做《ナシ》ナガラニ修金《ツケトヾケ》ナキ貧児ヲ教ヘシ事」に依る。後者は第三編の二「培那徳《ベアナード》・巴律西《パリッシイ》ノ事」を原作としており、「仏蘭西国設因的子《せいです》」（フランス・サント）の陶工巴律西（ベルナール・パリッシー、初代市川右団治）が妻子の困窮をも顧みず陶器の研究に熱中し、ついに妻琴霊夫《きんれいふ》が身を以て夫を諫めるために自害をするという事態に至るが、その甲斐あって従来フランスにはなかった製法の開発に成功し、都へ迎えられることとなる。▼注[2] 明治初期の大ベストセラー『西国立志編』を取り入れた点で間違いなく新時代の雰囲気を反映した注目すべき作品ではあるが、すでに第一章第二節で述べたように、ト書きや浄瑠璃の詞章で舞台が「英国」「仏蘭西」であることを明示し、登場人物も皆英国人、フランス人という設定のこの芝居を散切物と呼んで良いのかは疑問である。新時代の日本の社会を描いた芝居は、東京で明治六年十一月に上演された黙阿弥作「東京日新聞《とうきょうにちにちしんぶん》」を最初のものとすべきである。

東京では「東京日新聞」以降、「繰返開花婦見月《くりかえすかいかのふみづき》」（明治七年七月守田座）、「明治年間東日記《めいじねんかんあづまにっき》」（八年六月同座）、「富士額男女繁山《ふじびたいつくばのしげやま》」（十年四月新富座）、「勧善懲悪孝子誉《かんぜんちょうあくこうしのほまれ》」（同六月同座）と散切物が続いた。一方、上方に目を転じると、前節で述べたように明治六年前半から新作狂言の上演が急増したものの、その中心は桜田門外の変、鳥羽伏見の戦い、天誅組の変といった幕末期の社会的な事件を描いたものや実録物であり、新時代の市井の出来事を描いた東京の散切物のような作品はすぐには生まれなかった。

上方で散切物が上演されるようになるのは明治八年頃からである。七月の大阪・筑後芝居「新聞詞錦絵」は、台本が残らないため詳しい内容を知ることができないが、複数の錦絵新聞を元にした狂言であることが佐藤かつらによって指摘されている。▼注[3] 絵尽▼注[4]に描かれる登場人物の多くは髷を結った姿であるが、洋装の人物や人力車夫も登場しており、散切物と呼ぶことのできる内容だったのではないかと思われる。九月大阪・若太夫芝居の「勧善懲悪雅文談」も内容不詳ながら、絵尽▼注[5]には散切頭や洋装の人物が複数描かれている。なお、この作品も錦絵新聞に取材したものと考えられる。▼注[6] 台本によって内容を知ることができるものとして早いのは、「勧善懲悪雅文談」と同月に大阪・角の芝居で初演された「早教訓開化節用」である。その内容は巡査錦織熊吉による矢場女殺しや、大蔵省の官員を装った悪党藤川重政と八州おきのによる騙りなどが描かれた作品で、やはり錦絵新聞によって報じられた出来事を元にしつつ、前者は黙阿弥の「八幡祭小望月賑《はちまんまつりよみやのにぎわい》」（「縮屋新助」、万延元年七月江戸・市村座）を、後者は「青砥稿花紅彩画《あおとぞうしはなのにしきえ》」（「白浪五人男」、文久二年三月同座）の「浜松屋の場」の設定や筋を利用している。▼注[7] これら三作品が上演されて以降、明治十年代の終わりまでに大阪で初演された散切物を挙げると以下の通りである（『近代

歌舞伎年表　大阪篇』によった)。

明治十年五月　中の芝居「娼妓誠開花夜桜」
　　七月　栄座「新聞准貞操投書」
十一年三月　戎座「西南夢物語」
十二年五月　戎座「鳥追於松海上話」
十四年三月　角の芝居「撮紋鮮血染野晒《つまみしぼりちぞめののざらし》」
　　七月　弁天座「讃岐梅朝日新聞説」
　　　　中の芝居「入梅晴朝日新聞」
　　　　北栄座「入梅路朝日新聞」
　　八月　弁天座「梅雨窓短夜物語」
十八年四月　朝日座「怠惰勉強心組織《うらおもてこころのあやおり》」
十八年五月　戎座「何桜彼桜銭世中《さくらどきぜにのよのなか》」

「新聞詞錦絵」「早教訓開化節用」「勧善懲悪雅文談」がいずれも錦絵新聞を利用したと考えられることは述べた。明治十年七月の「新聞准貞操投書」、翌年三月の「西南夢物語」は西南戦争を描いたものだが、前者は外題から明らかに新聞報道を元に脚色したものと思われ、後者も「狂言の世界報知新聞／脚色の大意は戦地直報」という角書から、犬養毅が『郵便報知新聞』に連載した「戦地直報」を参照したことが窺える。▼注[8]また、「鳥追於松海上話」以降の作品はすべて新聞の続き物を原作としている。続き物は複数日に渡って続く新聞の雑報記事であり、次第に物語の要素を強めるとともに長大化し、新聞連載小説へと発展していった。▼注[9]「鳥追於松海上話」は東京の『かなよみ』に連載された「鳥追お松の伝」、「撮絞鮮血染野晒」はやはり東京の『いろは新聞』の「団泰二の話」の脚色であり、十四年七月と八月の四作はいずれも女盗賊村上梅次を描いた『朝日新聞』の続き物「邯鄲廻転閨白浪《かんたんがえしねやのしらなみ》」(小野米吉作)および、その続編「梅雨の窓短夜談《ものがたり》」(岡野半牧作)を原作としている▼注[10]「怠惰勉強心組織」「何桜彼桜銭世中」の二作も『朝日新聞』の続き物で、後者はシェイクスピア『ヴェニスの商人』の翻案である。

このように、上方における散切物の題材は、初期の錦絵新聞から、戦争報道のような新聞記事によるものへ、さらにはより分量が多く物語性の強い続き物へと移っていったのである。これに対して、東京で上演された黙阿弥の散切物では、「東京日新聞」で新聞が重要な小道具として用いられ(第一章第二節参照)、各作品中に新聞記事に想を得たと思われる設定も散見するものの、明治十二年五月新富座「綴合於伝仮名書《とじあわせおでんのかなぶみ》」、二十一年四月中村座「月梅薫朧夜《つきとうめかおるおぼろよ》」を除いて、全体の筋の下敷きとして新聞を利用した例はない。また、英国の戯曲を翻案した「人間万事金世中《にんげんばんじかねのよのなか》」(十二年二月新富座)、やはり英国の小説を翻案した三遊亭円朝の人情噺の脚色である「西洋噺日本写絵《せいようばなしにほんのうつしえ》」(十九年一月新富座、第一章第四節参照)という例はあるが、新聞続き物の脚色はない。▼注[11]上方において新聞記事がより直接的に狂言に取り入れられ、新聞続き物の脚色も頻繁であった背景には、新聞俄等の周辺芸能からの影響があると思われるが、これについては本章第五節で詳述する。

前節では明治前期の大阪劇壇における黙阿弥の影響について触れたが、散切物に関しても黙阿弥の影響は大きいように思われる。右に述べたように、大阪で散切物が上演され始めるのは明治八年後半であるが、この直前に黙阿弥散切物の上方への移入が見られるのである。七年十一月大阪中の芝居で「勧善懲悪新聞集」の外題で「繰返開花婦見月」が上演されたのがそれで、同作は八年三月にも同じ中の芝居で「開化春東京新聞」として、同五月には京都・四条北側芝居で「教草仮名書新聞」として上演されており、好評が窺える。三度にわたる「繰返開花婦見月」上演は、新時代の風俗を舞台に載せるという選択肢を上方の劇界関係者に示唆したものだったのではないだろうか。また、十四年の「邯鄲廻転閨白浪」「梅雨の梅短夜談」脚色の成功は、これ以降の新聞社と劇界の本格的な提携のきっかけとなったが、ここにも黙阿弥の影響が見え隠れする。すでに述べたように、「邯鄲廻転閨白浪」は実在の女盗賊村上梅次を描いたものだったが、東京では二年前にすでに、実在の毒婦高橋お伝を主人公とする黙阿弥の「綴合於伝仮名書」が上演されている。そして、大阪における「梅次もの」流行の直前、十四年六月には天満大工町芝居で「高橋於伝毒婦小説」が舞台に上っているが、これは番付の役名等から「綴合於伝仮名書」の再演であると思われる。黙阿弥の描いた高橋お伝を目にした人々が、同じ毒婦ものというところから、折しも六月九日に『朝日新聞』紙上での連載が終了したばかりの「邯鄲廻転閨白浪」に目を付け、これを脚色したことによって起こったのが「梅次もの」の流行だったのではないだろうか。

二、「娼妓誠開花夜桜」

上方の散切物の始まりと、そこに散見する黙阿弥の影響について述べてきたが、以下は狂言の中身についてより詳しく見ていくことにする。「早教訓開化節用」中の黙阿弥作品の利用についてはすでに指摘があることを述べたが、他の作品ではどうか。ここで取り上げるのは、「娼妓誠開花夜桜」という作品である。本作は明治十年五月に大阪・中の芝居で初演された。作者は黙阿弥の門弟河竹能進（当時二代目勝諺蔵）で、五代目坂東彦三郎が演じる実在の遊女金瓶楼の今紫を主人公とし、初代実川延若《じつかわえんじゃく》演ずる中田小八郎の分不相応な今紫への恋を描く。今紫は明治初年の遊女で今様の男舞を舞って評判であったといい、山内容堂に鏡を贈られたこともあるという。[注12]高利貸しで新富座や河原崎座の金主をしていた西神常吉に身請けされて新富座の茶屋の女将となった後、女優となり「阿古屋の三曲を売物に東海道の巡業を始め、それに西神が太夫元となって附いて廻っていた」[注13]らしい。その今紫を演じた彦三郎は、黙阿弥の「東京日新聞」で主人公鳥越甚内を勤めた役者であり、明治九年十一月に新富座が火事で焼けたため大阪へ下っていたが、この年の十月に客死したため、これが最後の舞台となった。本作は彦三郎没後もしばしば再演されている。管見の限りでは、明治期に大阪で十四回、京都で六回の上演が確認できる他、名古屋や金沢でも上演の記録があり、[注14]東京でも明治十二年二月に春木座の舞台に上っている。先述の「早教訓開化節用」も明治期に大阪で二十四回の上演が確認でき、金沢等の地方興行や東京の劇場でも上演されているが、本作はそれに並ぶ人気作であったと言える。以下、本作がどのような芝居であり、なぜ当時の観客に喜ばれたのかを見ていきたい。

まず、本作の梗概を記す。現存する本作の台本としては、大阪府立中之島図書館蔵の写本（以下、中之島本。全三冊、請求記号252-32）、明治二十二年五月十三日出版の奥付を持つ活版本（以下、二十二年本）、明治二十九年三月三十一日発行の活版本（以下、二十九年本）の三種を確認している。二十二年本、二十九年本はいずれも勝彦兵衛（能進の子息三代目勝諺蔵）を著作者、前田菊松を印刷者として奥付に掲げており、二十九年本ではさらに版権所有者兼発行者として中西貞行の名を記す。二十二年本は表紙に「全四冊之内第壱」とあり序幕のみを収めるが、第二分冊以降の出版は確認できない。写本の中之島本は、各冊裏表紙に「脚色　勝諺蔵」と記されており、三代目諺蔵旧蔵本と思われるが、[注15]後述するように初演時の舞台とは若干異なる内容である。ただし、二十九年本も初演番付等と対照すると、省略や改変が目に付くので、ひとまず中之島本によって梗概を記し、改作箇所については後で指摘する。

【序幕　仲之町花見の場・金瓶能舞台の場】

花見の客で賑わう吉原仲之町で、英仏学校の取締五十嵐信友らと、横浜の豪商伊藤平の奉公人新吉が出くわし、喧嘩となる。全盛の遊女今紫をめぐって五十嵐と伊藤平が言い争うところへ、茶屋山口巴の亭主清次郎が割って入り仲裁する。清次郎は両者の和解のために酒宴を設け、今紫を呼ぶが、今紫は五十嵐につれない態度を取る。憤った五十嵐の嫌がらせを軽くいなして見せた今紫に対し、感心した伊藤平は千円のフランス製懐中時計を贈る。

英仏学校の用務員である中田小八郎は同僚の穂積才助と牛窪伝蔵に無理矢理に吉原へ連れられてくる。茶屋へ行くことを拒み、両人に置き去りにされた小八郎は偶然兄小兵衛に出会う。小兵衛はかつての主君紀州候が所望しているフランスの兵書を五十嵐が所持していることを知り、小八郎を通じて五十嵐と譲渡の交渉をしているのだった。小兵衛と別れた小八郎は、同僚の二人を探すうち、金瓶楼の能舞台で今様を舞う今紫の姿を目にし、思わず見惚れる。

【二幕目　江戸町弐丁目入口の場・金瓶大黒二階座敷の場・同西洋造見世先の場】

今紫に惚れ込んだ小八郎は、豪商に化けて吉原へ通う。才助と伝蔵は小八郎が廓に馴れないのを良いことに、金をだまし取る。小八郎が今紫を呼び酒宴を催すところへ、学校の門番文兵衛と貸衣装屋の利兵衛がやって来る。利兵衛は小八郎に衣装の損料を払うよう迫り、衣装を剥いでしまう。正体を知られた小八郎は、今紫に自分の心の内を語る。ここへ五十嵐らも現れ、小八郎を咎めるが、清次郎に止められる。

事情を知った伊藤平の計らいで小八郎は今紫と枕を交わす。今紫は小八郎の真情に惚れ、年季が明けたら夫婦となる約束をし、誓いの品として伊藤平にもらった懐中時計を小八郎のシャツと交換する。

【三幕目　英仏学校門前の場・橋場金瓶別荘の場・浅草駒形仕返しの場】

小兵衛は、小八郎の許嫁小藤を伴い学校を訪れるが、小八郎は時計泥棒の嫌疑を受けて取り調べの最中であると言われ、面会することができない。二人は金瓶楼の別荘にいる五十嵐を訪ねるが、五十嵐は小八郎から兵書の代金を受け取っておらず、連絡もないので、兵書は他へ譲る約束をしたと告げる。

小兵衛と小藤は、今紫が小八郎をたぶらかし、兵書を買うための金まで使い込ませたと思い、今紫を恨む。この様子を聞いていた今紫は二人に詫び、小八郎の疑念を晴らし、兵書を手に入れることを約束する。

今紫は五十嵐に身請けされることを承諾し、代わりに兵書を譲るよう願う。五十嵐は兵書を譲る代わりに、小八郎が時計泥棒であると証言するよう今紫に迫る。そこへ小八郎の取り調べをしている松崎頼母が訪れ、今紫に時計について尋ねる。今紫は小八郎に時計を譲っていないと答える。小八郎はこれを聞いて憤慨するが、松崎に連れ帰られる。

五十嵐は今紫に偽物の兵書を渡し、密かにその場を去る。その後、兵書が偽物であること、五十嵐らが松崎と小八郎を殺して、学校の積立金着服の罪を二人に押しつけようとしていることなどが露見、小兵衛は急いで五十嵐の後を追う。

小八郎は五十嵐らと争い、ついに兵書を手に入れるが、金を払わねば泥棒だと脅される。そこへ小兵衛と伊藤平から託された金を持った新吉が駆けつけ、兵書は小八郎の手に入り、五十嵐らは捕らえられる。

中之島本と初演番付を比較すると、一部の登場人物の名前が異なっており、主要な人物では、伊藤平が高島嘉右衛門、清次郎が幸三郎、小藤が早枝となっている。また、小八郎が勤める「英仏学校」は初演時には鎮台であったらしく、小八郎は歩兵、五十嵐は隊長という設定のようである。他に中之島本では序幕で小八郎が今紫を見初める場面は、「今様松《いまようまつ》の寿《ことぶき》」という長唄の所作事になっているが、初演時にはこの所作事はなかったらしく、二種の活版本ではいずれも小兵衛と別れた小八郎の側を今紫の花魁道中が通りかかり、見染となる。▼注[16]

渥美清太郎は本作について、「東京では、一八八〇年（明治十三年）正月、瀬川如皐が補訂の上、同名題で春木座で上演した。〔中略〕このとき今紫の踊つた男舞の長唄が、イマヨウ、マツノコトブキ（今様松の寿）として残つている」▼注[17]と述べており、たしかに春木座興行の番付を見ると、登場人物の名や序幕に所作事を加え、鎮台を英仏学校とする改変などが中之島本と一致する。東京での上演時に、鎮台を学校としたのは、軍隊の内部における確執という設定が、作品の舞台である東京においては憚られたためであろうか。「早教訓開化節用」の東京での上演時にも、殺人を犯す主人公の巡査が書生に改められており、佐藤かつらはこれについて「当時劇場の取締に当たっていた警視庁の意向があったと思われる。明治八年の段階でも、巡査の不祥事は事件の現場である東京では上演できなかっただろう」▼注[18]と指摘しているが、本作でも同様の事情があったものと思われる。初演時の高島嘉右衛門を伊藤平とした理由は不明だが、これも何らかの配慮によるものであろう。高島嘉右衛門は高島易断の創始者としても知られる明治期の実業家。伊藤平はやはり当時の実業家で「天下の糸平」と呼ばれた田中平八の名をもじったものである。なお、伊原敏郎によれば、彦三郎が「横浜の富貴楼で生糸商の富豪田中平八に楯を突いた逸話は遍く知られて居」たらしく、「後に田中も彼れの気骨に感じて、「天下の絲平より、日本一の彦三郎へ」とした引幕を贈った」[注19]という。嘉右衛門（伊藤平）が彦三郎演じる今紫に懐中時計を贈るという設定は、この逸話や晩年の彦三郎が好敵手四代目中村芝翫と「競争で金時計や金鎖を襟にかけた」[注20]というのを意識したものであろう。「東京日新聞」における鳥越甚内の人物像に彦三郎の人となりが反映していることは、第一章第二節で指摘したが、本作の中にも初演者彦三郎の面影を見ることができるのである。

　さて、右に掲げた梗概を見ると、本作は新時代の風俗を豊富に取り入れているものの、その筋は先行作品から多くを借りていることがわかる。身分の低い男性が高位の遊女に一目惚れをし、身分を偽って登楼するが正体を知られてしまうものの、遊女の方が男性の真心に打たれて夫婦約束をするという筋立ては、中国明代の短篇白話小説集『醒世恒言《せいせいこうげん》』巻三「売油郎独占花魁」を原話とする「売油郎説話」そのものである。[注21]売油郎説話に属する歌舞伎の狂言としては、近松徳三作「侠競廓日記《はでくらべくるわにっき》」（寛政十二年九月大坂・角の芝居）があり、その一部が独立して「油商人廓話《あぶらうりくるわものがたり》」等の題で近代まで上演された。延広真治は「油商人廓話」に登場する遊女吾妻には、「未だ顔を知らぬ許嫁がおり、遊女でありながら誰にも肌身を許さない点」が「原作と大きく異な」[注22]り、独特であると指摘している。この点では、「油商人廓話」と本作は異なっているが、一方でやはり延広が「油商人廓話」の特徴として指摘する主人公の油売り与兵衛が「廓の作法を医者道伯に学ぶ点」[注23]は、本作中で才助と伝蔵が小八郎に廓の作法を伝授してやると偽って金をだまし取る設定の元になっていると考えられる。小八郎を演じた初代延若はこれ以前に油売り与兵衛を二度演じており、[注24]本作に油売り与兵衛を新時代の風俗の中で見せるという意図があったことは明らかであろう。

　一方、三幕目はいわゆる縁切り場となっている。これも歌舞伎にたびたび仕組まれてきた趣向であるが、恋人が必要とする品物を手に入れるため、遊女が気に入らない客の身請けを受け入れ、恋人との縁を切る（本作では嘘の証言で罪に陥れる）という設定は、やはり近松徳三の「伊勢音頭恋寝刃《いせおんどこいのねたば》」（寛政八年七月大坂・角の芝居）に近い。なお、延若は「伊勢音頭恋寝刃」において縁切りを受ける主人公福岡貢もこれ以前に演じている。▼注[25] すなわち、本作の内容は、出演する役者の個性に合わせた当て書きであるとともに、「油商人廓話」や「伊勢音頭恋寝刃」といった既存の狂言を多分に利用したものなのである。

三、古典の利用と描かれた東京

東京で上演された黙阿弥の散切物でも、彦三郎や宗十郎、菊五郎といった主演者の個性や得意芸が狂言に反映されていたことは第一章ですでに指摘した。また古典の利用も、「東京日新聞」において主人公に悪七兵衛景清のイメージを重ね、「富士額男女繁山」では「桜姫東文章《さくらひめあづまぶんしょう》」、「霜夜鐘十字辻筮《しもよのかねじゅうじのつじうら》」および「水天宮利生深川《すいてんぐうめぐみのふかがわ》」では上方狂言「乳貰い」の趣向を利用するなど（第一章第三節参照）、黙阿弥の散切物の中にたびたび見られる。しかしながら、それら黙阿弥の散切物と本作、あるいは先行する黙阿弥作品から多くを借りている「早教訓開化節用」を比較した時、そこには大きな違いがある。第一章第三節において指摘した通り、黙阿弥の場合、実際に目にした光景や古典を豊富に作品中に取り入れつつも、作品全体の筋の上では独創性を発揮している場合が多い。また、多くの作品で士族という新時代ならではの存在を描いていたり、「明治年間東日記」のように劇中に上演からごく近い時期に実際に行われた彰義隊記念碑の建立式を劇中に仕組むなど、作品を「現代劇」たらしめようという強い意図が感じられる。これに対して、本作や「早教訓開化節用」は作劇法の上では、あくまでも在来の狂言の枠組みの中に新時代の風俗を配したに過ぎない。登場人物を見ても、小八郎は鎮台所属の歩兵あるいは学校の小使い、熊吉は巡査または書生という新時代の職業に就いてはいるものの、自らの属する階級の消滅に接した鳥越甚内や筆売り幸兵衛の苦悩や、女性でありながら書生となって立身出世を目指した女書生繁の矛盾といった、新時代特有の問題を抱えることはない。彼らは単に油売り与兵衛や縮屋新助の行動をなぞっているに過ぎないのである。こうした点からすれば、上方の初期の散切物は、東京で黙阿弥が執筆した散切物に比べて一段劣ると言わざるを得ない。▼注[26]

しかし、すでに述べたように本作も「早教訓開化節用」も明治期の京阪で二十回以上も上演されており、名古屋や金沢等の舞台にも上っている。これらの作品がこれほどの好評を得たのはなぜだろうか。もちろん、右に述べたように先行作の筋や趣向を丸取りしていることで、多くの見せ場が存在したことは、一つの理由であろう。黙阿弥の散切物においても、古典の利用はそれ自体が見所の一つであった。しかし、それに加えて「描かれた東京」への憧れという要素は見逃すことができないのではないだろうか。明治初期の上方で、芝居に限らず様々な局面で「東京風」の流行が見られたことは前節に述べた。黙阿弥作品の上演もその流れに乗ったものであったが、本作や「早教訓開化節用」もそうした「東京風」への人々の憧れを背景に、噂に聞く東京の風物を舞台上に提示して見せたところに大きな魅力があったのではないだろうか。それは吉原の西洋造りの大見世や、芝神明▼注[27]の楊弓場といった東京の盛り場の景色のみならず、登場人物についても言える。東京金瓶楼の今紫のことは、大阪でも有名だったらしく、本作の序幕には大阪の人間が登場し、「此間も大坂の千日前といふ所《ママ》に法善寺といふお寺の地内に、石川一口といふ講釈場がムり升じや。その席で松月堂呑海といふ講釈師が日々新聞の内で今紫の伝をよみ升たが、大はづみでムり升て、それから猶の事わしらが方では今紫〳〵と申升る」▼注[28]と言っている。石川一口《いっこう》が当時法善寺境内の席を所有していたのは事実であり、今紫に関する講釈が行われたのも本当のことであろう。先述したように、上方の散切物はその始まりから新聞と深い関係を持っていた。歌舞伎以外にも新聞俄等の芸能が流行しており（本章第五節参照）、噂話や新聞、講釈等ですでによく知られていた出来事を舞台の上で目に見える形で再現してみせるという行為へのこだわりが感じられる。一方の東京の散切物は、その多くが東京の市街地に立地する新富座（守田座）において上演された。観客の多くは日常的に最先端の風景や文物に接していたのであり、そうした事物の舞台上への提示よりも、新時代の社会特有の問題を扱う方向へと芝居の内容が向かったのはごく自然なことと言うべきであろう。黙阿弥の散切物と比較した時、作劇法の安易さが目に付くとはいえ、大阪や京都、名古屋、あるいは金沢や伊勢といった広い地域の人々に、最新の風俗を目に見える形で提示し、新鮮な感動を与えたという点で、本作や「早教訓開化節用」は決して無視すべきでない作品である。

おわりに

以上、「娼妓誡開花夜桜」を中心に、上方における初期の散切物の特色について述べてきた。これらの作品は東京で黙阿弥が手掛けた散切物に比べると、演じる役者の得意芸を取り入れたり、在来の作品を利用するという点では共通するものの、作品全体の筋を見ると独創性が目に付く黙阿弥作品に対し、在来の作品の単なる継ぎ合わせ、あるいは焼き直しの域を出ないと言わざるを得ない。しかし、その一方で、劇中に東京の風景や有名な実在人物を描くことで、京都・大阪に加え北陸や東海といった広い範囲の観客に対して「東京」の有様を視覚的に伝えたと考えられる。本節では明治十年代初めまでの上方の散切物について考察を行ったが、十年代半ばからは上方における散切物は大半が新聞続き物を原作とするものとなる。のみならず、明治十年代半ばから三十年代の上方では、時代物の新作もそのかなりの部分が新聞続き物の脚色に占められるのであり、明治期の上方歌舞伎と新聞の間には非常に密接な関係が存在したといえる。新聞続き物脚色狂言がどのようにして生まれたかについては、第五節で見ていきたい。

【注】

[1] 小笠原幹夫「散切物の展開とその限界――『撮絞鮮血染野晒』をめぐって」(『歌舞伎から新派へ』翰林書房、平成八年所収)、佐藤かつら「大阪の散切物「早教訓開化節用」をめぐって」(『歌舞伎の幕末・明治 小芝居の時代』ぺりかん社、平成二十二年所収)等がある。

[2] 「鞋補童教学」の内容は村上勘兵衛他刊の絵入根本(『明治文化全集 第十二巻 文学芸術篇』日本評論社、昭和三年に翻刻)に、「其粉色陶器交易」は東京大学国文学研究室所蔵の写本(近世22・5：217)によった。なお、「其粉色陶器交易」も絵入根本が刊行されており、やはり『明治文化全集 第十二巻 文学芸術篇』に翻刻が収録されている。

[3] 佐藤かつら「錦絵新聞と歌舞伎」、注1前掲書。

[4] 早稲田大学演劇博物館蔵(ロ20-19-4)。

[5] 早稲田大学演劇博物館蔵(E11-15139-4-9)。

[6] 佐藤、注3前掲論文。

[7] 佐藤、注1前掲論文。

[8] ただし、『郵便報知新聞』明治十一年四月五日の記事は「西南夢物語」の脚色に講釈師石川一口が関与したことを示唆しており、番付によれば座頭の初代実川延若が西条高教(西郷隆盛)等の他に石川一口の役を演じている。これらのことから、「西南夢物語」は犬養の「戦地直報」を直接脚色に用いたのではなく、一口による新聞種の講釈を脚色したものかと思われる。

［9］本田康雄「続き物（新聞小説）概説」『埼玉短期大学研究紀要』第十二号、平成十五年三月。

［10］当時の新聞記事によると「梅次もの」の上演はこの四作に止まらず、講釈等でも取り上げられたらしい。詳しくは本章第五節参照。

［11］黙阿弥以外の作では、大阪でも脚色された「鳥追お松の伝」による「廿四時改正新話《にじゆうよじかいせいしんわ》」（明治十一年四月春木座）がある。脚色者は竹柴金作（後の三代目河竹新七）。

［12］長谷川時雨「明治美人伝」『新編　近代美人伝（上）』岩波書店、昭和六十年（初出は大正十年）。

［13］木村錦花『興行師の世界』青蛙房、昭和三十二年、二十三頁。なお、明治三十年に開場した東京座で興行を行った鈴木金太郎は最初「今紫の手代」だったといい、今紫が亡くなったのは彼の家であったらしい（同書一〇三頁）。

［14］大阪、京都、名古屋での上演は『近代歌舞伎年表』によって確認。金沢は石川県立図書館所蔵『金沢芝居番付集』所収の番付により、明治十年九月西御影町芝居と二十四年十二月戎座での上演が確認できる。

［15］中之島図書館には本作以外にも多くの三代目諺蔵旧蔵本（一部は自筆かと思われる）が収められている。

［16］この場面は、現行演目「籠釣瓶花街酔醒《かごつるべさとのえいざめ》」（三代目河竹新七作、明治二十一年五月東京千歳座初演）序幕に類似している。「籠釣瓶花街酔醒」の原作である講釈において、いつ頃から花見の季節の仲之町で佐野次郎左衛門が傾城八ツ橋を見初めるという設定が存在したかは不明であるため（ただし、明治十七年刊行の『今古実録　三都勇剣伝　佐野治郎左衛門之巻』〔英泉社刊〕にはすでに見える）、本作との先後関係を明らかにすることはできないが、本作が「籠釣瓶花街酔醒」に先がけて花の仲之町における見染の様を描いていたことは興味深い。

［17］渥美清太郎『系統別歌舞伎戯曲解題』上、独立行政法人日本芸術文化振興会、平成二十年、一〇八頁。

［18］佐藤、注1前掲論文、二七七頁。

［19］伊原敏郎『明治演劇史』早稲田大学出版部、昭和八年、四十七頁。

［20］注19前掲書、四十八頁。

［21］売油郎説話については、延広真治「廓ばなしの系譜　油屋与兵衛・紺屋高尾・幾代餅」（『国文学　解釈と教材の研究』第

二十六巻第十四号、昭和五十六年十月）に詳しい。

〔22〕延広、注21前掲論文。

〔23〕同右。

〔24〕明治五年十一月京都・四条南側芝居、六年五月大阪・筑後芝居。

〔25〕明治二年七月大阪・筑後芝居。

〔26〕黙阿弥も明治五年の「月宴升毬栗」の時点では在来の狂言の単なる書き替えの域を出ていなかったことは、第一章第三節に指摘した通りである。

〔27〕『朝日新聞』明治十二年七月二十九日には、難波八阪神社の社殿の屋根を「東京芝神明の体裁《なりふり》に営造《しつら》へる」という記事が見え、東京の名所への憧れが窺える。

〔28〕中之島本、序幕三丁目表～裏。二十二年本では講釈師の名を「松月堂龍其海」とするが、ほぼ同文。二十九年本では省略。

第三節　狂言作者佐橋富三郎《さばしとみさぶろう》

はじめに

前節までに明治前期の大阪劇壇における「東京風」を志向した改革や散切物の上演について見てきた。こうした動きの中で重要な役割を果たしたのが、河竹黙阿弥の高弟河竹能進とその息子の三代目勝諺蔵であった。彼らが黙阿弥の作品や作劇法の移入を行ったことは、大阪の劇界に大きな影響を与えた。一方、この両人以外の明治期の上方の狂言作者たちの存在感は薄く、その実態は不明な点が多い。その中で、明治前期に京阪劇壇において目立った活動を行い、後年には東京へも進出した点で注目すべき狂言作者が佐橋富三郎（五湖《ごきょう》）である。本節では、佐橋富三郎の来歴やその作品の特色を見ていきたい。

一、佐橋富三郎の経歴

佐橋富三郎の経歴に関しては、不明の点が多い。守随憲治「歌舞伎作者略伝」[注1]は「生国は名古屋で、明治初年まで京阪で草双紙を書いていたという」とするが、未詳である。草双紙の作例としては『近世七小町』が現存するが、これは明治十三年の刊行であり、すでに狂言作者として活動している時期のものである。[注2]これ以前の作例を見出すことはできない。

佐橋の名を番付上で最初に見出すことができるのは、明治五年十一月の京都・四条北側芝居および南側芝居である。この時に両座でそれぞれ上演された「鞋補童教学《くつなおしわらべのおしえ》」と「其粉色陶器交易《そのいろどりとうきのこうえき》」は、いずれもサミュエル・スマイルズ Samuel Smiles の『自助論』Self-Help を中村正直が翻訳し、前年七月に刊行した『西国立志編《さいごくりっしへん》』のエピソードを利用しており、新時代の雰囲気を色濃く反映したものであった。[注3]それまでに狂言作者として実績がないにもかかわらず、いきなり二つの劇場で作品が上演されたことは、彼がすでに戯作者として実績を積んでいたゆえとも考えられる。

翌明治六年には彼の名は、京都の四条北・南の両座に加え、道場芝居の番付にも掲載されている。また、十月から七年一月には名古屋の各座（十月末広座、十一月新守座、十二月および七年一月中村座）の番付にも名を連ねているが、彼の初期の本拠が京都であったことは、十二年頃まで京都での出勤が圧倒的に多いことや、明治六年二月に出版された、先述の「鞋補童教学」の絵入根本に「京都作者　佐橋富三郎」と記されていることからわかる。[注4]彼が大阪の劇場の番付に初めて登場するのは、七年五月角の芝居であり、これ以降十五年まで年数回大阪の興行に参加している。なお、彼は大阪では基本的に角の芝居に出勤しており、例外は八年十・十一月の中の芝居と十七年四月の天満大工町芝居である。この時期の角の芝居で興行を行っていたのは、興行師の「大清」こと和田清七[注5]であり、右の天満大工町での興行および、やはり佐橋が出勤している十二年四月名古屋・愛栄座の興行も和田清七による興行だった。こうしたことから、佐橋は大清と深いつながりを持っていたことが想像される。十四年には佐橋は京都の劇場に出勤した形跡がなく、以降は大阪・角の芝居への出勤が多くなる（十五年十一月から十六年四月は名古屋の番付にのみ掲載。十六年は大阪の劇場には出勤しなかったか）。十三年四月に出版された角の芝居の筋書本の奥付▼注[6]では、彼の住所は「南区宗右衛門町二番地」となっており、このころ居住地も大阪に移したらしいが、この背景にもあるいは大清の影響があったのかもしれない。

この時期の上方劇壇は、明治五年頃▼注[7]に東京から下った河竹能進・三代目勝諺蔵親子とその門人たちが全盛を誇っていた。それに対して、上方在来の作者としては、長老格の嶺琴八十助《みねごとやそすけ》（四代目奈河七五三助）らがいたが、能進・諺蔵の下阪以前の大阪では新作自体が乏しく、彼らの作風なども判然としない。▼注[8]その中で、佐橋富三郎は、「非能進・諺蔵」系として、もっとも存在感を発揮した作者といえる。ただし、番付の作者欄の記載でわかる限りでは、彼の劇場への出勤頻度は能進・諺蔵親子に比べかなり低く、能進・諺蔵が大阪に本拠を置きつつ、京都の劇場の番付にもたびたび顔を出すのにくらべ、右に見てきたように、佐橋の出勤範囲はかなり限定的である。「鞋補童教学」「其粉色陶器交易」でのいきなりの登場と考え合わせると、彼は能進らのような職業的な作者ではなく、客分的な存在だったのかもしれない。

さて、佐橋の経歴でさらに注目すべきは、東京へ進出したという点である。明治二十年一月から彼は東京・春木座の番付に名前を載せている。この時期の春木座に関しては、本章第七節で詳述するが、当時立作者格であったのは三代目諺蔵門弟の勝進助であった。佐橋の加入は、まだ若く、作者としての経験が乏しい進助に代わる立作者としての期待を受けたものであったと思われる。事実、十九年末までの春木座の上演演目を見ると、古典もしくは明治前期に大阪で初演された作品（多くが能進・諺蔵の作）であったが、佐橋が作者部屋に加わる二十年以降、新作の初演が見られるようになる。この中に、三遊亭円朝の怪談噺・人情噺の劇化が多く含まれていることは、すでに先学による指摘のあるところである。▼注[9]

二十五年二月興行から、諺蔵の名前が春木座の番付に載るようになる。▼注[10] 入れ替わるようにして、佐橋の名は番付面から消えるが、ただし、同年十一月に前年火事により焼失、再建した春木座の新築一周年を祝う余興が開催された際には、佐橋も参加したといい、▼注[11] その後も東京に留まっていたことがわかる。▼注[12] 結局、佐橋はそのまま、二十六年一月十四日に東京で他界している。回向院で相撲を見物中に卒倒し、同日中に亡くなったという。▼注[13]

二、佐橋富三郎の作品

次に佐橋の作風について検討していきたい。佐橋本人の編によって明治二十二年に刊行された『脚本楽譜条例佐橋著作正本』▼注[14]（印刷兼発行者・保坂芳兵衛）、には以下の二十四作品が列挙されている。まずはこの諸作を、確実に佐橋の作と認定できるものとして、見ていきたい。なお、（ ）内は同冊子に記載の作品の通称である。

①其彩《ママ》色陶器交易（茶碗焼）
②敵討常陸帯《かたきうちひたちおび》（住谷兄弟）
③黄門記八幡大藪《こうもんきやわたのおおやぶ》（八幡不知）
④豊臣世千鳥聞書《ゆたかのみよちどりききがき》（仙利休腹切）

⑤売炭翁青馬曳綱《ばいたんおうしゅんめのひきつな》（塩原多助）
⑥鏡池操松影《かがみがいけみさおのまつかげ》（江島屋）
⑦当世花書生気質《さかりのはなしょせいかたぎ》（立聞三吉）
⑧後開榛名曙《おくれざきはるなのあけぼの》（安中草三）
⑨婦女復讐草履諍《おんなかたぎぞうりのまちがい》（実録加々見山）
⑩新形蒔画護謨櫛《しんがたまきえのごむぐし》（木鼠忠次）
⑪霊魂祀牡丹燈籠《たままつりぼたんどうろう》（怪談）
⑫千載一遇祝大典《せんざいいちぐういわうたいてん》（憲法発布）
⑬谷間姫百合《たにまのひめゆり》（有洲伯）
⑭娘八犬史里遊艶《むすめはっけんしさとのゆうえん》（女八犬伝）
⑮森鏡記安永政談《しんきょうきあんえいせいだん》（鏡態院）
⑯小堀精談天人娘《こぼりせいだんてんにんむすめ》（八百屋お七）
⑰色男十人員三価文《いろおとこととうでさんもん》（滑稽所作事）
⑱妹背山大和名所《いもせやまやまとめいしょ》（三人畸人）
⑲東海道汽車先歩《とうかいどうきしゃのさきがけ》（毒菓子）
⑳島鵆沖白浪《しまちどりおきのしらなみ》（佐原喜三郎・大坂屋花鳥島破）
㉑粟田口露一節截《あわたぐちしめすふえたけ》（小三郎敵討）
㉒五十三次義士道《ごじゅうさんつぎぎしのほんどう》（勢田代参記）

㉓十勇士尼子実説《じゅうゆうしあまごじっせつ》（山中鹿之助）
㉔花茨九尾罠《はないばらきゅうびのかけなわ》（ラシヤメンお辰）

先述の「鞋補童教学」が入っていないなど、漏れはあるが、ここからは佐橋の作品のおおまかな傾向を指摘することが可能である。すなわち、

一、新奇な題材を速やかに取り入れること。

二、人情噺や実録・講釈、小説の脚色が多いこと。

の二点である。

前者であるが、すでに触れたように「鞋補童教学」および「其粉色陶器交易」は、スマイルズの『自助論』の翻訳であり、前年に刊行されたばかりの『西国立志編』に基づく作品である。「鞋補童教学」は同書第十二編「儀範又曰典型ヲ論ズ」中の「九　邦治《パウンズ》鞋《クツ》ヲ補ナヒ家業ヲ做《ナシ》ナガラニ修金《ツケトヾケ》ナキ貧兒ヲ教ヘシ事」、「其粉色陶器交易」は同書第三編「三陶工ノ伝」の「二　培那徳巴律西《ベアナードパリッシイ》ノ事」の設定、固有名詞等を利用している。▼注[15] ただし、その筋立てや演出は、義太夫入りであったり、旧来の歌舞伎の類型的な場面をつなぎ合わせたようなものである。例えば、「鞋補童教学」の幕切れは次のようになっている。

船〽いづれも、イザ。　三人〽御《ご》ぜふせん（乗船）〱。　浄〽せりたつれば、これぞ此世《このよ》の名残《なご》りぞと、おもへば

足もすゝみかね、死にわかれよりなをまさる、いきわかれせし有《あ》りさまはげにもあわれのみなとぐち（港口）、ふねのみぎわへよりそう子供名残《こどもなご》りおしさのそでたもと、ひかる、つらさ、かなしさをむりにへだてしふなこ（船子）ども、くがと船《ふね》とへひきわかれ、ともづなといてこぎいだせば、舟《ふね》にはこへを上《あ》ゲたつれば、くがにもこへをたちさけび。ト此浄るりにて舟すこし出る。両ほうより名残りおしき思入有つて。

舟皆々〽ヲ、イ。陸皆々〽ヲ、イ。邦〽是《これ》がわかれの。革〽ヲ、。ト思入。邦革〽ハア、、、。トなきおとす事有つて。

浄〽わかれをつげて出世《しゅっせ》のいで舟《ふね》、王《おう》の都《みやこ》へ出て行。

ひやうし宜しく幕▼注[16]

これは、一見して近松門左衛門の「平家女護島《へいけにょごのしま》」（享保四年八月大坂・竹本座）二段目切で島に残る俊寛僧都が都へ帰る船を送る場面を下敷きにしたものだとわかる。この作品の絵入根本の挿絵を見ても、「俊寛」そのものである（図11）。

　こうした傾向は、佐橋の他の作品についても見出せる。阪急文化財団池田文庫に台本が残る「日誌記英支戦《にっしがきえいしのせん》争《そう》」は台本、表紙に「当ル明治七歳新狂言」とあり、明治七年に上演が企画された狂言であるが、上演の記録を見出せない。同じく台本表紙の外題角書に「輿地誌略を種本に」と記す通り、明治三年に刊行が開始された内田正雄の『輿地誌略《よちしりゃく》』を脚色に用いている。内容については、すでに寺田詩麻によって紹介されているが、▼注[17]アヘン戦争等を背景に清国、アラビア、英国が舞台となる、異国趣味に満ちた筋立てである。この狂言について寺田は、「体裁上は資料（日置注、『輿地誌略』）によりながら、内容はよく言えば奔放な、悪く言えば荒唐無稽かつ常套

的な脚色でふくらまされている」と評している。▼注〔18〕

未上演とおぼしき「日誌記英支戦争」同様、やや特異な芝居の例をもう一つ挙げたい。明治十三年十月刊行の『大日本誠談《やまとせいだん》』は、近世に刊行された絵入根本に類似した形式を取っている。その内容は、冒頭の外題看板を模した挿絵中のカタリに「其彷彿《そのおもかげ》を借《か》る忠臣蔵の性名《せいめい》に拘泥《なづみ》復讐《ふくしう》の古談《むかしごと》を今、仏蘭西国《ふらんすこく》の俳優《はいゆう》に授《さず》けられし、其起稿《そのだいさく》は前田正名君が和文《わぶん》の飜書《きよがき》」とあるように、前田正《まえだまさ》名《な》という人物がフランスで現地の俳優に書き与えた、「忠臣蔵」の設定を借りた演劇を日本語に直したものである。前田正名は一八七八年（明治十一）のパリにおける万国博覧会で日本の事務官長を務めた官僚で、この演劇も博覧会に関連して一八七九年二月二十三日、パリのゲーテ座 Gaîté Théâtre において、「ヤマト」Yamato の題で上演された。▼注〔19〕前田自身も『日本美談《やまとものがたり》』として、明治十三年六月に自作を日本語で刊行している。佐橋による『大日本誠談』は、この前田の脚本に下座音楽の指定を加えるなどして、より歌舞伎の上演台本らしい体裁にしたものである（ただし、上下二巻のうち、下巻は存在を確認できていない）。冒頭には「大日本俳優人　市川右団治」「大日本俳優人　市川団十郎」として洋装の初代右団治と、裃姿の九代目団十郎を描いた口絵が載っているが、同作の上

図11　佐橋富三郎作、白水廣信画『鞋補童教学』挿絵
〔国立国会図書館デジタルコレクションより。W125-58〕

演は確認できない。その口絵に続き、「舞台詞《ぶたいことば》に用《もち》ゆ仏蘭西単語《ふらんすたんご》」として、「机《ツクヘ》 ラ ターブル」（la table）等、フランス語の単語が一丁半にわたって紹介されている。

このように、佐橋には、『西国立志編』『輿地誌略』といった最新の海外情報を扱った話題の書物や、外国で日本人が執筆・上演した演劇など、新奇な題材をいち早く自作に用いるという姿勢が見える。それも、右で見たように外題の角書やカタリなどで、脚色の材料を明示したり、当時の人々には目新しかったであろうフランス語を根本の冒頭に掲げるなど、その新奇さ、異国趣味を積極的にアピールした点が特徴的である。

こうした姿勢は、種本の知名度を最大限利用したとも言えるが、その点は人情噺や実録、講釈、小説の脚色でも同様である。春木座時代の佐橋が多くの円朝作品を脚色したことには触れたが、他にも彼は敵討物を中心として実録や講釈から多くの作品を執筆し、談洲楼燕枝作の人情噺「島衛沖白浪」、バーサ＝M＝クレイ Bertha M. Clay の小説『ドラ・ソーン』Dora Thorne を末松謙澄が訳した『谷間の姫百合』等をも劇化している。佐橋の作品のほとんどすべてが、原作を持つものであり、大部分が原作の知名度や新奇さによって、観客の耳目を引きつけることを狙ったものであると言って良いのである。

おわりに

以上のように、佐橋富三郎は河竹能進と勝諺蔵の親子によって席巻された明治前期の上方劇壇で、異彩を放つ活躍を見せたほとんど唯一と言っても良い「非能進・諺蔵系」作者であり、後年には東京でも活躍した。その作劇姿勢は、基本的に独自に筋を立てるのではなく、在来の実録、講釈、人情噺、小説あるいは海外情報を扱った書物等に多くを依っており、多くの場合、原作・種本の知名度や新奇さを積極的に利用するものであった。講釈や人情噺の脚色や、新時代の文物を取り入れた散切物の執筆は、東京の河竹黙阿弥や、上方の能進・諺蔵も行っており、当時の作者として珍しいことではない。しかしながら、黙阿弥は、失敗に終わったとされる「漂流奇談《ひょうりゅうきだん》西洋劇《せいようかぶき》」(明治十二年九月新富座)を除けば、散切物で外国を舞台とすることはせず、むしろ同時代の日本社会を描き出すことを強く意識していた。諺蔵も全編の舞台を海外に設定するような冒険は行わなかったことと比べると、佐橋の新奇性、異国趣味は同時代の作者の中でも群を抜いている。そうした傾向は、あるいは客分的な立場であったとも考えられる彼の立ち位置から生じたのかもしれないが、それが異国の情報であれ、当時人気の円朝の人情噺であれ、最新の材料を極めて直接的に舞台に提示し、観客の好奇心を刺激したという点で、佐橋富三郎は明治前期の雰囲気を体現した狂言作者であったと言うべきである。

【注】

[1] 守随憲治『歌舞伎序説』改造社、昭和十八年。

[2] 早稲田大学総合図書館柳田泉文庫に初編(上中下三冊、山崎年信画)・二編(上中下三冊、長谷川貞信画)が所蔵されている(文庫11-A509-1~2)。初編は整版、二編は活版。二編下巻末尾の文言を見る限り、三編以降の刊行も企図されていたと思われるが、実際に刊行されたかは不明。

[3] 四条北側の芝居、南側の芝居での同時興行には、最新の題材の上演を、さらに話題性あるものにしようという興行側の意図が感じられる。京都ではこの年の三月から五月にかけて第一回京都博覧会が行われ、外国人観光客を誘致する動きも起きていた(工藤泰子「明治初期京都の博覧会と観光」『京都光華女子大学研究紀要』第四十六号、平成二十年十二月)。この博覧会の余興として都踊(現在の都をどり)が初めて開催されるなど、芸能もこうした動向に関与していた(岡田万里

子『京舞井上流の誕生』思文閣出版、平成二十四年）。『西国立志編』の脚色上演も、こうした状況から生まれた企画である可能性がある。

［4］白水廣信画、上中下三冊。板元も村上勘兵衛他いずれも京都の書肆である。

［5］大清は、木村錦花『興行師の世界』（青蛙房、昭和三十二年）によれば、「もと大和屋清七といった大阪西町奉行所の部屋頭」だという。『朝日新聞』明治十二年二月十日には、「難波新地二番地」に「大清と云ふ席貸業《おちゃや》」があったことが記されており、貸座敷の経営も行っていたかと思われる。

［6］『角の芝居筋書　再梅鉢金沢評定　近世葛飾新説話』玉置清七版。国立国会図書館蔵（特67-353）。近代デジタルライブラリーにより閲覧。なお、同年六月に出版された先述の草双紙『近世七小町』では居住地は「南区久左衛門町二番地」となっている。

［7］尾澤良三「河竹能進」（『女形今昔譚　明治演劇史考』筑摩書房、昭和十六年）等は、能進（当時、二代目諺蔵）が大阪の劇場に初めて出勤したのは明治四年七月筑後芝居「相馬太郎孛文談」だとするが、同興行の番付には名前がなく、真偽は不明。番付上では五年一月から名前が確認できる。父親と同時に大阪へ移住したとも、また少し遅れて父の後を追ったともされる三代目諺蔵（当時、浜彦助）は六年九月若太夫芝居から番付に名前が登場する。

［8］幕末期に大坂で狂言作者として活動し、のちに江戸の劇場にも出勤した西沢一鳳は、『伝奇作書』初編上（天保十四年序）で「今時作者と名乗る者、其身不学にして、立者役者に諂ひ、応ぜぬ高金を貪る」などと、幕末期の狂言作者が役者にこき使われ、あたかも「奴隷」のような状況であると批判している。

［9］永井啓夫『新版　三遊亭円朝』（青蛙房、平成十年）および、佐藤かつら「円朝作品の劇化——五代目菊五郎以前——」『鶴見大学紀要　第1部日本語・日本文学編』第四十五号（平成二十年三月）。

［10］ただし、実際の上京の時期とは齟齬があったと思われる。本章第七節参照。

［11］『歌舞伎新報』第一四二六号、明治二十五年十一月。

［12］後述の『脚本楽譜条例　佐橋著作正本』の奥付によれば、明治二十二年七月には佐橋は春木座に近い「本郷区本郷二丁目三十九番地」に居住していた。これ以降も、保坂芳兵衛刊の活版刷り台本（版権登録を目的としたもので、作品の冒頭部

分のみを収録するものが多い）の佐橋の著作を見ると、何度か転居はしているようだが、本郷近辺に居住していたことがわかる。

［13］『歌舞伎新報』第一四三八号、明治二十六年一月。

［14］国立国会図書館蔵（特67-936）。近代デジタルライブラリーにより閲覧。

［15］ただし、一部同書中の他の章から借用されたと考えられる設定や固有名詞も見られる。

［16］国立国会図書館蔵（特44-143）。近代デジタルライブラリーにより閲覧。なお、同書の翻刻は『明治文化全集　第十二巻　文学芸術篇』（日本評論社、昭和三年）に収められている。

［17］寺田詩麻「『日誌記英支戦争』について」『館報　池田文庫』第二十九号、平成十八年十月。

［18］注17前掲論文。

［19］倉田喜弘『日本近代思想大系　芸能』（岩波書店、昭和六十三年）解説。なお、『ランテルヌ』紙 La Lanterne の一八七九年四月二十一日の記事には、国民劇場 Théâtre des Nations（現・パリ市立劇場）で「ヤマト」の上演が予定されている旨が見られるが、再演の記録は見出せない。

第四節　桜田門外の変の劇化について

はじめに

狂言作者の河竹能進・諺蔵親子が、多くの新作狂言の執筆、黙阿弥作品の移入などを行い、明治期の大阪劇壇に大きな影響を与えたことには、すでに触れてきた。伊原敏郎は河竹能進・勝諺蔵親子の作品について、「最初は桜田事件や伏見戦争のような近世史の題材を取扱」ったと指摘している。[注1] たしかに、明治六年頃から十年代初めにかけて大阪で上演された作品には、桜田門外の変や坂下門外の変、天誅組の変、あるいは伏見戦争など、伊原の言葉でいう「近世史の題材」、すなわち幕末・明治維新期の社会的事件を扱ったものが目立つ（本書第二章第一節では、こうした作品を「明治維新物」と分類した）。しかし、当時の大阪で上演された明治維新物の作品の中には、能進あるいは諺蔵が全く関わっていないと思われるものも含まれ、また、天誅組の変を脚色した「大和錦朝日旗揚」が歌舞伎での上演に次いで人形浄瑠璃化されたというような事実からも、[注2] 明治維新物は単に能進・諺蔵親子が好んだ題材というのではなく、明治初期の大阪劇壇全体における流行であったと考えるべきである。

本節では、明治期の上方で特に頻繁に上演された、桜田門外の変を扱った一連の作品について見ていきたい。そこからは、大阪の中芝居から大芝居、あるいは東京の劇場へと作品が伝播していった過程や、大阪と東京での題材そのものに対する態度の違いなどを窺うことができる。

一、上方の明治維新物狂言

明治二十年代までに上演された明治維新物（大阪・京都以外の上演作品も含む）を挙げたのが、次の表3「明治維新物狂言上演年表（～明治二十年代）」である。

表に挙げた作品の中でも、桜田門外の変を題材としたものの多さは目に付く。桜田門外の変が幕末・明治維新期の出来事の中でも特に芝居で好まれた題材であったことがわかる。また、特に明治十年までの時期には、明治維新物は上方での上演が圧倒的に多い。七年二月沢村座の「讐怨解雪赤穂記《かたきうちゆきのあこうき》」は大阪で上演された狂言の改作なので、十年までに東京・横浜で初演された独自の明治維新物の狂言は七年七月の「近世開港魁《きんせいみなとのさきがけ》」（三代目瀬川如皐作）と八年六月の「明治年間東日記《めいじねんかんあずまにっき》」（二代目河竹新七［黙阿弥］作）だけである。桜田門外の変を中心とした明治維新物の流行は、まずは上方に起こったものであった。

東西における明治維新物上演の流れを簡単にまとめると、次のようにいえる。上方においては、筑後芝居や若太夫芝居といった中芝居に始まり、特に桜田門外の変が連続して脚色上演され、この流行は大芝居にも持ち込まれるが、西南戦争劇（十一年三月戎座「西南夢物語」）上演以降、新作は少なくなる。その後は主に桜田門外の変の芝居が中芝居等で再演を繰り返し、新作は、西郷隆盛に関係する題材のものがわずかに見られる程度である。一

表3　明治維新物狂言上演年表（〜明治二十年代）

上演年月	劇場	外題	題材	備考
明治6年2月	大阪　筑後芝居	誠忠誉強勇	天誅組の変・桜田門外の変後日譚	
6年2月	大阪　若太夫芝居	桜田雪盛忠美談《はなふぶきせいちゅうびだん》	桜田門外の変	
6年9月	大阪　若太夫芝居	打哉太鼓淀川浪《うつやたいこよどのかわなみ》	伏見戦争	
7年2月	東京　沢村座	讐怨解雪赤穂記《かたきうちゆきのあこうき》	桜田門外の変	「桜田雪盛忠美談」を赤穂浪士の世界に替えて改作。
7年2月	大阪　若太夫芝居	桜田雪後日文談《はなふぶきごにちぶんだん》	桜田門外の変	
7年4月	大阪　角の芝居	大和錦朝日籏揚	天誅組の変	
7年7月	横浜　港座	近世開港魁《きんせいみなとのさきがけ》	黒船来航から大政奉還	港座開場興行。『近世史略』の脚色を謳う。
8年5月	大阪　若太夫芝居	桜田拾遺藤坂下《さくらのあとふじのさかした》	坂下門外の変	
8年6月	東京　新富座	明治年間東日記《めいじねんかんあずまにつき》	上野戦争	彰義隊七回忌、供養塔建立による。
8年9月	京都　四条北側芝居	一新開化十二時《あらたまるかいかのじゅうにじ》	桜田門外の変	
9年1月	大阪　天満大工町芝居	桜田雪嶋田実記	桜田門外の変	
10年4月	大阪　角の芝居	嗚呼忠臣楠柯夢	足利木像梟首事件	
11年3月	大阪　中の芝居	近世桜田雪紀聞	桜田門外の変	桜田門外の変物の大劇場初演。

11年7月	東京	喜昇座	茂辰影慶応日記《しげりかげけいおうにっき》	上野戦争	
11年11月	東京	中島座	病例服吹雪桜田＊	桜田門外の変	『読売新聞』十一月十六日記事による。
12年4月	東京	春木座	花上野皐月雨曇《はなのうえのさつきのあまぐもり》	上野戦争	
14年5月	東京	市村座	御殿山桜木草紙《ごてんやまさくらぎぞうし》	桜田門外の変	
20年2月	大阪	中座	薩摩潟浪間月影	西郷隆盛	
23年5月	東京	新富座	皐月晴上野朝風《さつきばれうえののあさかぜ》	上野戦争	上野での第三回内国勧業博覧会開催による。
24年5月	東京	新富座	御所模様萩葵葉《ごしょもようはぎとあおいば》	七卿落ち	二月の三条実美没にちなむか。
25年3月	大阪	角座	老女村岡九重錦《ろうじょむらおかここのえにしき》	西郷隆盛	
27年10月	東京	明治座	会津産明治組重《あいづさんめいじのくみじゅう》	会津戦争	日清戦争勃発により、会津戦争の生き残りの日清戦参戦を描く。

＊実際に上演されたか不明（後述）。

方の東京では、大芝居・小芝居共に上演が見られるが、小芝居で演じられた狂言に上方から移入したものが見られるのに対して（後述）、大芝居の演目はいずれも東京の狂言作者独自の作である。

東京の大芝居における明治維新物狂言に注目すると、その多くが何らかの上演と同時期の社会的出来事を意識した上演であることに気付く。「明治年間東日記」の場合は上野戦争で戦った彰義隊の七回忌で供養塔が建立されたこと、「皐月晴上野朝風《さつきばれうえののあさかぜ》」（二十三年五月新富座）では上野戦争の舞台である上野で第三回内国勧業博覧会が開催されたことが当て込まれている。「御所模様萩葵葉《ごしょもようはぎとあおいば》」（二十四年五月同座）は同年二月の三条実美の死にちなんだものと思われ、「会津産明治組重《あいづさんめいじのくみじゅう》」（二十七年十月明治座）は当時勃発していた日清戦争と絡める形で会津戦争を描く。東京の大劇場における明治維新物上演は上演時の社会の動きと連動する傾向がある。河竹黙阿弥（当時、二代目新七）作の「明治年間東日記」、竹柴其水作の「皐月晴上野朝風」▼注[3]、「会津産明治組重」と上演当時の社会との関係については、すでに前章までで見てきた。「明治年間東日記」では、彰義隊の隊長清水谷之丞が官軍の隊長汐沢覚之進の勧めで降伏した後、新政府の元で公職に就き、谷之丞らと袂を分かって最後まで抗戦した轟坂五郎も後には巡査となる。大詰ではこれらの人々が上野に建立された彰義隊の供養塔へと参集し、汐沢と谷之丞は姻戚関係となる。▼注[4]「皐月晴上野朝風」大詰の「上野博覧会の場」では、上野戦争の当事者やその親族が図らずも一同に会し、彰義隊士の天野八郎を訴人した「非人ぼうだら伝次」の親方で「牛皮会社の支配人」を務めている男が、伝次の悔悟を天野の遺族に伝える、散髪令後も髷を結い続けてきた老人が「二十三年忌の、この五月十五日まで、彰義隊へ手向けのちょん髷、清んだら切つてしまひます」▼注[5]と述べるなどのことがある。▼注[6]

敵味方に分かれた過去を振り返りつつ、皆が一つとなった新しい世の中の到来を喜ぶ態度は「皐月晴上野朝風」の次のような台詞に端的に表れる。

彦太　実にこれ程有難い、
長吉　結構な世に出逢ふといふは、
佐兵　御同然に長生は、
彦太
佐兵　したいものでございますナ。▼注[7]

「会津産明治組重」では、二十七年前の会津戦争で討ち死にする人々を余所に逃げ延びた金太が、「御維新の戦争に、卑怯に会津を逃げた同士、然し爰が理屈の附けやう、あの時殿様へ忠義を立て、お武家の中へ交《まじ》くつて、鉄砲玉や兵糧を、運んだ揚句に命を捨ても、高が日本の内の小ぜり合ひ、扨あの時は済なかつたが、それからだん〱生延て、明治の世界に進んで来て、ツイに講釈でも聞いた事のねえ、支那を相手の大戦争、今度ばかりやア日本中、子供までが気を揃へ、負めえといふ大和魂、（中略）モウ徴兵の間に合はずとも、万分の一でも日本の、皇国《みくに》の為に成る事を仕たれば、会津で討死した忠義な人にも笑はれめえと」▼注［8］、やはり会津戦争から逃亡した四郎兵衛を誘い、兵隊が大陸に向けて出発しようとする「新橋ステーション」へ駆けつけ、そこへ加わることを志願する。対立した人々が団結して新たな世の中を作っていくという主題がさらに発展して、新国家を挙げての対外戦争が描かれているのである。

このような、「結構な世」が建設される過程として明治維新の「世界」を描くという作意は、東京の大劇場における明治維新物でも、市村座で演じられた「御殿山桜木草紙《ごてんやまさくらぎぞうし》」（十四年五月）には見られない。やはり、こうした作意は、上流社会との結びつきを意識し、革新を志向していた新富座や明治座といった劇場あってこそのものであったのだろうか。

ただし、新富座で菊五郎、左団次らが演じた狂言でも二十四年五月の「御所模様萩葵葉」は、やはり右に述べたような作意を見出し難い作品である。番付カタリに「岡本武雄先生《をかもとたけをせんせい》が戊辰始末《ぼしんしまつ》で御存《ごぞん》じの御定連方《ごでうれんがた》が松林伯円翁《まつばやしはくゑんをう》が得意《とくい》の読物《よみもの》」とあり、新聞記者・岡本武雄の『戊辰始末』（明治二十一～二年刊）と松林伯円の講談を元に脚色したことが謳われている。『戊辰始末』に描かれる、三条実美らの「七卿落」を主な筋とするが、実名を用いた実伝の体の『戊辰始末』に対し、「御所模様萩葵葉」は仮名を用い、筋立てにも従来の歌舞伎的な要素が目立つ。この作品は三代目河竹新七によるものであるが、先に述べた「御殿山桜木草紙」も新七（当時、竹柴金作）の作である。あるいは、「生涯の著作には講談、人情噺等を脚色したものが多く」▼注[9]、「創作の才が乏しかつた」▼注[10]と評される三代目新七と、黙阿弥や「作風は末流の狂言作者としては最も進取的であつたと称され、時代の流行に先んぜんとした傾向がある。新七が講談等に材を採つて脚色するに対して、其水は随筆史伝等によつて創作せんとの意図に於て勝つてゐたとも言へる」▼注[11]という評価のある其水の作風の違いとも考えられるが、これらの狂言作者の作風の違いについては後考を期したい。

二、黙阿弥による「暗示」

桜田門外の変とは、いうまでもなく、「万延元年（一八六〇）三月三日水戸・薩摩の十八士が江戸城桜田門外で大老井伊直弼を暗殺した事件」▼注[12]のことであり、その背景には井伊が安政五年に勅許を得ずに日米修好通商条約調印を行い、その責任を問おうとした前水戸藩主・徳川斉昭らを処罰、さらにその後も安政の大獄によって攘夷派を弾圧したことがあったとされる。

幕府大老の暗殺という衝撃的な出来事の脚色は当然困難であった。渥美清太郎は『演劇百科大事典』の「桜田事件」の項において、「桜田事件を脚色することは江戸期には許されなかった」と述べている。しかし、一方でこの大事件を舞台上に再現することへの欲求があったのも確かであった。事件から三年近くが経過した文久三年正月江戸・市村座の黙阿弥作「蝶千鳥須磨組討《ちょうちどりすまのくみうち》」に桜田門外の変を暗示する演出が見られたことを渥美は紹介している（訥子は訥升の誤記。また家橋は四代目＝五代目菊五郎）。

大詰の曾我対面（女工藤）は、場所を雪中の鳴立沢とし、祐成（二世沢村訥子）・時致（一三世市村家橋）が工藤の同勢にまぎれ込み、赤合羽を着て祐経の乗物へ近寄る筋とし、桜田事件の浪士を暗示したが、当時の奉行所はこれすら興行を禁止した。▼注[13]

ただし、これより以前、桜田事件と同年同月の安政七年（三月十八日に万延へ改元）三月市村座で上演された加賀騒動物の狂言で、やはり黙阿弥の作である「加賀見山再岩藤《かがみやまごにちのいわふじ》」にすでに大老暗殺の一件を暗示する場面があったとする説がある。隅田川（実説の金沢・浅野川）の船中で若党鳥井又助は、多賀の大領の妾お柳の方と取り違えて奥方梅の方を殺害してしまう。この場面について、初演時に一座していた五代目菊五郎の息子である六代目菊五郎は、大正六年の上演時に次のように語っている。

> 浅野川の渡船場は、今度は雨中の光景になつて居りますが、先代小団次が書卸しの時には降雪の大道具で、赤合羽を着た又助が駕籠の中の奥方を刺すのは、近い桜田事件の御大老殺しを諷した当り場と云ひます。▼注[14]

また、昭和四十二年九月の国立劇場における上演時に補綴・演出を担当した加賀山直三も「又助の奥方殺しの件り、現存の黙阿弥全集所載の台本では雪景色となっているが、五代目菊五郎所演以来は雨に替えられてその方の演出が残っている」▼注[15]と記している。

台本の失われている「加賀見山再岩藤」初演時の奥方殺しの場が、雨であったか、雪であったかという問題については、服部幸雄「『加賀見山再岩藤』の系譜――南北から黙阿弥へ――」▼注[16]に詳しい。服部によると、『黙阿弥全集』所収の本文は「初演時（万延元年『加賀見山再岩藤』）と、二度目（明治六年『梅柳桜幸染』）のものとを合わせる形で成立したものであり、結局は再演の『梅柳桜幸染《うめやなぎさくらのかがぞめ》』の時に用いたものであろうと推定される」。そして、全集本の奥方殺しが雪中となっているのは、明治六年再演時に奥方雪責めの場が新たに書き加えられたことに伴うとし、「初演の台帳から忠実に引き写したものと思われる正本写草双紙『加賀見山後日之岩藤』の「隅田川」は雨の景になって」いることからも、初演時の殺し場は雨であったとしている。

もっとも、服部自身が正本写『加賀見山後日之岩藤』について「狂言作者の草稿を借りて引き直した」ものではないかとし、そのようにして成立した正本写が「実際に舞台で上演される時途中でに《ママ》手を入れたりした場合、それがまるで判らないという欠点」があるものであるとしており▼注[17]、「加賀見山再岩藤」の興行は三月十二日▼注[18]初日であるから、三日の事件後に急遽これを取り入れ、殺し場を雨から雪へと変更した可能性は残る。しかし、同月の中村座の興行に上演された「宿桜瓢簞幕《やよいざくらひさごのまくばり》」に大勢の供廻りの付いた乗物が襲撃を受けるという、桜田門外の変を思わせる場面が偶然仕組まれており、稽古までしていたものの、「いかにも桜田一件をはめたやうでこれをやったら急度沙汰があらうと相談して、まるで桜田と見えぬやうに脚色直す。もう少しの所であんな騒動があったによって此方でいろ〳〵遠慮して趣きを替えねばならぬが、此方が早かったら彼方で遠慮してあんな騒動もなかったらう、といって大笑ひしたり」▼注[19]という三代目中村仲蔵の記述を見ると、市村座においても、わざわざ桜田門外の変により近い設定へと変更を加えたとは考えにくい。また、市村座の辻番付は初日を三日としてあることから、事件の起きた三日よりも以前に刊行されたと見られるが、その絵組みのうち、奥方殺しの場を描いたと思しき部分を見ると、小団次の演じる又助は笠を手にし、合羽を着た姿で描かれている（図12）。少なくとも、笠と合羽という服装の設定は事件以前からの予定であったようである。

これらの事情から推測するに、初演時の奥方殺しは興行を通じて服部説の通り雨中であり、明治六年の再演で雪降りに変更されたものが、加賀山のいうように五代目菊五郎が又助を演じた際（明治二十八年四月新富座の上演時か）に元の雨に戻され、いつしか、雪降りが元来の設定であり、それが後から雨に変更されたと誤解されたと考えるのが妥当である。まずは、「加賀見山再岩藤」は桜田門外の変とは無関係であるとしておきたい。

図12 「加賀見山再岩藤」初演（安政七年三月市村座）辻番付（架蔵）

なお、渥美清太郎編の『日本戯曲全集　四十四巻　維新狂言集』には次のような記述が見られる。

黙阿弥は度々人から桜田事件を脚色したらと勧められたが、決して承知しなかつた。といふのは、彼れの妻は井伊家に奥勤めしてゐた者だつたからだ。彼の第三世新七は「門松宝双六」といふ尼子十勇士の狂言の大詰を、ソツクリ桜田の当込みにして見せた事があつた。「星月夜見聞実記」の序幕で。《ママ》当込みだけはしてゐる。▼注[20]

新七の「門松宝双六《まつかざりおたからすごろく》」は明治十一年一月春木座で上演。絵本番付を見る限りでは、あからさまに桜田門外の変の当て込みとは見えないものの、笠を被った侍の一群や、雪中で駕籠が襲撃される模様が描かれている。「星月夜見聞実記《ほしづきよけんもんじつき》」は明治十三年六月新富座で上演された、いわゆる活歴であり、たしかにその序幕には「蓑、赤合羽、竹笠を冠り」▼注[21]という出で立ちの浪士たちが北条義時の乗物を襲う場面が描かれる。しかし、右の指摘の通り、あくまでも当て込みに過ぎない点は「蝶千鳥須磨組討」と同様であり、黙阿弥は桜田門外の変そのものを芝居に仕組むことはなかった。それどころか、東京独自の桜田門外の変の狂言は、明治十四年の「御殿山桜木草紙」まで現れなかったのである。

三、上方における劇化（一）――旅芝居から中芝居、そして大芝居へ――

これに対して上方では桜田門外の変そのものを脚色した狂言が早い時期から度々上演された。とはいえ、大坂や京都の劇場ではやはり、明治になるまで舞台化は不可能であったようである。この事件そのものを扱ったと思われる狂言で、確認できる限りもっとも早いのは、事件の翌年文久元年五月に伊勢・古市芝居で嵐璃珏《りかく》、中村鶴助、尾上松三郎、尾上松鶴ら大坂役者の一座が上演した「桜田雪の曙」である。七月には松坂愛宕町芝居においても同一の一座による上演が確認できる（配役に多少の変更はあり）。ただし、演劇博物館所蔵の両興行の番付を見ると、▼注[22]すでに外題の上に「増補」の文字があり、これ以前に桜田門外の変を扱った芝居が上演された可能性も考えられる。

「桜田雪の曙」と題する芝居は明治期の金沢でも上演されていた。東京大学国文学研究室所蔵の台本『櫻田雪の曙』全五冊のうち、一冊目の表紙には「当ル明治六酉林鐘（日置注、六月）元日川上芝居ニ而」、五冊目表紙にも「当ル明治六年閏六月新狂言川上芝居」との記載がある。明治六年六月もしくは閏六月（六年から新暦に移行し閏月は無くなったが、旧暦上は閏六月が存在した）にこの芝居は上演されたらしい。▼注[23] 右の台本によると金沢で上演された「桜田雪の曙」の内容は次のようなものである。

浦賀に異国船がやってきて書状をもたらすが、外国の文字で書かれているため幕臣は皆読むことができない。漂流経験があり外国語に通じている漁師万次郎が呼び出され、書状を読む。交易を開始しなければ攻撃を行うという書状に対し、水戸公は打ち払いを主張するが、井伊掃部頭は兵力の不足を理由に交易開始を唱える。議論するところへ上使が訪れ、水戸公に異国船打ち払いの墨付を与える。水戸方が出陣と意気込むところへ足利義知公が現れて止め、水戸公が天下横領を狙っていると指摘、蟄居を申しつけ、井伊に鉄扇で水戸公を打たせる。人々が立ち去った後、井伊は天下横領を望む胸の内を明かす。（大序）

井伊家に仕える松永半六は茶店で旧知の目明し文吉に出会い、交易開始の願いのため九重家の重役嶋田権大尉に近付く手筈を整えるように頼む。文吉は嶋田が嶋村屋の芸子君香に入れあげていることを教え、松永を嶋村屋へ案内する。水戸の家臣黒沢忠三郎と森五六郎が井伊家の動向を探りにやってきて、道で突き当たった文吉と争いとなる。打ち据えられた文吉は、二人を交易開始の願いの者と勘違いし、嶋村屋に行けば万事を調えるので勘弁してくれと頼む。嶋村屋を訪れた黒沢らは同じく水戸藩士の鯉淵要人が幇間となって入り込んでいるのに出会う。嶋田は松永に交易の免状を与えるが、文吉とともに水戸藩士に討たれる。松永は免状を持って井伊の元へ立ち帰る。（第弐）

水戸藩士の佐野竹五郎夫婦は姿をやつして井伊家に奉公し、様子を探っている。松永が免状を持ち帰り、井伊は竹五郎の妻あやめを口説いて奥へ連れて入る。竹五郎が踏み込んで井伊を討とうとするところへ松永らが現れ、井伊の面前で竹五郎を拷問、なぶり殺しにする。あやめは井伊を切り付けるが叶わず、屋敷の外へ逃れる。竹五郎の弟竹之介がやってきて、瀕死のあやめから兄の死を知らされる。竹之介は松永らを討ち、兄夫婦の仇を取る。（第三）

出国していた水戸藩士らは、国元へ井伊討伐を訴えるため帰国しようとするが、大関和七郎に大勢では目に立つと指摘され、大関に事を任せて江戸で便りを待つことにする。（第四）

水戸公が蟄居する居間へ大関が訪れ、藩士一同の決意を語る。水戸公は家重代の刀を与え、井伊の首を取るよう励ます。（第五）

竹之介は平川御門の水門に忍び、井伊の乗物を銃撃するが、外れる。竹之介は非人の身分となって蔵前の伊勢屋の軒に暮らしていたが、主人四郎兵衛は井伊狙撃の犯人は竹之介ではないかと問う。竹之介は否定するが、四郎兵衛は以前竹之介が落とした書き付けから、竹之介がかつての主人の息子であることを知ったといい、主人の若旦那を非人の境遇に置いていたことを悔やむ。竹之介はやってきた捕り手と争いながら伊勢屋を去る。浅草天王橋で集結した水戸藩士たちは、桜田見附で井伊の乗物を襲い、本望を達する。（第六）

文久元年の伊勢での興行の台本は現存せず、内容の比較はできないが、番付に記された配役等を見る限り、両者の内容は同一ではない可能性が高い。先の「増補」の例からも伺えるように、江戸や大坂といった都市以外の芝居では、桜田門外の変を脚色した狂言がかなり早い時期から上演されていたと思われるし、倉田喜弘の紹介する明治六年七月二十一日の『横浜毎日新聞』の記事によれば、同年五月にやはり古市で「桜田雪の曙」という芝居が上演されたという。▼注[24]桜田門外の変を扱った芝居は、番付等で知り得る以上の頻度で上演されており、「桜田雪の曙」という同一の外題であっても、異なる内容を持つ複数の台本が存在した可能性が高い。大都市以外での歌舞伎興行の実態については、まだまだ不明な点が多く、このような、大都市では上演不可能な題材の上演についても、今後調査を進めていく必要があろう。

　大都市における桜田門外の変を描いた芝居の最初の上演は、明治六年二月大阪・若太夫芝居の「桜田雪盛忠美談《はなぶきせいちゅうびだん》」である。明治改元後大阪の劇界において新作狂言の上演は皆無といってもよかったのであるが、六年二月の本作と、同月筑後芝居で上演された「誠忠誉強勇」の上演から、再び大阪でも新作が現れるようになる（本章第一節参照）。「誠忠誉強勇」はやはり幕末の勤王派の蜂起である天誅組の変を主な筋としたものだが、井伊大老襲撃に加わらず、挙兵のため大坂に潜伏していた高橋親子の天王寺における最後をも描いている。当時、筑後、若太夫の両座を手中にしていた三栄が、新たに新作路線を打ち出すに当たって、桜田門外の変等の幕末期の争乱を題材の上で重視したことは明らかである。「桜田雪誠忠美談」の台本は現存しないが、渥美清太郎の『系統別戯曲解題』には次のような梗概が紹介されている。

> 水戸家へ九重侍従と称して、島田左近の妾君香（尾上多見丸）が入込み、宝を衒らうとして失敗すること。諸岡雪斎（実川若松）等が島田左近（尾上多見太郎）を襲撃し、変節を詰つて殺害、その首を四条河原へ曝すこと。有村治左衛門（尾上卯三郎）が、薩摩藩の武士でありながら、浪士に荷担し、雲助ふんどしの十吉となつて覘《ママ》い、掃部頭を討つてのち切腹すること。初田市五郎（二役多見丸）が、父市左衛門（中村芝三郎）や妻おてつ（嵐珏丸）に別れ出立のこと。ここは「太平記忠臣講釈」喜内住家の段を嵌め込んだものである。黒沢忠三郎（実川延童）

は料理人金五郎となつて忍び、芸者小さん（二役珏丸）と恋仲になつたが、長野主膳（二役多見太郎）が小さんを根曳きしようとして達引になること。など浪士の銘々伝式な脚色〔後略〕▼注〔25〕

しかし、役割番付の外題の上に「東国に噂さ橘の仇を／つらぬく評判の一本道具／西洋に噂さ桜の孝を／あらわす漂流の日本通詞」とあるように、初演では桜田門外の変の筋に加えて「漂流の日本通詞」に関わる筋が存在した。▼注〔26〕右の渥美による梗概は、こうした副筋が省かれた、十一年三月の「近世桜田雪紀聞」の外題による上演時のものである。これらの内容の異同については後述するが、「桜田雪盛忠美談」が「大当りを得たので」▼注〔27〕、翌七年二月にはやはり若太夫芝居において「桜田雪後日文談《はなふぶきごにちぶんだん》」が上演される。渥美はこの狂言は「あまり喜ばれなかった」とするが、若太夫芝居は続く八年五月には、「桜田拾遺藤坂下《さくらのあとふじのさかした》」という明らかに桜田門外の変の続編を意識した外題で、坂下門外の変を脚色上演しており、また、九年一月に天満大工町芝居で上演された「桜田雪嶋田実記」も、元は若太夫芝居での上演を予定していたもので、好評を得たことが大阪府立中之島図書館蔵の『明治九年子之歳中芝居番附帖』▼注〔28〕中の同興行の役割番付の書き込みに「若太夫芝居焼失後、其儘天満天神ニ而興行大入大当り〳〵」とあることからわかる。

このように、明治六年から九年にかけて大阪では桜田門外の変の芝居が連続上演されたのであるが、これらはいずれもいわゆる中芝居であり、大芝居では上演されなかった。しかし、十一年三月には、ついに大芝居である中の芝居において「近世桜田雪紀聞」が上演される。なお、京都でも八年九月四条北側芝居で「一新開化十二時《あらたまるかいかのじゅうにじ》」という桜田門外の変の芝居が上演されたが、作品の詳しい内容は不明である。ただし、この上演を巡っては興味深い事件があり、後に触れる。

四、上方における劇化（二）――内容の変遷――

右に挙げた大阪における桜田門外の変の芝居で、全幕を完備した写本が残るのは「桜田雪後日文談」（松竹大谷図書館蔵）のみで、「近世桜田雪紀聞」も全幕が揃うのは明治二十七年刊の活字本（「演劇脚本」本、中西貞行刊）のみである。大阪で最初に上演された「桜田雪盛忠美談」の台本が残っていないのは残念であるが、先に引いた渥美の梗概や番付等の周辺資料によって推測していくと、各作品の関係は次のようにまとめられる。

「桜田雪後日文談」……「桜田雪盛忠美談」の一部を取り入れながら高橋父子の筋を増補したもの。

「近世桜田雪紀聞」……「桜田雪盛忠美談」から渥美が「二の替り狂言式の、大時代なもの」（『演劇百科大事典』）と評したような箇所をかなり削ったもの。

「桜田嶋田実記」………「桜田雪盛忠美談」のうち、島田左近の梟首に関する部分のみを抜き出したもの（増補があった可能性あり）。

なお、「近世桜田雪紀聞」の活字本（『日本戯曲全集　第四十四巻　維新狂言集』に「吹雪桜田武士鑑《ふぶきのはなもののふかがみ》」の題で収録されているものもほぼ同内容）は十一年三月の同外題による初演の内容に、「桜田雪後日文談」の一部などを加えたものと思われるが、このような形での上演があったものかどうかは不明である。ただし、後述するように、その本文はそれなりの信用を置いてよいものである。

まず、「桜田雪盛忠美談」「桜田雪後日文談」「近世桜田雪紀聞」の三作の場割を比較すると、表4「桜田門外の変物三作品の場割比較」のようになる（「桜田雪盛忠美談」は絵尽しと渥美による梗概を、「近世桜田雪紀聞」は「演劇脚本」本と初演絵尽しの比較を元に構成。「桜田雪盛忠美談」の「漂流の日本通詞」関係の筋は省く）。

表4　桜田門外の変物三作品の場割比較

「桜田雪盛忠美談」の筋は『系統別歌舞伎戯曲改題』、『演劇百科大事典』の記述（ともに渥美清太郎）により、配役等は省略した（「系」「事」で出典を示す）。「桜田雪後日文談」の場名は松竹大谷図書館本、「近世桜田雪紀聞」は「演劇脚本」本の場名により、初演絵尽しにない場には（　）を付した。「演劇脚本」本と絵尽しで場名が異なる場合も前者の通りとした。説明の便宜上、また、場面の摂取の関係がわかりやすいよう、まったく同一または極めて類似すると思われる場面には英字を付した。元の場面を短縮している場合は小文字にした。

桜田雪盛忠美談		桜田雪後日文談		近世桜田雪紀聞	
水戸家へ九重侍従と称して、島田左近の妾君香が入込み、宝を衒らうとして失敗すること。（系）	A	洛東祇園社内の場*	I	（洛東祇園社内の場）	I
諸岡雪斎等が島田左近を襲撃し、変節を詰つて殺害、その首を四条河原へ曝すこと。（系）	B	将軍家服薬の場 殿中評定の場 志賀金八返り忠の場 奥庭捕物の場		彦根水府争論の場 喰違御門内の場 小塚ヶ原だんまりの場	b
有村治左衛門が、薩摩藩の武士でありながら、浪士に荷担し、雲助ふんどしの十吉となつて〔後略〕。（系）	C	水府城下入口の場 同城中大広間の場 浪士本国出立の場	J	常陸国長岡村の場	j
初田市五郎が、父市左衛門や妻おてつに別れ出立のこと。（系）	D	合羽屋店先の場 彦根家玄関先の場 桜田雪降りの場 音川家門外の場	f	（有村治左衛門道場の場） （関鉄之助妾宅の場）	

黒沢忠三郎は料理人金五郎となつて忍び、芸者小さんと恋仲になつたが、長野主膳が小さんを根曳きしようとして達引になること。（系）	E	水戸海道松戸駅の場 高橋庄三郎注進の場	C	松戸宿棒鼻の場 千住宿本陣の場
桜田門の立回り（事）	F	浪士言開キの場	h	
			D	蓮田市五郎住居の場
有村治左衛門が〔中略〕、掃部頭を討つてのち切腹すること。（系）	G	新御殿花見の場 城内大広間の場 路芝部家の場 常陸郡領寝所の場 城外庚申塚の場	E	品川新宿浪士集会の場
蓮田市五郎の尋問（事）	H	東野源蔵住家の場	f	桜田御門外本望の場 芝汐留橋の場
			G	上杉辻番所有村最期の場
		住吉社内見物の場 嶋男也道場の場 上寺町の場 天王寺腹切の場	h	奉行屋敷白洲の場

＊「洛東祇園社の場」は「桜田雪盛忠美談」の渥美の梗概には見えず、絵尽しでも明らかにこれに該当すると断言できる場面はないが、後述の改作「讐怨解雪赤穂記」がこの場面を持つことから、「桜田雪盛忠美談」の時点で存在し、「桜田雪後日文談」に流用された場面である可能性はある。

右の表に示した通り、「桜田雪後日文談」は「桜田雪盛忠美談」の続編の形を取ってはいるが、水戸方と彦根方が密書を奪い合う発端（洛東祇園社内の場）等、大老暗殺の筋は前作から流用し、そこに後日談にあたる高橋父子の筋を加えた構成である。高橋父子の筋が大幅に加わった結果、前半の大老暗殺に至るまでの筋は前作より多少簡略化され、Aの場面に代表されるような「二の替り狂言式の、大時代な」構成は影を潜めつつある。

この傾向は「近世桜田雪紀聞」においても同様である。「近世桜田雪紀聞」は「桜田雪盛忠美談」の内容をかなり取り入れた、改作といってよい内容である。しかし、初演絵尽しに従えば、最初の場面は井伊大老と徳川斉昭の争論であり、Aの騙りの場面は削除されている。Bの場面が大幅に変更・簡略化されていることも重要である。

Bに見える、島田左近の首が加茂川の河原に晒された事件は、島田が井伊大老の主導した安政の大獄の実行に大きく関与した人物であるとはいえ、桜田門外の変よりも後の出来事である。さらに、島田殺害犯に設定されているのは「諸岡雪斎」であるが、史実の師岡正胤（節斎）は「文久三年（一八六三）二月三輪田綱一郎ら十数人と洛西等持院から足利氏三代の木像の首と位牌を盗み出して三条河原に梟《きょう》して捕えられ」た人物である。[注29] すなわち、「桜田雪盛忠美談」の島田左近の梟首の筋（B）は、桜田門外の変の本筋に直接関係あるわけではなく、近い時代に勤皇派志士が起こした別の事件を取り込むことを目的にしているのである。これに対し、「近世桜田雪紀聞」では、「桜田雪盛忠美談」のBの筋から「梟首」という点のみを生かしている。首が晒されるのは島田左近ではなく、鵜飼吉左衛門（『日本戯曲全集』本は猪飼七左衛門とする）であり、河原に晒されている首を有村治左衛門と山野辺主水正がそれぞれ取り戻そうとし、だんまりになるというだけの場面になっているのである。鵜飼は水戸藩士で、安政の大獄で死罪とされた人物であるから、島田左近の筋が挿入されるのよりも、本筋との関係や史実との照応の上で自然であるといえる。もっとも、「近世桜田雪紀聞」でこうした場面が削除・短縮されているのは、意図的な筋の簡略化、史実への接近の意図よりも、「都鳥廓白浪」「三都名所写真彩」を同時に上演したことで時間的な制約があった可能性も高い。とはいえ、「日本通詞」関連の副筋の省略を行うなど、全体としてはより簡略で単一の筋による構成への志向が強いのが「近世桜田雪紀聞」なのである。

このような志向が必ずしも歓迎されなかったことは、この後に再演されたのはもっぱら「近世桜田雪紀聞」ではなく、島田左近の筋を含む「桜田雪盛忠美談」（ただし「日本通詞」関連は初演のみ）であることから伺える。それは「近世桜田雪紀聞」が上演された大芝居に関してもいえることで、十七年十一月の戎座では大顔合わせの一座による「桜田雪盛忠美談」が話題であったという。[注30] 東京の大劇場においては史実の尊重が唱えられ始める時代に至っても、大阪劇壇では相変わらず「二の替り狂言式の、大時代な」構成で、浄瑠璃「太平記忠臣講釈」（明和三年十月大坂・竹本座）喜内住家の段の利用や小さん金五郎の趣向、有村のやつしなど、従来目慣れた要素が盛り沢山の狂言が喜ばれる面があったようである。▼注[31]

なお、明治六年以前に上演されていた桜田門外の変の芝居と「桜田雪盛忠美談」等の関係であるが、前者に関する資料は文久元年の伊勢での二興行の番付が残るのみであり、内容に関する比較はなし得ないが、文久元年の興行が大坂役者の一座であることからも、「桜田雪盛忠美談」が従来の旅芝居の上演作品の趣向の一部を利用するなどした可能性はあるだろう。

五、東京での上演

東京においては桜田門外の変の芝居の上演が少なかったことはすでに述べたが、小芝居では大阪で上演された作品が改作上演された例がある。次にその改作の内容を検討し、桜田門外の変という題材への態度の東西差を明らかにしたい。

東京で桜田門外の変の芝居が最初に上演されたのは明治七年二月沢村座の「讐怨解雪赤穂記《かたきうちゆきのあこうき》」である。この作品は、明治初期の東京の小芝居の作品としては極めて珍しいことに、役者名表記の正本の写しが早稲田大学演劇博物館に残っており、▼注[32]それによって、先述の「桜田雪盛忠美談」を改作したものであることがわかる。台本によって場割を示すと次の様になる。

序幕　洛陽祇園社内の場
　木屋小山田寓居の場
　三條河原梟首の場
二幕目　光興浪宅の場
三幕目　深川梅本楼の場
大喜理　吉良家夜討の場
　雪中本望の場

題名から知れる通り、この芝居は表向きは「忠臣蔵」を装った芝居に書き換えられている。水戸方・彦根方が密書の奪い合いなどをする「祇園社の場」は、そのまま浅野方と吉良方の争いに、島田左近が襲撃され首を晒される件は変心した小山田庄左衛門が他の赤穂浪士に襲われるという内容になっている。二幕目「光興浪宅の場」は、「桜田雪盛忠美談」の初田市五郎が間重次郎光興になっているから、「太平記忠臣講釈」の設定に戻ったことになる。三幕目も実際に水戸の志士が集会をおこなったとされる品川ではなく吉良邸に近い深川が舞台となり、集まるのが赤穂浪士となっているだけで、小さん金五郎の筋を取り入れたところまで全く同じ。大喜理は「忠臣蔵」らしい討ち入りを見せるが、最後は吉良の乗った駕籠を襲撃して仇を討つというようになっている。「桜田雪盛忠美談」の主な筋を生かしつつ、「忠臣蔵」に書き換える手際の見事さはかなりのものである。

この作品を一読して感じるのは、「桜田雪盛忠美談」に比べて筋が簡略でわかりやすいことである。「讐怨解雪赤穂記」の構成は、先の表でいえば、I・B・D・E・討ち入り（独自の部分）となっている。島田左近の妾君香の水戸家入り込み（偽勅使のような趣向か）、有村治左衛門関連の筋と大老殺害後の取り調べが削られ、「忠臣蔵」の世界に沿った討ち入りが書き加えられているのだが、細かい設定の変更を見ても、「桜田雪盛忠美談」では、同時代の勤皇派志士の所行をより多く盛り込む目的のために存在した島田左近の筋は、島田に相当する人物が赤穂浪士の一員小山田庄左衛門となることで、「不義士」の誅戮という浪士たちの内部の問題となる。▼注[33]「桜田雪盛忠美談」で「薩摩藩の武士でありながら、浪士に荷担し」（『演劇百科大事典』）ていた有村は、赤穂浪士の一人三村治郎左衛門となっている。▼注[34]このような改変によって、すべての筋が赤穂浪士に直接関係するものになっており、原作以上にわかりやすい筋立てとなっている。

しかし、なぜ、「忠臣蔵」の世界に仮託して桜田門外の変を仕組まなければいけなかったのだろうか。五年一月の「梅妃娣浪花戦記《うめきょうだいなにわせんき》」以降、東京でも狂言の登場人物に実名を用いることが始まっていた。▼注[35]従来『太平記』等の人名を借りていた「忠臣蔵」も、六年十一月の「忠臣いろは実記」で、東京では初めて「大石内蔵助」などの実名を用いており、▼注[36]「讐怨解雪赤穂記」で用いられる「忠臣蔵」の登場人物も実名である。そのような流れの中にあっても、やはり、東京では桜田門外の変の直接の脚色は憚られたのであろう。倉田喜弘は「讐怨解雪赤穂記」について、「すでに狂言綺語を禁じ、仕組台帳を提出させている東京府が、この興行を認めたのである」とし、「記すまでもなく桜田門外の事件には、彦根、水戸、薩摩の各藩がからむ。井伊の評価でさえいまだに定まっていないきらいがある。そのような事件を政局にうとい芝居の作者が書くわけだから、関係者からはしばしば異議が呈される」と続ける。▼注[37]倉田は「讐怨解雪赤穂記」についてはこれ以上触れておらず、桜田門外の変の狂言の上演が差し止められた事例等を紹介するが、そのような例とは違い、「讐怨解雪赤穂記」の上演が特に支障なく行われたのは、外題を含め表向きはまったく「忠臣蔵」を装っていたことによるのではないだろうか。

上演不許可の例として倉田が紹介する「近世好東都新織《きんせいごのみあずまのしんおり》」は、『近世紀聞』から桜田門外の変、それに松村春輔著『春雨文庫』から抜き出した横浜岩亀楼の遊女喜遊のくだり、このふたつをつきまぜて仕上げたもの」で、十一年六月十二日に都座から仕組書が提出されたが不許可となり、七月十五日から喜遊の件のみが上演されたという。外題の「近世好」の語は、條野伝平（採菊、山々亭有人）と染崎延房（二代目為永春水）の編による『近世紀聞《きんせいきぶん》』を利かせたものであり、内容は知り得ないが、おそらく『近世紀聞』中の桜田門外の変に関する記述を利用し、「讐怨解雪赤穂記」ほど巧妙な脚色は行わなかったのではないか。この例以外にも、桜田門外の変の脚色上演が予定されながら結局実現しなかったと思われる例がある。十一年に中島座では「病例服吹雪桜田」という作品の上演が企画されたらしいことが、『読売新聞』の記事によってわかる。

〔前略〕二番目は「病例服吹雪桜田《やまひのはれふゞきのさくらだ》」で洛陽祇園社内の場、木屋町小山田寓居の場、三條河原梟首の場、光興浪宅の場、深川梅本楼の場でちか〴〵に初日になります。

（五月九日）

○蛎殻町の中島座で今度の狂言は、病例服吹雪桜田《やまひのはれふぶきのさくらだ》といふ名題にて洛陽愛宕山茶店の場、京都木屋町さゞなみ寓居の場、三條河原梟首の場、岩田周之進浪宅の場、深川梅本楼会合の場、義徒本懐の場などであると。

（十一月十六日）

しかし、五月、十一月とも直後の興行に該当する演目は見あたらず、▼注[38] 実際の上演は行われなかったと思われる。両記事を見る限り、この狂言の内容は「讐怨解雪赤穂記」そのままで、五月九日の記事では登場人物の名前等も

「忠臣蔵」の通りである。場名まで記事の記述を信じて良いものかは疑問だが、「讐怨解雪赤穂記」と同内容の芝居であっても、「病例服吹雪桜田」の外題で上演することには何らかの問題があったものかもしれない。

渥美清太郎の言を信じれば、黙阿弥は妻の旧主への遠慮から桜田門外の変を直接に脚色することがなかったというが、その他の作者も十四年までこの大事件を舞台に載せることをしなかった。というより、横浜で「近世開港魁」が上演され、数度にわたって上野戦争が劇化された以外は、明治十年代半ばまで東京圏での明治維新物上演は皆無、二十年代までを視野に入れても極めて僅少なのである。上野戦争のように旧大名家の不名誉となるような要素が少なく、上演と同時期に供養塔の建立などが報じられている場合は別として、直接維新の争乱を扱うような狂言は、「讐怨解雪赤穂記」のように、完璧といってよいほど巧みに他の世界への仮託が行われている場合以外は、旧大名家が集まっていた東京では上演が困難だったのであろう。

倉田は「近世好東都新織」の例以外にもう一つ、桜田門外の変の脚色上演に対して異議が呈された例として八年九月京都四条北側芝居の「一新開化十二時」の場合を紹介する。この事件については倉田の参照する『郵便報知新聞』と『東京日日新聞』で若干の齟齬があるが、ようするに、九月四日の初日前後の時期に、旧彦根藩士を名乗る者が劇場に対して上演中止を求めたが、劇場側は京都府からの許可等を理由にこれを拒んだところ、旧藩士が恐喝まがいのことをいったので、劇場は警察に警備を依頼し、なんとか事は収まった。しかし、しばらく後には「桜田に於て白刃駕を刺貫く場は看板も卸し、芸も差留になりしよし」との報道がされる（『日新真事誌』十月九日による）。「差留」とあるから、府による介入があったものと思われるが、この場合、九月初めに騒動が起きてから一月も経っている。関係者の抗議が行われた後に、それも上演開始からかなりの期間を置いてから、ようやく処分を行うという姿勢は、仕組書の段階で不許可とされた東京の当局の態度とはかなり異なる。大阪の場合は、桜田門外の変を描く芝居が先述の通り頻繁に上演されながら、管見に入る限り、一度もこのような騒動が起きたという話はない。

なお、「讐怨解雪赤穂記」に関連して付け加えておけば、先に記したようにこの作品の演劇博物館所蔵の台本は劇場内部で狂言作者が使用したものと思われ、台詞の文辞等は実際の上演をかなり正確に反映していると見てよい。この「讐怨解雪赤穂記」演博本と「近世桜田雪紀聞」の「演劇脚本」本の本文を比較すると、世界を「忠臣蔵」に替えている部分は別として、両者が比較的細かい部分まで一致していることがわかる。断言はできないが、さらに遡って「桜田雪盛忠美談」も両者に一致する本文を持っていた可能性が高い。「演劇脚本」はかなりの作品数が刊行されており、全体を性格付けるにはまだまだ材料が不足だが、これを以て、尾澤良三が「「中西」より発行された竹柴（或は勝）諺造の脚本集は、全然勝手にぬいたり、ついだりした信用出来ぬもの、様である」という「演劇脚本」本の本文に対する批判への一反例としたい。▼注[39]

おわりに

以上、明治維新物上演の一例として、大阪における桜田門外の変の芝居の変遷と東京での改作上演について見てきた。明治の初期から大阪では桜田門外の変のような旧幕時代には上演不能であった題材をも、それほど気を遣わずに上演することができたばかりか、連続して数作品が作られるほど観客に受け入れられていたのに対し、東京劇壇では芝居の内容に対する取り締まりがより厳しかったと見え、また劇場・作者が維新に関係する狂言の上演を自粛していた感があり、後年まで明治維新物の上演は少ない。その中では「讐怨解雪赤穂記」は例外的な作品であった。

近い時代の出来事も比較的自由に上演できた大阪劇壇では、維新の混乱からの再興を期すに当たって、積極的に「近世史の題材」による新作を上演した。しかしながら、その脚色は、右に見てきたように、既存の狂言の趣向を大量に盛り込む、島田左近殺害や足利木像梟首のような直接本筋とは無関係な同時代の出来事を取り入れるといった、史実にとらわれない自由な脚色態度によってなされているのである。大阪の観客には支持された、このような複雑な内容の芝居は、東京では受け入れられがたかったものか、「讐怨解雪赤穂記」では「忠臣蔵」の世界への書き換えと同時に、筋の簡略化が行われている。幕末期から江戸・東京において、黙阿弥一門は話芸の影響等によって、従来の歌舞伎狂言に比べて自然で簡潔な筋立ての作劇法を確立していった。これに対して、大阪劇壇も東京から黙阿弥門下の河竹能進やその息子勝諺蔵を呼び寄せ、「東京風」を志向した改革を進めていったのであるが、その一方で、そこには幕末以来の旅芝居や中芝居から引き継いだ要素が混在していたのであった。


【注】


［1］『明治演劇史』早稲田大学出版部、昭和八年、八三六頁。

［2］明治八年一月大阪・角の芝居。文楽座と淡路・上村源之丞座が合同で上演。

［3］演劇博物館蔵の台本署名によると、全六幕中三幕の執筆を黙阿弥が担当した。

［4］「明治年間東日記」の台本は失われており、筋は笑門舎福来による草双紙『明治年間東日記』によった。同書の本文は、舞台の内容をかなり単純化したと思われる部分もあるものの、大阪へ帰る役者の楽屋落ちと思われる台詞がそのまま収められているなど、実際の上演の様子を推測する材料としてはある程度の用をなすと考える。

［5］『日本戯曲全集　三十二巻　河竹新七及竹柴其水集』春陽堂、昭和四年、五三一頁。

〔6〕ただし、絵本番付等にも描かれながら、「上野博覧会の場」は実際の興行では上演時間の都合で上演されなかった。なお、石井研堂『明治事物起源』によれば、明治二十一、二年頃には、東京ではほぼ髷を結ったままの人物は見かけなくなったようである。しかし、漢詩人の大沼枕山は明治二十四年に没するまで断髪しなかったことが知られており、本作に登場する老人のような人物も、あり得なかったわけではない。

〔7〕注5前掲書、五三一頁。

〔8〕注5前掲書、七〇六頁。

〔9〕河竹繁俊「解説」(注5前掲書所収)。

〔10〕伊原敏郎、注1前掲書、四〇九頁。

〔11〕注9前掲記事。

〔12〕吉田常吉「桜田門外の変」『国史大辞典』吉川弘文館、昭和五十四年〜平成九年。

〔13〕「桜田事件」『演劇百科大事典』平凡社、昭和三十五年。

〔14〕「岩藤の亡霊と鳥井又助」『演芸画報』大正六年五月。

〔15〕「『再岩藤』補綴演出ノート」(国立劇場第八回歌舞伎公演筋書所収)。

〔16〕国立劇場芸能調査室編『国立劇場上演資料集〈304〉加賀見山再岩藤―骨寄せの岩藤―』日本芸術文化振興会、平成二年。

〔17〕「解題」『上演資料集・別冊　加賀見山後日之岩藤』国立劇場芸能調査室、昭和四十二年。

〔18〕役割番付および絵本番付による。

〔19〕三代目中村仲蔵著、郡司正勝校訂『手前味噌』青蛙房、昭和四十四年、三三四頁。

〔20〕『日本戯曲全集　第四十四巻　維新狂言集』昭和七年、二九八頁。

〔21〕『黙阿弥全集』十三巻、春陽堂、大正十四年、七一七頁。

〔22〕請求記号ロ21-47-77およびロ21-30-361。

〔23〕『石川県史資料近世篇1　芝居番付一』(石川県、平成十二年)に「明治七年六月吉日」と考証されて収録されている、川

上末吉芝居における中村鶴之助、嵐璃之助らの一座の興行（「桜田雪の曙」、「和田合戦女舞鶴」、「嫗山姥」）の番付は、この台本が使用された際のものと思われる。台本に記された「明治六年」が正しいか。

［24］倉田喜弘『芸能の文明開化』平凡社、平成十一年、十八頁。

［25］『系統別歌舞伎戯曲解題』中、日本芸術文化振興会、平成二十二年、三二三頁。

［26］絵尽しでも確認できる。内容の詳細は不明だが、金沢での「桜田雪の曙」にも登場した漁師万次郎（ジョン万次郎）もしくは、やはり漂流して米国に渡った経験を持つ、浜田彦蔵などのことを描いたか。

［27］渥美、注13前掲記事。

［28］請求記号974／122。

［29］吉田常吉「師岡正胤」『国史大事典』吉川弘文館、昭和五十四年〜平成九年。

［30］渥美、注13前掲記事。

［31］初田（蓮田）市五郎住家の場は、全体が喜内住家の段の筋を借りているのに加え、台詞等には「東山桜荘子」の佐倉宗吾住家（子別れ）の場面の影響が見られる（十一年三月の「近世桜田雪紀聞」の際の『中の芝居／二の替り　役者評判記』でもそれを示唆している）。

［32］請求記号イ120－1〜4。イ20－5〜8も同系統の写本である。各冊裏表紙に「本主　並木舎」とあり、弁天座旧蔵を示す袋が付属している。各冊に「河竹蔵」の印記。いずれも大阪の弁天座から河竹家を経て演劇博物館に渡った並木五柳（四代目五瓶）旧蔵本の一部である。

［33］史実における小山田庄左衛門は『講談社日本人名大辞典』（講談社、平成十三年）によれば「主君の仇討ちのため大石良雄と行動をともにしていたが、討ち入りの直前、片岡源五右衛門から金三両と小袖をぬすんで逃亡した。のち中島隆碩の名で医業をいとなむが、享保六年一月十五日使用人に殺害された」という。

［34］三村治（次）郎左衛門は、『講談社日本人名大辞典』に「七石二人扶持の台所役で、仇討ち加盟をもうしでたとき一同にわらわれたが、大石良雄が志を知ってゆるしたという。討ち入り後は水野家にあずけられ、元禄十六年二月四日切腹。

三十七歳。名は包常。」とされている。

［35］今岡謙太郎「瀬川如皐「近世開港魁」を巡って」『歌舞伎　研究と批評』第四十六号、平成二十三年五月。

［36］従来、「忠臣いろは実記」を役名「大石内蔵助」の初出とするが、大阪ではすでに六年四月若太夫芝居「緘合赤穂城聞書」で実名を用いている。

［37］倉田、注24前掲書、一二五頁。

［38］演劇博物館所蔵の番付で確認。

［39］なお、倉田喜弘によれば中西は諺蔵から正式に著作権を取得していたという（『芝居小屋と寄席の近代』岩波書店、平成十八年、一八六〜七頁）。

第五節　明治期大阪の歌舞伎と新聞

——続き物脚色狂言の誕生——

はじめに

明治期に新たに登場した▼注[1]メディアである新聞は、同時代の歌舞伎にも大きな影響を与えた。新聞が歌舞伎に与えた影響については従来、小笠原幹夫や佐藤かつらによる研究がある。▼注[2]前者は三代目勝諺蔵の「撮絞鮮血染野晒《つまみしぼりちぞめののざらし》」（明治十四年三月大阪・角の芝居）など新聞を題材とした狂言を、後の新派劇に繋がるものとして演劇史的に評価し、後者は錦絵新聞を含む初期の新聞と歌舞伎の関係の実例を詳細に分析している。しかし、歌舞伎と新聞の関係については、まだまだ考察の余地がある。佐藤も指摘しているが、▼注[3]新聞に何らかの影響を受けた狂言の上演は大阪では東京以上に数多く見られる。とくに、ある時期の『朝日新聞』と道頓堀の劇場との間に存在した提携関係は、演劇と小説の相互影響の事例としても、また、興行史的な観点からも興味深いものである。だが、両者の間に関係が存在したという事実については当時を知る人物などの回想で語られることがあっても、そこから生じた大阪劇壇の上演作品の質的変化等については、従来あまり検討されてこなかった。以下、明治期の大阪において、新聞という新時代のメディアがどのように歌舞伎に影響を与えていったかを、周辺芸能と新聞の関係にも目を配りつつ考察する。そして、新聞続き物の脚色上演の流行が、大阪劇壇にどのような影響を与えたかを見ていきたい。

一、明治期大阪の新聞と演芸

日本で最初の日刊紙は明治三年に刊行が始まった『横浜毎日新聞』であった。大阪で最初の日刊紙は明治八年十二月創刊の『浪花新聞』で、これは前年東京で創刊された『読売新聞』を模したものであったという。[注4]この新聞は東京からやってきた茂中貞次と宇田川文海の兄弟によるものだった。文海はこれ以後、大阪の新聞、そして芝居に大いに影響を与えることになるが、自ら創刊した『浪花新聞』とは、社主の交代等の事情があり明治十年夏に袂を分かつ。その後、文海は『大阪日日新聞』等に執筆するが、その間の十二年一月に、『朝日新聞』が創刊された。十三年八月に文海は『朝日新聞』に入社、一時他紙に引き抜かれていたことはあったが（十八年十月～十九年八月）、二十二年に退社するまで、続き物・小説に力を入れた『朝日新聞』の紙上で、岡野半牧と人気を二分した。[注5]

『浪花新聞』や『朝日新聞』は庶民向けのわかりやすい内容や表記による、いわゆる小新聞であった。論説等を中心とした大新聞では、明治九年二月創刊の『大坂日報』（のち『大阪日報』）が大阪で最初である。この『大坂日報』はのちに『大阪毎日新聞』となり、小説の掲載にも力を入れ、『朝日新聞』と並んで芝居に題材を提供することとなる。[注6]一方、通俗的な話題を中心とした記事に錦絵を添えた錦絵新聞という刊行物も現れた。大阪で

は『浪花新聞』よりも少し早い明治八年二月頃から十年頃にかけて十七種の錦絵新聞が刊行されたという。▼注[7]
大阪の歌舞伎に最初に影響を与えた「新聞」は、この錦絵新聞であった。本章第二節でも触れたように、明治八年七月筑後芝居の「新聞詞錦絵」は複数の錦絵新聞に基づいて脚色されたと考えられることが、佐藤かつらによって指摘されている。▼注[8]また、同氏は若太夫芝居で「報知新聞の内へ大坂錦画新聞を加へたる新狂言」が上演されるという『郵便報知新聞』の記事（明治八年七月十六日）を紹介し、これを九月に若太夫芝居で上演された「勧善懲悪雅文談」かと推定している。同興行の番付▼注[9]を見ると、「勧善懲悪雅文談」には、「松林伯円が東京土産の報知新聞／石川一口が難波講義の日日新聞」という角書が付されており、同作が新聞を利用したものであることを裏付ける。ここで脚色に用いられたという「報知新聞」は日刊紙の『郵便報知新聞』ではなく、その記事を流用した同名の錦絵新聞であろうか。同紙の記事には講釈師松林伯円《しょうりんはくえん》の名がしばしば見える。さらに、次の記事によれば、伯円はこの時期来阪中であった。

彼有名雄弁なる松林伯円は、去二十六日、新潟丸に打込で難波の土地へ出講釈をなし、法善寺といふ同所第一の席亭に上り、報知新聞を主となし「近世史略」等を演舌したるに、同業石川一口が周旋にて聴衆追々繁昌すれば、「新聞をば日々滞りなくよこして下され。此方よりも同所の景況を知らせます」といふ報知がありました。

（『郵便報知新聞』明治八年七月七日）▼注[10]

記事にも名前の見える石川一口は大阪講談界の改良を志した講釈師で、後には狂言作者にもなった人物である。▼注[11]
これ以後にも来阪した伯円が一口のもとに宿泊したり、一口が法善寺境内に所有していた寄席に出演するなどしており、伯円との交遊のほどが伺われる。伯円同様に一口も新聞の内容を口演することがあったことが、やや後の記事ではあるが報じられている。

講談師石川一口が去る十七日の夜、上本町三丁目の寄席へ出で、中坐に故大久保内務卿が赤坂喰違ひにて害に遇ひ玉ひし事件を演舌せしかば、来客は驚きたる面もちにて聞居しが、軈《やが》て藤山某と云へる客が一口に向ひ、「如何に先生、只今講じたる事は十四日なりと云はるるが、速かに知れしのみか、最《いと》も巨細なるは、若しや先生の作にはあらざるや」と問ひければ、一口は懐中より十五日刊行の報知新聞を取出して藤山に示せしかば、同人を始め場中の人々は、何れも其到達の速かなるに驚きしと云。

（『郵便報知新聞』明治十一年五月二十四日）▼注[12]

明治十一年五月十四日朝の内務卿大久保利通暗殺事件、いわゆる紀尾井坂の変を講釈に仕立て、十七日夜に早くも大阪の寄席で口演したというのである。明治八年の時点で一口が新聞による講釈を行っていたとする確証はないが、先に引いた番付の角書からは、一口もすでに大阪の寄席で錦絵新聞を題材とした口演を行っており、東京で同じく新聞を高座に取り入れていた伯円の来阪を機に、それを芝居に脚色したと考えるのが自然であろう。

右に挙げた例は大阪で日刊紙が刊行される以前のことであったが、明治八年十二月の『浪花新聞』創刊以後は、歌舞伎と新聞はどのように関わっていったのであろうか。その関係を論じる前に、踏まえておくべきだと思われるのは、新聞と歌舞伎以外の芸能との関係である。講釈についてはすでに、東京の松林伯円の来阪と、石川一口が大久保利通暗殺を事件後短期間で読み物とした例を右に挙げた。講釈だけでなく、即興的な寸劇である俄にも新聞は利用された。明治期の大阪および京都において行われた「新聞俄」については、すでに宮田繁幸、福井純子による論考があるが、[注13]いずれも新聞俄の興行が最初に報じられたのは、次に掲げる明治九年八月十四日の『浪花新聞』の記事であるとしている。

●博労町の難波神社の境内にて新聞二わかを初めましたが、殊の外人気も能く、宵のうちから大入でおます。

明治八年十二月の『浪花新聞』創刊から九ヶ月で早くも新聞は俄に利用されたのである。宮田は、新聞俄を二つの類型に大別できるとしている。その第一は、次のようなものである。

新聞の雑報中から面白い記事を選んで舞台化するもので、事件そのものの興味に依存した、極めて際物性の強いものである。ここでネタとされた事件は、怪談・心中・密通等の卑俗な事件であり、いわば市井のスキャンダル暴露記事であった。[注14]

草創期にあり、部数拡大を目指していた新聞は、「この暴露的新聞俄を歓迎」し、「新聞俄の流行を煽るが如き姿勢を続けた」というが、十四、五年頃にはこうした新聞俄のあり方に対する批判が強まり、十四年四月には、俄を上演した寄席の席元が提訴され、罰金刑に処されるといった事態が現れる。[注15]

第二の類型として宮田が挙げるのは、新聞の続き物を題材とした新聞俄である。新聞の雑報欄で、事件の記事の分量が多くなると、数回にわたって連載を行うようになる。これが続き物であり、『東京絵入新聞』に八年十一月二十九・三十日の両日掲載された「岩田八十八のはなし」がその最初であるとされる。その後、続き物は連載回数を増やし、物語的要素を強めていく。大阪においては、十一年に『大阪日報』に連載された（八月二十二日〜九月一日）敵討物の「広井盤之助復讐始末」に始まり、時代物の続き物が書かれた。十二年一月創刊の『朝日新聞』でも当初は時代物の続き物が掲載されるが、十三年十月十七日から十二月十六日にかけて連載された「夢の余波《なごり》」は、西南戦争に取材した現代物で、十四年以降『朝日新聞』には、時代物と現代物の両方が載るようになった。▼注[16] このような新聞続き物は、「事件の背景となった人物関係や前後の話を戯作風に綴るというストーリー性を持ったものであったため、劇化はより容易であったと思われる」と宮田は指摘し、さらに次のように続ける。

上演台本が確認できないため、具体的な俄の内容は不明ではあるが、恐らく第一類型のようにその原話自体の猥褻性・滑稽性を拡大するのではなくして、従来から磨かれたパロディの手法を積極的に駆使するものではなかったろうか。このことは、人気を得た続き物の多くがまず歌舞伎で上演され、俄がそれに続いたという事情からも類推できる。▼注[17]

続き物を原作とした新聞俄が、それに先行する歌舞伎の狂言をパロディ化したものであったという宮田の論を紹介したところで、歌舞伎と新聞の関係という本題に移りたい。

二、新聞続き物の歌舞伎化

新聞の雑報記事が続き物へと発展していくとともに、新聞俄の内容にも変化があったというが、歌舞伎の場合はどうだったのだろうか。先に触れたように、明治八年頃には錦絵新聞に取材した狂言の上演が見られたのだが、その後本格的な日刊紙が刊行され、俄においてその雑報記事に注目した演目が上演されるに及んでも、歌舞伎の方では意外に新聞を題材とした狂言の上演は少ない。明治九年から十一年頃の新作狂言は、主に桜田門外の変や戊辰戦争等の幕末維新期の社会的事件を脚色したものであり（本章第一節および第五節参照）、新聞俄のように「卑俗な事件」を芝居に仕組むことはあまりなかった。次の例などはその数少ないものである。

○九百三十五号、六号へ出した大坂の御霊社内の小屋で、古靭太夫を殺し、自分も喉をついて死んだ梶徳の事を狂言作者の勝諺造が「新聞翌日噂《しんぶんあすのうはさ》」といふ名題で三幕物の狂言に作り、役者は中村喜代三、市川猿造、嵐珏造、浅尾友造などで、近々に同所堀江の芝居で興行するといふ。（『読売新聞』明治十一年三月二十二日）

また、同年三月に戎座で上演された「西南夢物語」は、役割番付▼注[18]の外題の上に「狂言の世界報知新聞／脚色の大意は戦地直報」という角書が付されている。「戦地直報」は、犬養毅が西南戦争に従軍して執筆したルポルタージュ記事で、『郵便報知新聞』に連載された。「西南夢物語」の脚色にあたって犬養の「戦地直報」が参照されたのであろう（明治十一年四月五日の『郵便報知新聞』に、石川一口の同作への関与を示唆する記事があるので、あるいは一口が「戦地直報」を元にした講釈を行っており、それがさらに歌舞伎化された可能性もある）。

続いて、大阪に先駆けて現代物の続き物を掲載した東京の新聞からの脚色が見られるようになる。明治十二年五月の戎座では、久保田彦作が『かなよみ』に十年十二月から十一年一月にかけて執筆した続き物「鳥追お松の伝」

を脚色した「鳥追於松海上話」が上演された。▼注[19] 十四年四月角の芝居「撮紋鮮血染野晒」は、『いろは新聞』の続き物「団泰二の話」による。また、『大阪日報』の続き物による十三年三月中の芝居の「浪花春梅子聞書」、新聞ではないが、朝日新聞社発行の雑誌『浪華叢談蒹葭具佐』に連載された転々堂主人の「澱屋形黄金の二世鶏」を原作とする十四年一月中の芝居「淀屋橋黄金の鶏」等の試みも現れるが、大阪の歌舞伎が新聞続き物を題材として本格的に用いるようになるのは、『朝日新聞』が現代物の続き物を掲載するようになる明治十四年以降である。『朝日新聞』に十四年四月七日から六月九日まで連載された「邯鄲廻転閨白浪《かんたんがへしねやのしらなみ》」（小野米吉作）と、その続編「梅《つ》雨《ゆ》の窓短夜談《まどみじかよがたり》」（岡野半牧作、六月十八日～八月十一日）が諸座で歌舞伎化され、さらに、それをパロディ化した俄が上演されたことが宮田によって紹介されている。▼注[20] この両作品は、実在の女盗賊村上梅次を主人公とするものであった。大阪の小新聞において、物語性を持った現代物の続き物が発生したことで、新聞脚色の主舞台は俄から歌舞伎へと移っていったのである。「梅雨の窓短夜談」の脚色は、

○予て紙上へ掲げたる梅雨の窓短夜談を目今、府下並に他府県にて興行なし居る総計を算《かぞ》ふるに、府下の各芝居に四ヶ所（弁天座、朝日座、堀江座、天満芝居）、但し天満のは近日より初める由。講釈六ヶ所（法善寺、座摩、天神社内、其外所々）、俄狂言三ヶ所（堀江明楽座を始め所々）、西京道場にて芝居一ヶ所、同地講釈二ヶ所（祇園町切通し）、其外長州下の関の芝居へ当地の中の芝居が乗込の上興行する由。又、不日備前岡山の乗込も同狂言を演ずる筈なりと幕内での咄し。

（『朝日新聞』明治十四年八月二十一日）

という如く、大流行を見せた。これによって、以降の新聞続き物の連続脚色上演への道が開けた。続いて十四年

十月に堀江芝居で上演された「輪回応報小車譚」は八月五日から九月九日まで『朝日新聞』に連載された「輪廻応報小車物語《りんえおうほうおぐるまものがたり》」の脚色で、幕末の元治元年を発端とする時代物であった。そして、十五年九月中の芝居「盛名橘北国奇談」（原作は「北国奇談檐の橘《のきたちばな》」）以降、舞台を幕末期に設定する時代物こそが初期の新聞続き物脚色狂言の中の主流となるのである。そのような時代物の続き物を手掛けた作家中最大の人物は宇田川文海であった。文海が二十二年に『朝日新聞』を退社するまでの間に執筆した続き物で、歌舞伎に脚色されたものを挙げると、次の通りである。▼注[21]

①「北国奇談檐の橘」（十五年五月七日～七月十五日）
　→「盛名橘北国奇談」（十五年九月・中の芝居）

②「浮萍断夢《ゆめ》の手枕《たまくら》」（十六年四月六日～六月三日）
　→「御伽話夢の手枕」（十六年七月・堀江芝居）
　「朝日輝夢《あさひさすゆめ》の手枕《たまくら》」（十六年八月・北の新地芝居）
　「短夜夢朝日手枕《なつのゆめあさひのたまくら》」（十六年九月・中の芝居）

③「勤王佐幕巷説二葉松《こうせつふたばのまつ》」（十六年十月十六日～十七年一月二十五日）
　→「若緑二葉松」（十七年三月・戎座）

④「猿猴阿申新年第一筆《ことしのかきぞめ》」（十七年一月二十七日～四月五日）
　→「真似浪花朝日俤」（十七年五月・中の芝居）

⑤「雁信壺の碑《かりのつてつぼいしぶみ》」（十五年八月三十一日～十月三十一日）

↓「雪中松貞忠美談《ゆきのみさおていちゅうびだん》」（十七年八月・中の芝居）
⑥「雲間月《くもまのつき》」（十七年七月九日～八月十日）
↓「朝日新聞雲間月」（十七年十月・堀江市の側芝居）
⑦「朝桜日本魂《あさざくらやまとだましい》」（十七年十一月七日～十八年三月一日）
↓「朝桜日本魂」（十八年二月・弁天座）
⑧「怠惰勉強心組織《うらおもてこころのあやおり》」（十七年四月六日～五月十三日）
↓「怠惰勉強心組織」（十八年四月・朝日座）
⑨「何桜彼桜銭世中《さくらどきぜにのよのなか》」（十八年四月十日～五月二十二日）
↓「何桜彼桜銭世中」（十八年五月・戎座）
⑩「人形筆有馬土産《にんぎようふでありまのいえづと》」（十八年九月二十三日～十二月三日）
↓「人形筆有馬土産」（十八年十一月・朝日座）
⑪「紫藤花《しとうか》」（二十一年十二月二十五日～二十二年三月三十一日）
↓「影写朝日紫藤花《かげうつすあさひのしとうか》」（二十二年五月・浪花座）

紙面もしくは単行本に署名している作品（確実に文海作と認定できる作品）だけで、約七年で十一作を提供しており、岡野半牧《はんぼく》ら他の作者の作品と併せて、同時期の新作狂言の大部分が『朝日新聞』に連載された続き物の脚色という状況であった。⑤「雁信壺の碑」のように、二年も前の旧作が持ち出されることや、⑨「何桜彼桜銭世中」、⑩「人形筆有馬土産」の如く、連載完結以前に上演が行われることがあったところからも、流行の程がわかる。こうした新聞続き物の脚色を、新聞社の側も歓迎したことは、文海が次のように記していることからも知れる。

是に因て演劇《しばゐ》が評判を博するばかりでなく、新聞紙も亦声価を増したので、其時分の新聞社は、その社の新聞小説が、脚本として舞台に上せられると、引幕を贈つて花を添へた。▼注[22]

新聞俄の場合も、後には俄師の行き過ぎた行動（俄で不都合な事件等を脚色しない代わりに、当事者から金銭を要求するなど）に対して、新聞の側からも批判が上がるようなことがあったとはいえ、新聞社は俄への脚色を歓迎した。また、物語性の強い続き物の歌舞伎化が開始される以前にも、先述した「西南夢物語」上演の際に、題材となった「戦地直報」を掲載した『郵便報知新聞』の大阪支局が初日から千秋楽まで桟敷一間を買い切りにしたという。▼注[23] 誕生間もないメディアであった新聞にとって、演劇や演芸といった大衆娯楽での脚色は、大きな宣伝効果を持っていたのであろう。

新聞と劇場との関係が、続き物自体に影響を与えたことも指摘されている。尾澤良三は、新聞続き物の脚色を多数手掛けた三代目勝諺蔵が、続き物の作者に対して、「未だ××を殺さない様に頼む」というような、物語の筋に関わるような要望を出すこともあり、続き物作者はその希望を巧みに取り入れたという狂言作者勝言二の回想を紹介している。▼注[24] では、歌舞伎化された続き物はどのような作品で、その脚色はどういった態度でなされたのであろうか。

三、原作との距離

「若緑二葉松」（十七年三月戎座）は数多くの新聞続き物脚色狂言の中でも屈指の人気を誇り、大正期に至るまで上演され続けた。その原作は十一年十月十六日から翌年一月二十五日まで『朝日新聞』に連載された文海の「巷説二葉松」（全六十回）である。筋は、勤王と佐幕に二分された幕末の「某藩」において、佐幕派の若松三左衛門が勤王派の宮津左京に論破されたのを遺恨として、藩主の側室や医師寺内親則の暗殺を始め数々の悪事を行うが、藩主と左京によって追い詰められ、切腹するというものである。父の暗殺が藩主によるものと思い込んだ寺内親則の娘妙子が、城内の舞の催しにおいて「浅妻舟」を舞いながら藩主への復讐を企てる趣向や、三左衛門によって苦境に追い込まれた忠臣青山小三郎を救うための継母の自害など、演劇的な趣向が多々見られ、文海の作品が「初代柳亭種彦に学び構想にすぐれ、演劇的で会話が多く地の文が少なかった上に最初から劇化されることを予定して当時の上方役者の芸風に応じて人物を設定した」[注25]と指摘されているのが頷ける内容である。

「若緑二葉松」同様、明治期に大阪でたびたび再演された[注26]「雪中松貞忠美談」（十七年八月中の芝居）の原作「雁信壺の碑」は全五十回から成り、幕末の松前藩における架空の御家騒動を描く。内容は藩主松前志摩守忠広の側室鈴の方と、その愛人で側用人の島田弥太郎が結託して御家横領を企むのに対して、忠臣の池沢君太郎と川村藤次郎、彼らに縁ある百姓惣右衛門とその妹八重らが、鈴の方に命を狙われるもう一人の側室松の方を守護しつつ立ち向かい、悪を滅ぼすというものである。弥太郎と鈴の方が取り替え子を企むなどの設定は柳沢騒動等、これ以前に劇化されている数々の御家騒動物の類型を利用している。また、池沢の家来筋にあたる漁師権六が、弥太郎の妻おたみが夫の悪事を江戸家老渡辺隼人に訴えるために遣わした使者を誤って射殺し、懐中から手紙と財布を抜き取る件は浄瑠璃「仮名手本忠臣蔵」（寛延元年八月大坂・竹本座）の五段目、荷物の取り違えから池沢がかつての主人の子息であると気付く点は「義経千本桜」（延享四年十一月大坂・竹本座）三段目の設定を借りたものと思われ、やはり演劇的な趣向が目に付く。

先に列挙した文海作品の中では、「雲間月」「紫藤花」も幕末から明治初年の大名家における内紛を描いており、御家騒動物は時代物の新聞続き物の典型的なものであった。右に引いたように文海の作品は「最初から劇化されることを予定」していたという指摘があり、このことは先に引いた勝言二の言葉等から裏付けられるが、その脚色はどのようにしてなされたのであろうか。まず、歌舞伎「若緑二葉松」の内容を見ると、▼注[27]原作「巷説二葉松」に極めて忠実に脚色されていることがわかる。相違点としては、原作で「某」とのみ記される藩主に「大領重信」という名が与えられている（役者が演じる以上当然である）ことや、結末部の内容を挙げることができる。原作の結末は藩主暗殺に失敗する夢を見た三左衛門が目を覚ますと、手下の松田文吾が先非を悔いて自害しているのを目にし、自らも悪事を後悔して藩主の前で切腹するというものであるのに対して、歌舞伎では原作で三左衛門が見た夢の内容を現実として演じている。すなわち、藩主を鉄砲で狙撃するも、それは文吾による身替わりであり、気付くとすでに藩主や忠臣たちに包囲されているという展開になっており、もはや逃れようのないことを知った三左衛門はその場で切腹する。敵役が忠臣たちに包囲され進退窮まるのは、御家騒動物の典型的な幕切れの形であり、ここではそれに沿った形を取ったものであろう。

「雪中松貞忠美談」の場合も、敵役の島田弥太郎が最後まで藩主毒殺を企てるなどするも、最後は愛人の鈴の方が罪を白状したことを知って観念するという原作の結末が、大立ち廻りの末切腹するという歌舞伎の御家騒動物の一般的な幕切れに改められている。▼注[28]ただし、同作の場合は「若緑二葉松」に比べると原作から離れた点もい

くつかあり、大きな相違点として、

・登場人物の名前（島田弥太郎が安井隼太郎となっているなど）。

・原作における川村と池沢を一人にしたような「木津源八郎」が登場し、三幕目に源八郎の盲目の姉が、弟の忠義の邪魔にならぬように自害するという、原作にない内容の「木津源八郎屋敷の場」（義太夫入り）が組み込まれること。

という二点を挙げることができる。登場人物の名前の変更の理由は判然としないが、松前藩の関係者等を憚ったものであろうか。「雁信壺の碑」の内容は史実ではなく、実在の松前藩主に「松前忠広」はいないものの、歴代藩主の名には「広」の字が入っている。また、文海らの時代物の新聞続き物の多くには、「史実」を記すことを建前とする執筆態度が見られるという指摘もあり、▼注[29] 実説と取られることを嫌った松前藩の関係筋から横槍が入ることを見越しての改変かもしれない。原作通りの役名を用いる「若緑二葉松」の場合、原作で舞台となる藩の名も、藩主の名も明示されていない（渥美清太郎は「紀州家ではないかと思う」▼注[30]と記している）。一方、第二の改変は二人の忠臣を一人にまとめることで、より主演の役者を引き立てるとともに、義太夫を用いた愁嘆場▼注[31]を設けることで、観客の興味を惹いたのであろう。

続き物の脚色ではないが、三遊亭円朝の人情噺「英国孝子之伝《えいこくこうしのでん》」を東京で黙阿弥が脚色した「西洋噺日本写絵《せいようばなしにほんのうつしえ》」（明治十九年一月新富座）に比べ、上方でそれをさらに改作した「飜訳西洋話《ほんやくせいようばなし》」（二十年十一月浪花座）は枝葉末節の肥大化によって旧来の世話狂言的な印象を濃くしているだけでなく、主人公の人物造形に関わるような点にも改変が見られる（第一章第四節参照）。「雪中松貞忠美談」や「飜訳西洋話」の例からは、当時の上方では原作に対する忠実さは必ずしも重視されていなかったようにも見える。しかし、これより少し早い時期に大阪で上演された狂言を見ると、例えば「千石積湊大入船《せんごくづみみなとのいりふね》」（七年九月筑後芝居）は、講談「仙石騒動」を原作に持つが、主人公神谷転《うたた》が佞臣の計略で自ら毒薬を飲まねばならない状況となり、命を失うも、落雷の衝撃で蘇生したり、転が遊女屋で悪人と出くわし、恋人の遊女もろとも捕らえられてしまうという夢の場面が仕組まれていたりするなど、全編にわたって原作を大幅に離れた大時代な脚色がなされている。これに対して、十年代以降の新聞続き物の脚色では、「木津源八郎屋敷の場」のような類型的な愁嘆場の挿入といった例は見られ、東京の黙阿弥の極めて原作に忠実な態度▼注[32]には及ばないものの、原作の展開を大きく外れることはない。右に挙げたのは時代物の新聞続き物を脚色した例であるが、現代物の場合にも原作に対して忠実な脚色態度が見られることが指摘されている。▼注[33]

より原作に忠実な脚色が行われるようになった背景には、次のような事情があったと思われる。すなわち、新聞続き物狂言の番付を見ると、「朝日新聞を其儘に綴り上たる狂言」（十四年十月堀江芝居「輪回応報小車譚」）、「朝日新聞そのまゝにて」（二十年一月新町座「月暈明治廼国定」）、「朝日新聞を其儘に引写して」（二十二年十一月弁天座「如菩薩如夜叉」）、「朝日新聞にておなじみのつゞきものを其儘脚色て」（二十三年一月中劇場「田簑月写俤」）といった文句がたびたび用いられることに気付く。尾澤良三は続き物が劇化されることで、「新聞も売行きを増加し、劇場は愛読者の入場者を吸収し、相関的な相互扶助的な関係が、こゝに樹立した▼注[34]」とする。こうした相乗効果を狙うためには、原作からあまりに大きく逸脱した脚色を行うわけにはいかなかったのではないか。

おわりに

以上、上方における新聞と歌舞伎およびその周辺芸能の関係について見てきた。新聞の歌舞伎への利用はまず、錦絵新聞を利用した歌舞伎狂言の上演に始まり、日刊紙の雑報記事は講談、俄といった歌舞伎の周辺の芸能に取り入れられた。続いて続き物が成立するとそれが歌舞伎の原作となり、明治十年代以降の大阪では頻繁に新聞続き物に基づく芝居が上演された。そうした作品の脚色態度を見ていくと、「若緑二葉松」にせよ「雪中松貞忠美談」にせよ、それよりも以前の講談を原作とする狂言などと比べると、原作に忠実な脚色がなされていることがわかる。そこには相乗効果によってそれぞれ観客と読者を増やそうとする劇場と新聞社の意図があったと推測される。新聞続き物の脚色が始まったことで、大阪劇壇において、より原作に忠実な脚色態度が見られるようになったとは言いながら、例えば右の両作品がいずれも幕切れを従来の御家騒動物の定型に当てはまるものに改めていたり、「雪中松貞忠美談」で義太夫入りの愁嘆場が原作と無関係に挿入されていたりすることは、同時期の東京における黙阿弥の原作に対する態度などと比較すると、今日の目からは「旧弊」に見えるかもしれない。しかし、新聞社と劇場の利害関係の一致という背景はあったにせよ、明治十年代に始まった続き物の歌舞伎化が三十年代に至るまで数え切れないほど上演されたのは、そこに存在した、それまでの芝居とは違う新しさが観客の心を掴んだからに他ならないであろう。新聞というメディアは明治期大阪の歌舞伎にとって、極めて重要な意味を持つ存在だったのである。

【注】

［1］幕末から「新聞」を称する印刷物は発行されたが、日刊紙は明治三年末に創刊された『横浜毎日新聞』が日本初である。

［2］小笠原幹夫「新聞小説の劇化について」（『歌舞伎から新派へ』翰林書房、平成八年所収）、佐藤かつら『歌舞伎の幕末・明治　小芝居の時代』（ぺりかん社、平成二十二年）など。

［3］注2前掲書、二二九頁。

［4］平野翠「明治期大阪の出版と新聞」『近代大阪の出版』創元社、平成二十二年、三十九頁。

［5］「宇田川文海」『近代文学研究叢書』第三十一巻、昭和女子大学光葉会、昭和四十五年。

［6］平野、注4前掲論文。

［7］土屋礼子『大阪の錦絵新聞』三元社、平成七年。

［8］注2前掲書、二五二～二六〇頁。

［9］国立劇場近代歌舞伎年表編纂室編『近代歌舞伎年表　大阪篇』第一巻（八木書店、昭和六十一年）所収。

［10］倉田喜弘『明治の演芸（一）』（国立劇場調査養成部芸能調査室、昭和五十五年）による。

［11］石川一口の名跡は四代あり、二代目の襲名が嘉永四年であったことは関根黙庵『講談落語今昔譚』に記されているが、この他は名跡の継承時期等が詳らかでない。この一口は三代目と思われるが、明治十年代には複数の人物が同時に一口を名乗っていた形跡もある。明治十七年に狂言作者に転じたという（『朝日新聞』明治十七年十月十二日。なお、同紙十一月十五日に一口本人による引き祝いの広告が掲載されている）。さらに、彼は九月十五日の『朝日新聞』によれば、並木正三の名跡を継承したという。

［12］注10前掲書。

［13］宮田繁幸「近代俄の出発点――新聞俄と改良俄――」（『早稲田大学大学院文学研究科紀要別冊』第十七集（文学・芸術編）、平成三年一月）、福井純子「新聞にわかの空間」（『メディア史研究』第十五号、平成十五年十一月）など。

［14］宮田、注13前掲論文。

［15］宮田、注13前掲論文。

［16］本田康雄「続き物（新聞小説）概説」『埼玉短期大学研究紀要』第十二号、平成十五年三月。

［17］注13前掲論文。

［18］注9前掲書所収。

［19］東京ではすでに前年春木座で「廿四時改正新話《にじゅうよじかいせいしんわ》」として脚色上演されているが、同興行の絵本番付から推測する限り、大阪での上演とは異なる脚色によるようである
［20］注13前掲論文。なお、両作品上演の背景には黙阿弥の「綴合於伝仮名書《とじあわせおでんのかなぶみ》」の大阪での上演があった可能性は本章第二節で触れた。

［21］『朝日新聞』の続き物は多くの場合、無署名であるので、単行本化された際の作者名を参考にした。なお、当時の『朝日新聞』の続き物が文海一人によって執筆されたものではなく、常に助作者的立場の人物が関わったことが指摘されている（注5前掲書）。

［22］宇田川文海「勝能進と勝諺蔵」『上方趣味』大正十四年春の巻、大正十四年一月。

［23］『読売新聞』明治十一年二月二十七日。

［24］尾澤良三「勝諺造伝」『女形今昔譚　明治演劇史考』筑摩書房、昭和十六年、三八七頁。

［25］注5前掲書、二二六頁。

［26］明治十七年八月中の芝居の初演後、明治年間には、十八年九月堀江明楽座、二十二年五月中の芝居、三十年六月角の芝居、三十三年二月弁天座での上演が確認できる。

［27］『演劇脚本　勤王佐幕　若緑二葉松』（中西貞行、刊年不明）を参照。

［28］「雪中松貞忠美談」の台本は演劇博物館所蔵本（イ―433―1〜8）および『演劇脚本　雪中松貞忠美談』（中西貞行、明治二十八年）を参照した。

［29］小池正胤「文海・桃水・渋柿園の新聞小説――戯作文学の投影の一断面――」『文学』第三十四巻第九号、昭和四十一年九月。

［30］渥美清太郎『系統別歌舞伎戯曲解題』下の二、日本芸術文化振興会、平成二十四年、二六頁。

［31］男女は逆になるが、盲目の弟が自害して敵討ちに出発する姉を送るという浄瑠璃「彦山権現誓助剣」（天明六年十月大坂・道頓堀東の芝居）五段目の設定を借りたものか。

［32］第一章第四節参照。

［33］小笠原幹夫「散切物の展開とその限界──『撮紋鮮血染野晒』をめぐって」、注2前掲書所収。

［34］注24前掲書、三八七頁。

第六節　明治期上方板役者評判記とその周辺

はじめに

本節では明治期に大阪および京都で刊行された役者評判記の概要、刊行の背景、刊行に関わった人々の人物関係等を考察する。明治期上方板の役者評判記には大きく分けて、活版印刷によるものと、木版で刊行され近世期の役者評判記の形式を墨守するものの二系統があるが、前者については東京で刊行され明治期の役者評判記の代表的存在とされている六二連『俳優評判記《やくしゃひょうばんき》』からの影響を指摘し、後者については出版の意図に関して先行研究とは異なる見解を提示する。本章第一節では、上演される芝居そのものや、劇場、興行の仕組みなどの面で、明治前期の上方劇壇が東京劇壇から受けた影響の実態を見た。本節の考察からは、これに加えて劇場周辺の出版の面でも明治前期の上方劇壇に東京からの影響が見られることを示すとともに、上方の観客の傾向についても触れたい。

一、明治期の役者評判記

まず、明治期の役者評判記について簡単に整理しておく。『演劇百科大事典』（平凡社、昭和三十五〜七年）において役者評判記は次のように説明される（守随憲治執筆）。

歌舞伎劇書。江戸から明治初期にかけて三都を中心に刊行された役者の批評書。〔中略〕現存最古のものは万治二年（一六五九）の『野郎虫』である。のちに役者評判記として年々刊行されるようになった書物の内容形式は、元禄一二年（一六九九）刊の『役者口三味線』にいたって整ったとみられる。〔中略〕『役者口三味線』によって京・大阪・江戸と三都にわたり各一冊すなわち三冊物として黒表紙小形の横本形式に定まった。元禄年代末ごろから正月・三月と一年に二度刊行されて、正月版は前年の顔見世狂言について、三月版は春狂言について記すようになった。享保年度末には名古屋の芝居の評判記も生れた。かくて幕末になり維新後は東京中心になって、明治二〇年代におよんだ。明治一〇年代の六二連の評判は有名だったが、劇評が新聞にのるようになってから、評判記はおのずから消滅した。〔後略〕

〔前略〕明治（一八六八〜一九一二）年代にはいると『俳優評判記』の名目で刊行され、東京では早く翫菊庵訥山、一〇年前後からは梅素玄魚・高須高燕・富田砂燕らに六二連が補筆として加わり、仮名垣魯文が序を書きなどした。これらは主として新富座に対するものであったが、ほかに守田座・猿若座・市村座などの分も分《ママ》ている。四文舎戯笑・梨月散人・伊東橋塘・山田仙魚・山口伊之助らの執筆になる。二五年に『新評判記』が出た。大阪では一〇年代に、中井恒治郎・岸村誠具・戸倉忠雄らによって、角座・中座・戎座などの『俳優評判記』が刊行された。大部分は黒表紙横本である。

近世期、「三冊物」、「黒表紙小形の横本形式」を基本とし、毎年刊行された役者評判記は明治期になると興行単位で刊行されるようになった。そうした明治期の役者評判記の中で特に有名であり、代表的存在とみなされているのが、右の引用中でも紹介される六二連の『俳優評判記』▼注[1]である。六二連は明治期の東京で活動した観劇団体であり、その活動は次のようなものであったという。

六二連というのは、明治初期に数多く存在した観劇団体の一つで、常に劇場の最も見やすい枡席、東(上手)から六番目、前から二つ目の枡に陣取って観劇したので、この名称が付いたといわれている。〔後略〕
六二連は、観劇だけでなく、遊食会・新年の手拭い合わせなどの親睦行事、劇場・役者などへの引幕贈呈、劇場の行事への出席、そして本書『俳優評判記』の発行、『歌舞伎新報』への合評の投稿など巾広く活動していた。▼注[2]

六二連の活動の中でも『俳優評判記』の刊行は特に興味深いものといえるが、その特色は池山晃が次のようにまとめている。

観劇団体六二連によって製作された『俳優評判記』は、明治十一年から十九年までの間に二十七編までが刊行された。その基本的特徴としては、

・黒色表紙、横本という外形的特徴を、江戸期の役者評判記から踏襲する。
・毎号ではないが、これも役者評判記を踏襲して役者目録を載せ、位付と見立を付す。
・劇評の対象は当時の大劇場であった新富座を主とし、他座はもっぱら「付リ」（「袋」の記載）という位置づけである。
・評文は一見対話形式をとるが、連の人々による評に、投書による評を組み込んだものである（□○などの記号で区別をする）。
などの点があげられる。▼注[3]

なお、この他に、役者ごとに評を掲げるのが普通であった近世期の役者評判記と異なり、狂言の各場ごとに評を記していく形式を導入したことも特徴といえよう。「明治初期に数多く存在した観劇団体」の関与が窺える役者評判記としては、東京では他に「水魚連」の一員である赤塚錦三郎が明治十五年五月に刊行した『役者評判記市村座五月狂言』があるが、▼注[4]六二連『俳優評判記』のように単行本の形で二十七編まで刊行が続いたというような例はない。一方で明治前期の上方においては、「櫓連」という団体の編による役者評判記が、六二連に比べればはるかに短い二年程度という期間であるが、連続して刊行された他、いずれも活版で印刷された六二連や櫓連の役者評判記とは、まったく方向性を異にする別系統の役者評判記の刊行も見られる。しかしながら、これら明治期上方板役者評判記に関する考察はいまだ十分なものとはいえない。以下、明治期上方における役者評判記についてて見ていきたい。

二、明治期上方板役者評判記（一）——櫓連系——

先に引いた『演劇百科大事典』では、明治期上方の役者評判記について、「大阪では一〇年代に、中井恒治郎・岸村誠具・戸倉忠雄らによって、角座、中座、戎座などの『俳優評判記』が刊行された。大部分は黒表紙横本である」と記していた。さらに、中井恒次郎編のものは木版・横本といった近世以来の形式を頑なに守るものであり、活版印刷による本文を持つ岸村、戸倉らの役者評判記（先述の櫓連によって編まれ、華本文昌堂から出版された）と系統が異なること、中井の役者評判記は京都においても刊行されたことなどが荻田清によって指摘されている。[注6] 荻田は明治期上方の役者評判記を「文昌堂華本安次郎系統のもの」と「中井恒次郎系統のもの」に大別した上で、主に後者に関して紹介を行っているが、以下の論考では版型や本文の形式といった点や出版の意図等に注目し、両系統について見ていきたい。なお、荻田による二系統の分類には異論がないが、前者については六二連『俳優評判記』との整合性等も考慮して「櫓連系統」と呼ぶことにする。また、この二系統に分類しきれない役者評判記がごく少数だが存在することも指摘しておきたい。[注7] 筆者が現在までに刊行もしくは、その予定の存在を把握している明治期上方板役者評判記は、本節末尾の表５「明治期上方板役者評判記一覧」に示した十六点である（ただし、単行本の形を取るのは十四点）。

さて、まず櫓連系の役者評判記の刊行について見ていく。櫓連系の役者評判記は表の番号①④⑤⑦⑨⑩⑭⑮⑯の九点である。このうち⑮⑯は単行本の形を取っていないので除外するとして、①から⑭までの七点が十一年四月から十三年二月までの約二年間に刊行されたことになる。六二連『俳優評判記』の足かけ七年、二十七編に比べるとはるかに短命であるが、ほぼすべてが単発に終わった「非六二連」の役者評判記としては異例の点数である。

櫓連系役者評判記の最初のものは、明治十一年四月十六日刊（奥付）の①『角の芝居二の替り役者評判記』である。三月二十二日初日の角の芝居の興行（「高根雪伊達実記《こがねさくだてのじつせつ》」「胡蝶夢戯洋行《ゆめじのたびせいようめぐり》」）を評の対象としたこの役者評判記は、その刊行が六二連『俳優評判記』（明治十一年十一月初編刊）よりも約半年早く、いち早く本文に活版印刷を用いている点がまず目を引く。外形を見ると、表紙は木版摺付で縦長（十八・五×十二・六糎）の版型であり、黒表紙の横本という近世期役者評判記の体裁とはだいぶ様子が異なる。一方で、活版という新しい印刷方法によって記された本文を見てみると、役者ごとに、「ヒイキ」「芝居好」「無駄口」等の架空人物の対話形式で評文を記すという近世以来の形式が守られている。このような形式は、櫓連系役者評判記の第二弾である④『中の芝居二の替り役者評判記』（明治十一年五月十八日刊）でも踏襲されている。こうして、定型を確立したかに見えた櫓連系役者評判記だが、翌十二年一月十八日刊行の⑤『中の芝居俳優評判記卯の一月初狂言』でこの形式が一変するのである。同書は横本（十二・〇×十七・三糎）で、黒表紙に題簽を付すのみという簡素な外見であり、本文も○△等の記号を用いて架空人物が廃され、役者ごとではなく場ごとに評文を記す。このような形式が、東京で刊行が始まっていた六二連『俳優評判記』に極めて類似していることは、両者を見比べればすぐに気付くことである。この類似が単なる偶然ではないことは、両者の巻頭に置かれた「附言」を見れば明らかである。

⑤『中の芝居俳優評判記卯の一月初狂言』（明治十二年二月刊）

附言

○当評判記は其昔当地におゐて八文舎《もんじや》が年々著せし評判記の体裁に倣ふといへども、専ら芸評のみを記さず、傍はら該狂言粗略《あらまし》の脚色《すぢだて》をも書加へぬ。是は該狂言を見ぬ看客にも概略《あらかた》その脚色《すぢだて》のわかるやうにせんとのためなり。
○脚色《すぢだて》を並べるにわ、是非とも折目切目のセリフは挿入《さしい》れねばならぬ筈なれども、冗長に渉りて看客《みるひと》の見倦したまわんことを恐れて、只にその脚色《すぢだて》のみを記す。稀に（誰）と仕たるところはセリフなれども、元より諳記《そらおぼへ》のまゝを記すものなれば、舞台と多少の差異《たがひ》あるは云に及ばず、誤りも亦多かるべし。
○従来八文舎《もんじや》が著せし評判記は（全体此お人に此お役）はなど、尤も役者を尊敬《そんきやう》して書たるものなれども余り（御《おん》）の字の多きもうるさければ省きぬ。御贔屓様方失敬なる記者と叱りたまふな。〔後略〕

六二連『俳優評判記』初編（明治十一年十一月刊）

附言

○当評判記は最初の発意は従来阪府において八文字屋が年々に著す評判記の体裁に倣ふべき積りの所、彼は一年の事を纏めて著述する物なれば、脚色《すぢだて》は成丈端折て、専ら芸評のみを記したり。然に是は一狂言毎に発兌する物にて、該狂言を見ぬ看客《ごけんぶつ》にも粗略脚色《すじ》のわかる様に、芸評には入用もなき事ながら、大凡のすじをも記し置事になりたり。
○脚色を並べるには、是非とも折目切目のちよつとしたせりふは挿入ねば成ねども、到底冗長に渉りて看客の倦玉はん事を恐れて、只管その脚色《しぐみ》さへ訳ればよいト為すゆゑ、「誰」と仕たる所はせりふなれども、或ひは誤りたる物あり、或ひは舞台と多少の差異なる物あり。
○従来八文字屋が著したる評判記は（全体此お人に此お役）は抔と最も尊敬して書たるものなれどもさう（御）の字の多いもうるさければ省きたる物なり。御贔屓様方失敬な記者と叱り玉ふな。〔後略〕

①『中の芝居俳優評判記卯の一月初狂言』の「附言」は六二連『俳優評判記』のそれをほぼ引き写したものであり、その形式上のさまざまな変化が六二連『俳優評判記』を模倣したものであることは間違いない。

右のような櫓連系役者評判記の形式変化の背景は、その刊行に関わった人々の素性を探る過程から浮かび上がってくる。まず、これらの役者評判記を編集していた櫓連という団体であるが、明治十年代の大阪では「綴連」という団体が総見などの活動を行っていたことが確認でき、▼注[8] 櫓連も綴連や東京の六二連と同様の好劇家の集団であったことが想像される。活動の全貌は不明だが、おそらく役者評判記の編集以外にも総見や親睦行事を行っていたのであろう。櫓連系の役者評判記の編者として名を掲げる豊島左十郎、岸村誠具といった人物の素性は不明だが、櫓連を構成した好劇家の一人であろう。このように役者評判記に関与した人物たちの素性が不明な中で、自らの櫓連系の役者評判記の編集への関与について書き残している人物がいる。それは、新聞記者・作家として明治期の大阪で活躍した宇田川文海である。文海は次のように語っている。▼注[9]

私が明治十二年の一月の、中の芝居の狂言から、八文字屋の顰に倣つて「俳優《やくしや》評判記」を著はしました。〔中略〕此の「評判記」の中で、其評が尤も精細で、尤も皮肉で、読者の注意を惹いた、否、幕内の目を驚かしたのは、芝居猫人《ねこんど》（勝諺蔵）の評でありました。〔後略〕

〔前略〕諺蔵とは年齢《とし》の上からも、難兄難弟《おつつかつつ》であつたので、大の中好しで、〔中略〕劇談に夜を更した事もありました。是に同席した当時の劇通、否、劇狂は、和田風月、佐伯江南斎、中村狂遊、奥村柾兮、香川蓬州、花本文昌堂等でありましたが、〔後略〕

この文海の証言からは、狂言作者の三代目勝諺蔵もまた櫓連系役者評判記に関与していたことがわかり、櫓連系役者評判記の板元華本文昌堂を含む「劇狂」たちの交際の中から役者評判記という企画が生まれてきたことを思わせるのである。和田風月は心斎橋で洋菓子店を経営していた人物、▼注[10] 佐伯江南斎は茶人、奥村柾兮《しょうけい》は後に『大阪歌舞伎新報』刊行（後述）に関わる作家、香川蓬州は雑誌『能弄戯珍誌《のろけちんし》』記者で、明治十五年に『此花新聞』に入社する。▼注[11]

さらに興味深いのは、文海が明治十二年一月から櫓連系役者評判記に関係したという点である。この文海やその友人である諺蔵の参加こそが櫓連系役者評判記がその形式を大きく変化したことの原因であると考える。文海と諺蔵はいずれも江戸出身で、文海は幼少時から仏道に入り、諺蔵は三代目瀬川如皐門下で狂言作者修行を行っていたが、維新後上方へ移住する。そして、諺蔵は父河竹能進とともに大阪劇壇の有力な作者として活躍し、文海は新時代のメディアである新聞に関わっていくのである。十三年頃から、折しも興隆してきた新聞の続き物の有力な書き手の一人であった文海らの作品が、大阪の劇場において頻繁に脚色上演されるが（前節参照）、諺蔵はその主な脚色者であった。それだけでなく、この両人が大阪劇壇の様々な面での「改良」に積極的に関与していたことを示す事実は数多く存在する。例えば、十九年九月に結成された大阪演劇改良会の顔ぶれには文海と諺蔵の両人の名が見える。このような演劇関係出版物における東京の模倣の例は他にもある。大阪で十三年三月に創刊された『演劇雑誌』は形も中身も東京で前年二月から刊行されていた『歌舞伎新報』に酷似している。しかし、この『演劇雑誌』は一六六九号を数えた『歌舞伎新報』と異なりわずか十号の短命に終わった。大阪では十九年にも『大阪歌舞伎新報』が創刊されたが、こちらも十七号で終刊している。明治前期の上方劇壇において様々な面で「東京風」の改革が志向されたことは本章第一節で述べた。演劇関係出版物においても「東京風」を志向した改革が行われたのだったが、これらはいずれも短期間の試みに終わったのである。なお、『演劇雑誌』は能進と諺蔵の親子が編集に参加し、創刊の祝辞を仮名垣魯文や黙阿弥が寄せている。魯文は諺蔵が江戸にいた時代からの知己であると思われ、諺蔵の下阪後も魯文はたびたび『歌舞伎新報』誌上でその動向に触れている。魯文の六二連『俳優評判記』や『歌舞伎新報』への関与を考えると、大阪における櫓連系役者評判記の六二連模倣や、『演劇雑誌』創刊の背景には彼と諺蔵の関係があるのではないかとも想像される。⑤『中の芝居俳優評判記卯の一月初狂言』序文の「是がほんまの魯（ではなゐ）序文」という地口も魯文の大阪劇壇の人々との交流、影響力を反映したものであろう。

さて、櫓連系役者評判記はなぜ六二連『俳優評判記』に比べて短命に終わったのか。その要因はやはり、途中から「東京風」をそのまま模倣したということの影響が大きいのではないか。十二年四月十一日刊の⑨『戎座卯の三月二の替り狂言俳優評判記』は、

記者伏て申す、此次の幕より大切までを下冊となし、引続て両三日の中に出版いたます《ママ》れば、上冊御一覧の諸君はおんもとめの程ひとへに希ひ奉り升

と、一つの狂言の途中で分冊される（「下冊」の出版は確認できず）という異例の内容になっている。このような事態の理由としては、集評形式を取ったにもかかわらず投書が思うように集まらず、編集が困難であったことがあろう。六二連の『俳優評判記』初編から五編と櫓連の役者評判記のうち投書人の名前が掲載される二種の投書人

の数を比較すると、前者は各十七・十二・十二・十三・十二名が投書、各回の顔ぶれにも変化があり計二十三名の名が見えるのに対し、後者はいずれも十一名でその顔ぶれは完全に同じであり、投書人層の広がりを欠いた様子が窺える。投書人層の広がりの欠如は、すなわち一般読者・観客からの不支持の反映と考えられ、そうした事情からか櫓連系役者評判記は⑭『評判記　角の芝居の部』（明治十三年二月十八日刊）に至って再び縦本で「ヒイキ」「ムダ口」等の架空人物が登場する形式（ただし評文は場ごとではあるが）に逆戻りしているのである。

　繰り返しになるがまとめると、大阪において明治十一年から刊行が開始された櫓連系役者評判記は、東京の六二連『俳優評判記』に先駆けて活版印刷によって刊行されたという点で注目に価するものであった。当初は活版の縦本ながら近世以来の架空の人物による対話形式、役者ごとの評という本文形式を取っていたものの、東京の六二連『俳優評判記』の影響から横本、黒表紙、場ごとの評で架空人物の登場が見られない形式へと変化した。しかし、東京の六二連形式の踏襲は大阪の一般観客層には不評であったらしく、櫓連の役者評判記は短命に終わったのであった。櫓連の役者評判記の形式の変化は、芝居関連の出版物に限らずこの時期の上方劇壇で随所に見られる「東京風」への志向の一端と言えるが、同じ「東京風」志向でも、狂言の場合には東京で上演された「西洋噺日本写絵《せいようばなしにほんのうつしえ》」が、上方での上演の際には原作から離れた方向へと改作され（第一章第四節参照）、上方の散切物は黙阿弥作品から影響を受けつつも、黙阿弥の散切物とは異なる傾向を持っていた（本章第二節参照）ように、そこには「東京そのもの」にはならない上方の独自性が認められた。こうした例とは違い、櫓連の役者評判記や『演劇雑誌』『大阪歌舞伎新報』といった出版物の場合は単に東京の形式をそのまま模倣するのみに終わったのであった。

三、明治期上方板役者評判記（二）――中井恒次郎系――

明治期に上方で刊行された役者評判記として、東京の六二連『俳優評判記』等に対して独自性を発揮しているのは、中井恒次郎系の役者評判記である。中井恒次郎が浮世絵師歌川芳瀧の本名であることは、荻田の先行研究においても触れられている。門弟の川崎巨泉によれば、彼は天保十二年大坂生まれで十二歳で中島芳梅に入門し、「芝居看板絵、俳優似顔絵、新聞挿画、摺物絵、其他風俗画等」を描いたという。また、「戯作、情歌、冠附等の多趣味を有し」明治三十二年六月二十八日に享年五十九歳で没した。[注12] 彼が編集した役者評判記について、荻田は次のような特徴を指摘している。

- 「文昌堂は新取活版社と組んで、活版・縦型のものを出しはじめたのに対し、中井恒次郎は従来の木版・横本に固執する。」
- 「六二連の『俳優評判記』に先立つもの」であり、「読者からの投書を呼び掛けている」（この点は櫓連の役者評判記も同様）。
- 「合評形式をとる。」
- ②では「故意か不注意か役者の紋を落としている」（③も同様）。
- ⑪では「目録の後、役者評の前に三丁に渡って細字で筋書がまとめられている」（⑫⑬も同様）。

近世期の役者評判記の形式を墨守する中井恒次郎系役者評判記について荻田は、中井や板元には継続出版の意図があったものの、活版印刷の興隆の前に消えていったものと捉えている。しかし、この見解には疑問がある。荻田が中井や板元の継続出版意図の根拠として挙げるのは、中井恒次郎系役者評判記の巻末にある板元口上である。

⑬『明治十二年顔見世狂言俳優評判記』の板元口上は次のようなものである。

京阪役者評判記初号道場部、御披露に及候所、殊の外得意に叶ひ、芝居好の御方より四条南北とも御高評を報知被下候段、有かたく伏而御礼奉申上候。猶引つづき京坂各芝居狂言替る毎に出板致度候間、何卒来二の替りよりも相変らす御高評御書給はゞ、出板人方か又は弘通所迄御御《ママ》投書之程、幾重にも奉祈望候、以上。

板元　伏テ曰

このような記述はたしかに継続出版を意図したもののように見える。しかし、中井恒次郎系役者評判記の刊行が明治十一年三月の大阪道頓堀と十二年末の京都に集中していることに注目したい。この二つの月の興行はやや特殊な意味合いを持った興行であった。

明治十一年三月は、九年の火事による道頓堀全劇場の焼失や、前年のコレラによる劇場閉鎖等で低迷していた道頓堀劇場街が久々に四座で興行を行い、若手花形役者鴈治郎の実川から中村への改姓、勝能進、勝諺蔵、近松八十助の三狂言作者の襲名、西南戦争劇の上演など話題が豊富であった。一方、明治十二年の京都興行界も、六月二十四日から十月九日までコレラによる興行禁止があり、年末の顔見世では起死回生を狙うべく次のような試みが行われた。

京都にては、今度市川右団治の一座にて、新京極道場の劇場にて、三十年来中絶せし手打の技を演じ、顔見世をするに付き、既に過る二十八日を初日として打出せしが、実に三十年未だ嘗てなかりしところの技を演じ、且つ右団治が道場の劇場に出しは今度が初舞台の事なれば、初日前より区郡一般大方ならぬ評判にて、就れも待兼居たりしゆゑにや、初日より行厨《べんとう》を担て我もくと出掛るゆゑ、看客充満し、木戸は断りを言ふに困て居る位の大入にて昼夜ともますく景気よし。近年にて斯くまで人気を得たる劇場は、実に珍らしきことなりと、該地にての大評判。▼注[13]

三十年以上絶えていた手打の古式を復活し、大阪の大立者右団治を招くなどした道場芝居に対し、やや遅れて開場した四条北側芝居では、

俳優は日本第一の親玉と呼るゝ尾上多見蔵なれども、道場の劇場市川右団治の方へ人気をとられし様子にて、初日より三日目迄は見物人も少なき故、興行人も大心配をして居りしが、四日目より大人気にて、同じ劇場を見るなら親玉の多見蔵を見ねば劇場を見たと云へぬとて大評判故、場桟敷とも立錐地なき程なれば、興行人は蘇生りたる心地にて大喜悦で居ります。▼注[14]

と、大阪劇壇の長老二代目尾上多見蔵を起用して対抗したのだった。

こうした事情を考慮すると、中井恒次郎系の役者評判記は継続出版を狙ったというよりは、話題性の強い興行に便乗する、あるいは、さらに盛り上げようという意図によって刊行されたものと考えるのべきではないか。わ

ざわざ木版という印刷方法をとったことも、継続出版物ではなく記念出版物としての性格を持つとすれば納得が行くし、手打ちの復活に見られるような復古の機運とも通じるように思われる。しかし、その一方で中井恒次郎系の役者評判記にも、先述の荻田の指摘にもあるように読者からの投書の募集、筋書の掲載といった東京の六二連『俳優評判記』等の影響と思われる要素が見られる。実際には、中井恒次郎系の役者評判記の本文中には、投書に基づく記述を見出すことができないのであるが、外見上はほぼ近世期の役者評判記そのままの中井恒次郎系役者評判記にもこういった新しい要素が入り込んでいることは興味深い。

おわりに

以上、明治期の上方で刊行された役者評判記について見てきた。明治期上方板の役者評判記は大きく分けて、活版印刷で、東京の六二連の『俳優評判記』に先がけて刊行が始まり、当初は独自の形式であったものの、途中から明らかに六二連のそれを模倣した体裁を取るようになった、観劇団体櫓連による役者評判記と、木版・横本の近世の役者評判記の形式を踏襲しつつも、投書の募集や筋書の掲載といった六二連『俳優評判記』と共通する要素が盛り込まれた浮世絵師芳瀧（中井恒次郎）による役者評判記の二系統があった。このうち、中井恒次郎系はそもそも継続して出版を行う意志がそれほど強くなかったと思われる。一方、継続出版を狙ったと思われる櫓連系統の役者評判記も、六二連『俳優評判記』に比べるとかなりの短命に終わった。この背景には投書によって評を募るという形式が上手く機能しなかったことがあり、この形式に対する上方の読者の不支持が透けて見える。この例を見ても、明治前期の上方における「東京風」は決して「東京そのもの」を志向するものではなかったことが窺えるのである。

ところで、明治十一年春に大阪で刊行が始まった芝居関連の出版物は、右に見てきた二系統の役者評判記だけではなかった。櫓連系統の役者評判記を刊行した華本文昌堂が、やはり活版印刷で上演される芝居の筋書を記した『劇場《しばい》の脚色《しぐみ》』を三月から発売したのである。▼注[15] この筋書本は八月からは『劇場珍報《しばいちんぽう》』と改められ、確認できる限りで明治十七年三月までの約五年半の間に百五十号を刊行した。そして、櫓連の役者評判記の最後の二点は『劇場珍報』の付録という形を取っていた。単行の役者評判記や、読物や雑報記事等を収めた『演劇雑誌』のような出版物が受け入れらない一方で、筋書本がこのように比較的永く刊行された事実からは、この時期の上方の観客の嗜好を知ることもできそうであるが、今後の課題としたい。

【注】

［1］六二連以外の『俳優評判記』の中には読みを明記しないものもあるが、同時代の新聞記事等においても「俳優」の語の読みは「ヤクシヤ」とするのが一般的なので、いずれも「ヤクシヤヒョウバンキ」と読んだ可能性が高い。

［2］法月敏彦「解題」『六二連　俳優評判記』上、日本芸術文化振興会、平成十四年。

［3］池山晃「六二連『俳優評判記』の位置――新しい劇評媒体群のなかで」『日本文学研究』第四十三号、平成十六年二月。

［4］早稲田大学演劇博物館蔵（イ11-797-29）。

［5］恒治郎、恒次郎の表記があるが、以下の本文中では門弟の川崎巨泉の表記に倣い恒次郎とする。

［6］荻田清「終焉期の役者評判記管見」『混沌』十三号、平成元年。

［7］山上定之助編『中の芝居けんぶつ評判』（明治十二年二月刊、香川大学神原文庫蔵（774・7））。同年三月にも山上定之助による役者評判記刊行が予告されるが（『朝日新聞』明治十二年三月十一日広告）、現存は確認できない。

［8］明治十四年五月十三日『朝日新聞』には錣連の一員が新作狂言を執筆し、本読みの会を行ったことが報じられている。十六年十一月十三日の同紙にも同様の催しがあったことが見え、錣連の継続的な活動の様子が窺える。

［9］「河竹父子の追慕」『大阪史談会報』第三号、昭和四年一月。

［10］早稲田大学図書館所蔵の浄瑠璃本『一心五戒魂』（へ07-4302）、『松風村雨束帯鑑』（へ07-4321）に「西洋滋養菓子製造／大阪心斎橋西詰／和田風月堂」の印記がある。

［11］宮武外骨、西田長寿『明治新聞雑誌関係者略伝』（みすず書房、昭和六十年）による。

［12］川崎巨泉「中井芳瀧の片影」『上方』一三八号、昭和十七年六月。

［13］『大坂日報』明治十一年十二月五日。

［14］『朝日新聞』明治十一年十二月七日。

［15］明治十一年三月角の芝居の筋書を記した『劇場の脚色　角の芝居の部』（架蔵）は「明治十一年三月廿三日出版御届／同年同月刻成出版」の刊記を持つ。

表5　明治期上方板役者評判記一覧

新聞記事・広告で刊行が予告されたものの現存を確認していないものは書名に（　）を付した。
〔所蔵先〕**国会**＝国立国会図書館、**中之島**＝大阪府立中之島図書館、**東大国語**＝東京大学国語研究室、**東大国文**＝東京大学国文学研究室、**香大神原**＝香川大学附属図書館神原文庫、**演博**＝早稲田大学演劇博物館、**早大**＝早稲田大学中央図書館、**関大**＝関西大学図書館

番号	系統	書名	刊年月日	出版地	編者	出版者	対象興行	備考
①	櫓連	角の芝居二の替り役者評判記	11年4月16日	大阪	豊島左十郎	華本安治郎	11年3月角	所蔵＝国会
②	中井	明治十一年寅之二ノ替リ俳優評判記（戎座の巻）	無刊記（③と同時期か）	大阪	中井恒次郎	山本重助	11年3月戎	所蔵＝国会、中之島、東大国文、演博、早大、関大
③	中井	明治十一年寅之二ノ替リ俳優評判記（角の芝居の巻）	11年4月16日	大阪	中井恒治良	山本重助	11年3月角	所蔵＝東大国語、東大国文、演博、早大
④	櫓連	中の芝居二の替り役者評判記	11年5月18日	大阪	豊島左十郎	華本安治郎	11年4月中	所蔵＝国会、演博
⑤	櫓連	中の芝居俳優評判記卯の一月狂言	12年1月18日	大阪	岸村誠具	華本文昌堂	12年1月中	所蔵＝国会、演博、早大、関大
⑥	不詳	中の芝居けんぶつ評判	12年1月23日	大阪	山上定之助		12年2月中	所蔵＝香大神原
⑦	櫓連	（中の劇場評判記）		大阪	岸村誠具		12年2月中	『朝日新聞』十二年三月一日記事による。
⑧	不詳	（戎座二の替り蝶千鳥曾我実録評判記）		大阪	槇野儀三郎	山上定之助	12年3月戎	『朝日新聞』十二年三月十一日記事による。
⑨	櫓連	戎座卯の三月二の替り狂言俳優評判記	12年4月11日	大阪	戸倉忠雄	華本文昌堂	12年3月戎	所蔵＝国会、東大国語
⑩	櫓連	（題名不明）		大阪	赤松吉治郎	華本	戎（未詳）	『朝日新聞』十二年十月十五日記事による。
⑪	中井	明治十二年西京道場顔見世狂言俳優評判記	無刊記	京都	中井恒治良		12年11月道場	所蔵＝香大神原
⑫	中井	明治十二年西京南側顔見世狂言役者評判記	12年12月23日	京都	中井恒治良	内藤彦一	12年12月四条北側	所蔵＝国会
⑬	中井	明治十二年西京顔見世狂言俳優評判記	13年1月1日	京都	中井恒治良	内藤彦一	12年12月四条南側	所蔵＝国会、東大国語
⑭	櫓連	評判記　角の芝居の部	13年2月18日	大阪	槇野儀三郎	華本文昌堂	13年1月戎	所蔵＝国会
⑮	櫓連	中の芝居落語一座俳優評判記	16年5月12日	大阪		華本文昌堂	16年8月中	『劇場珍報』第一二五号付録。所蔵＝演博
⑯	櫓連	（中の筋書評判記）		大阪				『朝日新聞』十七年十月二十六日記事による。『劇場珍報』か。

第七節　東京の中の「上方」

――鳥熊芝居以降の春木座について――

はじめに

明治改元から明治期を代表する名優九代目市川団十郎と五代目尾上菊五郎が亡くなる明治三十年代後半までの時期を描く、伊原敏郎の『明治演劇史』（早稲田大学出版部、昭和八年）の目次を見てみると、第二篇「明治中期」には、「新富座系の俳優たち」「非新富座系の俳優たち」「新富座と勘弥の凋落」「新富座以外の各劇場」など、第三篇「明治後期」には、「歌舞伎座と明治座」「両座系の俳優たち」「非両座系の俳優たち」といった名の章が並んでいる。大雑把に分けて十年代の新富座、二十年代以降の歌舞伎座を明治期の東京歌舞伎の中心地と考える伊原の提示した見方は、現在に至るまで続いている。そして、「新富座系」あるいは歌舞伎座系の俳優である団十郎、菊五郎ら、彼らに多くの作品を提供した狂言作者河竹黙阿弥といった人物も、明治の歌舞伎の中心人物と目されている。伊原がこの両座とともにいわば「特別扱い」をしているのが明治座である。団十郎、菊五郎と並ぶ名優で明治二十六年から座頭と経営者を兼任した初代市川左団次の存在や、いち早い劇場外の作家による作品の上演、あるいは初代没後の二代目左団次の活動などによって、明治座も歌舞伎座に並ぶとまでは行かずとも、他の劇場とは一線を画す存在感を明治の演劇史の上に示している。

「主流派」とでも言うべきこれらの劇場に対する「非主流派」の中で注目したいのが、「非主流派」諸座の中でも存続期間が長く、多くの観客に愛された劇場である春木座である。従来、春木座に関する言及は次の二つの時期に集中する。すなわち、明治十八年から十九年にかけての、上方の興行師と役者による値安芝居、いわゆる「鳥熊芝居」が行われた時期と、本郷座と改称後、新派の高田実一座が興行を行い、三十八年から四十年にかけて「本郷座時代」と呼ばれる新派全盛時代を築いた時期である。しかし、本節では鳥熊芝居の撤退後、明治十九年から三十年代初めまでの時期の同座に注目し、そこに注がれた東京の観客の視線の意味を考えたい。

一、鳥熊芝居とその影響

春木座は明治六年七月に奥田座として本郷春木町に開場した劇場で、八年十月に春木座と改称した。さらに三十五年三月には本郷座と改め、主に新派の興行を行った。四十三年七月より松竹合名社の所有となり、昭和五年に映画館に転向、昭和二十年三月十日の東京大空襲で焼失し、その後は再建されなかった。途中、火災や関東大震災による三度の焼失はあったものの、約七十年もの間、同一の地所で劇場として存続したことは注目に値する。佐藤かつらによれば、同座を設立したのは「本郷春木町三丁目二番地地主で味噌屋の奥田富蔵」▼注[1]であった。初代座主は富蔵の子登一郎であり、木村錦花によると「両国垢離場「大辰の芝居」で売り込んだ坂東佳根三郎を養子にして奥田登美三郎と名のらせ、毎月興行をして山の手一般の観客を呼んだ」▼注[2]という。このように当初は小芝居系統の役者による興行が行われた同座だが、明治八年十月に春木座と改称されると、九年頃から大芝居系統の役者が出演するようになる。十年から大阪下りの片岡我童《がどう》（三代目、十代目仁左衛門）、我当《がとう》（三代目、十一代目仁左衛門）兄弟が出演、途中資金難による休座もあるが、十四年には団十郎、菊五郎も出演し、劇場としての格を上げていく。

だが、明治前期の春木座にとって最も重大な出来事は、大阪からやってきた興行師三田村熊吉（鳥屋熊吉、鳥熊）が同座で興行を行ったことである。鳥熊は伊勢松坂の出身で、その名の通りはじめは鳥類を扱う商売をしていたとされている。遅くとも文久三年には見世物の興行を行っており、歌舞伎興行に関わったのは判明している限りでは慶応元年以降である。▼注[3] 明治期に入って鳥熊は明治十三年六月頃、当時東京を離れていた四代目中村芝翫を看板にして大阪の中の芝居で興行を行おうとした。「一人前拾銭づゝの追込で見物させたらさぞかし大入大人気で忽ち帳場もあがるならん」▼注[4]というように値安芝居を企てたのだが、極端な価格破壊の弊害を恐れた他の興行師たちの圧力があったと見え、▼注[5]実現することはなかった。十四年三月にやはり芝翫を雇い入れて大阪高嶋座の開場興行を行ったが、損失を出して一座は解散し、芝翫はこれを最後に東京へ帰っている。その鳥熊が大阪の役者の一座を引き連れて春木座へ乗り込んだのは十八年四月で、五月二日から最初の興行を行っている。この鳥熊による春木座での興行、いわゆる鳥熊芝居については、服部幸雄が次のように概括している。

明治十八年（一八八五）五月の初興行から、翌十九年三月の『児雷也豪傑譚話』まで、一年足らずの短期間であったが、大阪式の興行法と徹底した観客サービス、俳優は上方の二流どころではあったがなかなかの腕利きを揃えていたことなどにより、当時東京では大変な人気を集めた。『歌舞伎年表』に、初興行を記して「初日より稀なる大入なりしが、是東京歌舞伎各座の衰微の起原といふべし」と言い、『続続歌舞伎年代記』も「春木座の鳥熊芝居意外の成功にて、九月より芝鶴・梅太郎などを加へ、益々好景気となり、是がために東京各座は圧倒され、劇界不振を極めたり」と記しているように、この大阪から乗り込んできた一興行師の手腕によって、従来の東京歌舞伎の各座が不振に陥ったと言われるほど、大きな衝撃と影響を与えたのであった。

その成功には、さまざまの原因がからみ合っていたことはむろんだが、第一の原因は、観劇料金が格段に安いことであった。安く見物できて芝居がおもしろい、「下駄洗い芝居」と呼ばれたように雨の日の観客の泥下駄をきれいに洗ったり、出方を廃止して「お梅さん」と呼ぶ女給さんを採用して案内や飲食の世話から幼児の守りまで引き受けるといった行き届いた観客サービスとあれば、この興行に人気が湧くのも当然であった。

こうした独特の興行法が、明治新政府によって推し進められた開化政策の一環としての歌舞伎近代化の過程で、劇場が大きく立派になり、入場料はますます高くなり、芝居の内容は九代目市川団十郎による活歴に象徴される高尚趣味が幅を利かせるなどの風潮によって、大歌舞伎から多くの庶民の観客が離反していこうとするときに当たって有効だったのは想像にかたくない。▼注[6]

当時十四、五歳であった岡本綺堂は実際に鳥熊芝居に接し、「わたしは春木座から狂言の種類を可なり沢山に教へられた。東京の他の劇場では殆ど出たことのないやうな狂言を色々見せられた」、「若しこの春木座といふものが無かつたら、小遣ひ銭の十分でない私が迚もこんなに沢山の狂言を見覚えられる筈はなかつた。どう考へても、わたしは鳥熊氏に感謝しなければならないのである」[注7]と述べている。鳥熊芝居は、明治十九年三月まで興行を行ったものの、鳥熊と春木座関係者との軋轢のために終焉を迎えた。その顛末は『歌舞伎年表』が次のように説明している。

好景気に乗じ座中で我儘を振舞ひ、茶屋出方を圧制し、座付の人々と葛藤の末、十九年春、座元奥田ハ鳥熊への賃貸を断る。仲裁人ありて鳥熊の手代舟橋藤輔、生山某が改めて借受ける事となり、鳥熊ハこれに不服にて十九年三月十七日の夜、夫婦に妾、手代の亀、市両人都合五人が垣を越え、鎖を破つて小屋へ入り、占領せんとす。舟橋、生山側の夜番が獲物を取つて逆襲し、巡行巡査に引渡し、示談の説諭を受けて鳥熊ハ引取りしが、兄弟分の家根弥こと安藤弥五郎を頼み、子分数名をして舞台楽屋その他自分が修繕した部分の破壊を企て、座元奥田ハこれらを造作として買取る前に話をつけ、鳥熊ハ同座から手を引くと共に興行界から消えた。[注8]

しかし、その興行期間は短期間に止まったものの、明治期の東京劇壇にあっては異色の興行手法を採り、人々の人気を集めた鳥熊芝居の事例は今日でも比較的よく知られている。一方、鳥熊が手を引いて以降の春木座については、いくつかの文献に劇場の新築や株式会社化等の動きについて概略が記されてはいるものの、その興行法や上演された芝居の性質についての検討はなされていない。

二、鳥熊以後の春木座

鳥熊芝居以後の春木座に関する諸書の扱いを見てみたい。秋庭太郎『東都明治演劇史』(中西書房、昭和十二年)は鳥熊芝居については一節を割くものの、その後の春木座についてのまとまった記述はなく、同書の中で再び春木座に光が当てられるのは、同座が本郷座と改称し、「本郷座時代」と呼ばれる新派全盛時代の中心地に躍り出る明治三十年代後半を待たねばならない。伊原の『明治演劇史』は鳥熊芝居以後の春木座について、「勘弥の末路と各座の起伏」と題する章の中で、歌舞伎座、明治座以外の東京の各劇場とまとめてその動向を記すが、上演演目については本郷座改称後の新派の数作品の名を挙げるのみである。もっとも詳しいのは阿部優蔵『東京の小芝居』(演劇出版社、昭和四十五年)であるが、これも役者の移動や劇場の焼失、再建等に関する記述が中心である。また、雑誌『中央演劇』第三巻第一号(昭和十三年一月)から第四巻第七号(昭和十四年七月)に連載された尾崎久彌「鳥熊繁盛記」は、明治二十二年頃までの春木座の状況にも触れるが、やはりそれ以降については記さない。文京ふるさと歴史館における特別展「本郷座の時代——記憶のなかの劇場・映画館——」の図録でも[注9]、鳥熊芝居以後の春木座における歌舞伎興行については、ほぼ説明が皆無であることが示すように[注10]、春木座(本郷座)といえば鳥熊芝居と本郷座時代なのであり、その間の歌舞伎興行は文字通り谷間の存在と見なされているのである。しかしながら、明治二十六、二十七年には興行日数、観客数とも歌舞伎座をはるかに上回り、東京の劇場中で最多の数字を残すなど[注11]、鳥熊が手を引いて以降の春木座における歌舞伎興行は東京劇壇の中でも決して無視できない存在であった。

まず、鳥熊の撤退から本郷座改称までの春木座の動向について簡単にまとめておく。鳥熊が退いた後、鳥熊の手代であったという船橋藤助が三月二十六日から興行を行った。出演者は二代目中村芝鶴《しかく》（六代目伝九郎）はじめ、ほぼ鳥熊芝居と同一の一座であった。十月から奥田登一郎によって興行が行われ、二十年一月から三代目市川九蔵（七代目団蔵）が出勤している。ただし、九蔵は九月には退座しており、十一月からは新開場の吾妻座へ出演している。芝鶴らとの対立があったらしく、▼注[12]その影響かと思われる。この年の六月から大阪下りの中村駒之助が加入しており、九蔵退座後は駒之助が一座の中心として活躍する。二十三年六月二十三日に近隣の火災によって類焼、二十四年十二月の再開場まで休座となった。『東京の小芝居』によれば、「この火災の損失は座元を窮地に追詰めたやうで、約二十年続いた奥田は遂に手を引き、二十五年から溝口権三郎になった。しかし、これも負債が嵩んで名儀人を親戚の岡田のぶにしてみたりしたが、内輪揉めも起って、二十八年は三、四、五、八、九、十一月を休み、十月は川上音二郎に小屋を借《ママ》し、十二月も暫し家芝居で、その窮状を察することが出来る。こんな状態にあったので、永く座頭を勤めた駒之助が二十八年限り引退した」。▼注[13]

二十九年四月には座主岡田のぶに対して、「金一萬五千円の抵当不動産競売請求の告訴」▼注[14]が行われるといった事態に陥っており、再建策として株式会社化が図られ、十一月二十日に創業総会が行われた。▼注[15]十二月八日の『東京朝日新聞』に掲載された広告は、役員として岡保義（専務取締役）、久米良作、青山牧太郎、村上耕一、岡野徳之助（以上取締役）、土方武、千澤専助、吉田順夫（以上監査役）の名を挙げている。岡保義（伊東昌之助）は、慶応二年に外山正一、菊地大麓らとともに幕府の留学生としてイギリスへ派遣され、ロンドン大学ユニヴァーシティ・カレッジに学んだ人物で、▼注[16]明治十二年には宮内権書記官として、ドイツ皇孫ハインリヒとアメリカ合衆国前大統領グラントの「接待御用掛り」を務めた。▼注[17]この両人が新富座で観劇を行ったことはよく知られている。久米良作は後に日本鉄道会社副社長、東京瓦斯社長等を務める実業家。岡野徳之助は二十三年七月に下谷区から東京市会議員に選出された人物である。▼注[18]　なお、二十五年に岡野の後任をめぐる市会議員選挙が行われているのだが、それについて『読売新聞』が「公正会に於ては村上耕一郎氏（快養軒の主人）を候補者に挙げ」ていると報じる「村上耕一郎」は春木座株式会社取締役の村上耕一と同一人物であろうか。快養軒は上野にあった牛肉屋である。春木座株式会社の役員は、官界・財界に顔の利く人物や地域の名士によって構成されていた。しかし、株式会社化の甲斐もなく、経営陣の興行に関する知識の欠如や、三十一年三月二十三日に再び類焼して休場に追い込まれたことで経営状況はむしろ悪化したと見られる。三十二年七月に再開場するが、経営陣の交代等▼注[19]を経ても改善が見られず、三十五年三月に本郷座と改称し、春木座株式会社は三十五年四月に破産している。▼注[20]

　このように、鳥熊撤退後の春木座は経営面では決して安定していたとは言い難いのであるが、その一方で、すでに触れたように非常に多数の観客を集めていた。「この座は例の二週かはり、休日なしの勉強芝居なれば、何を出しても、狂言などにかかはらず、一杯に見物の来るは不思議なり」▼注[21]、「先づ第一に直段を低くして萬客の入易きを謀り、東桟敷上下高土間より向正面残らず、土間もハより以下を悉く追込となし、都人の貴賤を問はず凡《およそ》芝居見たしと思へる者あらば、稚児《やゝ》に飴買ふ小銭《せん》僅に六個を投ずれば、上等桟敷に於て歌舞伎座を終日《ひめもす》見物し得るの快楽を与ふるが如きは、吾等下輩の為には誠に以て難有き恵み」▼注[22]と言われていることからもわかるように、この春木座の人気は劇場や出演者の格に比した入場料の安さと、次々と狂言を差し替えて多くの演目を見せるということによった。これはすなわち鳥熊の取った手法と同じであり、大阪風の興行法であった。出演する役者が、鳥熊芝居時代から居続けの芝鶴をはじめ上方役者であったこともすでに述べたが、春木座は鳥熊の撤退後も、いわば東京の中の上方とでも言うべき劇場であったといえる。

　上方から春木座へやってきた役者たちについては、『東京の小芝居』等に紹介されているが、同じく上方からやってきた作者たちについては従来あまり詳しく触れられていない。ここでは、春木座の狂言作者の変遷について見てみたい。まず、鳥熊芝居以前の春木座で番付の作者欄に名前を連ねているのは、竹柴繁造、銀蔵、昇三といった黙阿弥門下の作者であり、ここに「スケ」（助作者）として竹柴金作（十七年四月に三代目河竹新七を襲名）が加わる場合が多い。また、師匠の黙阿弥も、番付面には名前を出さないものの、十四年十月「極付幡随長兵衛《きわめつきばんずいちょうべえ》」、十五年三月「釣狐」、同年五月「三題噺魚屋茶碗《さんだいばなしととやのちやわん》」（旧作「時鳥水響音《ほととぎすみずにひびくね》」（三年五月守田座）の増補）と新作を提供している。

しかし、十八年五月に鳥熊が春木座で興行を開始すると、同座の作者部屋は竹柴進助、並木正蔵、遅れて九月の興行から番付に名前を載せる奈河三根助ら大阪下りの作者たちのものとなる。立作者となった竹柴進助は三代目竹柴諺蔵の門弟であったが、上京にあたって諺蔵に相談をしたところ、「修行の為なら鳥熊の下等芝居に付いて行くも好いが、どうも東京で興行の成行は案じられるから、二ヶ月位勤めたら帰れと申されました」▼注[23]と記している。江戸出身である諺蔵だが、鳥熊芝居が成功するとは考えていなかったらしい。進助、三根助らは鳥熊撤退後も春木座に残る。

さらに、二十年一月から番付の作者連名に佐橋五湖《さばしごきょう》（富三郎）の名が加わる。五湖はすでに上方で立作者を務めており、春木座加入時点で入門から四年半余りでいまだ二十代の若さだった▼注[24]進助にはない経験を買われたものであろう。鳥熊芝居時代から十九年末までの春木座の上演演目は古典および大阪で上演された新作（多くが諺蔵の作）であり、新作は見当たらない。これに対して、二十年以降は新作の上演が行われるようになる。その内容は、三遊亭円朝の人情噺の脚色や、「当時話題になった小説などからの脚色狂言」▼注[25]である。五湖の加入後もしばらくは進助は春木座に止まっており、二十年十一月興行（「五十三次義士道」）までは番付に名前を確認できるが、二十一年以降の動向が不明である。進助は「明治二十一年十月、私が本郷春木町三丁目に住居した頃」▼注[26]、諺蔵が十五年ぶりに上京したと記している。諺蔵の上京理由を「高砂屋福助が上京中なので、蒙古退治の狂言を脚色《しくみ》に来たのです」と言っていることから、これは二十一年ではなく二十三年（十月中村座で「日出国五字旗風《ひのいづるくにごじのはたかぜ》」上演）のことかと思われるが、番付に名前を載せない時期も進助は実際には春木座に出勤していた可能性が高い。この上京時、諺蔵は「己《おれ》も生れ故郷の土に成り度いと思ふ」▼注[27]と述べたというが、それからまもなく、春木座への出勤が実現する（ただし、彼が亡くなったのは再び大阪に赴いてからであった）。

諺蔵の春木座出勤について進助は、次のように記している。

> 明治二十四年十二月に春木座の新築が落成して、〔中略〕興行毎に大入りを取り、盛大を極めました頃、私は諺蔵を呼び登せたいと思ひ、同座の奥役桝井市二郎（現今歌舞伎座で奥役なり。）に相談しましたら、同人も諺蔵とは大阪で至極懇親の間柄ですので、早速座長へ交渉して、廿七年の春諺蔵を春木座へ呼ぶ事に致しましたので、早速池の端仲町の家を借り、それへ入れましたが、その後摩利支天前へ転居致しました。▼注[28]

しかし、実際には諺蔵の名は春木座再建後間もない二十五年二月興行（「東下向天明日記《あづまくだりてんめいにつき》」「生写賢処女油画《しょううつしけんじよのあぶらえ》」）から番付に載っている。▼注[29]そして、同時に進助の名が番付上に復活し、逆に五湖は姿を消している。しかし、番付に記された作者連名は実態とは齟齬があったらしい。二十五年十一月に春木座の新築一周年を記念した余興が行われたことが『歌舞伎新報』一四二六号に見えるが、そこでは五湖が進助や三根助とともに芝居を演じたらしい。また、諺蔵も二十五年二月以降になっても大阪に留まっていたらしく、実際に上京したのは二十六年三月であった。▼注[30]これを期に諺蔵およびその門弟は竹柴姓を勝姓に改めており、春木座の番付にも四月六日初日の興行から勝姓で記されている。つまり、この間の諺蔵は大阪にいながら、東京の春木座の番付にも立作者として名前を載せているのである。そして、上京後には逆に、春木座に出勤しつつ、大阪の劇場の番付に立作者として名前を載せていく。これについて、竹の屋主人（饗庭篁村）は、「何にせよ作者竹柴諺蔵丈、大阪に居て此に立作りの地位に坐り、一番大阪作者の技《うで》を見て呉れといふ書物。いかに便利でも役者は東京大阪と両股に踏れねど、作者には此便利名誉あり。嗚呼誰か今の作者は俳優《やくしや》に及ばざること遠しと云や」▼注[31]と感嘆し、大阪では狂言の外題に「原稿は大阪の城鴎汀君／脚色は東京の勝言彦君」という角書を付し、大阪で執筆された小説を東京在住の諺蔵（言彦は諺蔵の別号）が脚色したことを謳う。▼注[32]郵便等が発達し、東西間で互いに作品の移入が盛んに行われるようになっていた明治期ならではの事例といえる。すでに大阪から春木座へ作品を提供していた諺蔵が実際に上京したのは、先に見たように本人が上京を望んでおり、また進助に呼び寄せられたというだけでなく、二十六年一月十四日に五湖が亡くなったことと関連したものであろうか。▼注[33]これ以降、諺蔵は進助とともに三十五年一月興行まで番付に名前を載せている。三月の本郷座改称と同時に退座したらしく、再び大阪へ戻った後、十月二十七日に亡くなっている。

三、「大阪風」と「東京風」

このように、鳥熊芝居以後の春木座は、鳥熊による上方式の興行の影響を受けたまま、上方役者中心の座組で上方作者の作品を多く上演する劇場であり続けた。先に、春木座は「東京の中の上方」であったと述べた。そのことは当時から、春木座は「東京人の目には新らしき大坂物を多く出すが特色にして、是ればかりは決して他の及ぶべき処にあらず。又、好劇家の大いに喜ぶところ」▼注[34]であるという評価からわかるように、明確に意識されており、同座で上演される狂言は、「坂地《かのち》に於ては大分評判好かりしものなりとぞ」▼注[35]、「坂地に毎々行はれしと聞え、当地には新しきものにて」▼注[36]など、東京では珍しいが大阪では評判であるということが盛んに言われている。また、東京でも演じられる芝居であっても、その演技・演出の違いが観客の興味を惹いたらしい。二十五年二月「東下向天明日記」における二代目中村雀右衛門の中山安近（愛親）卿の演技を、以前団十郎が演じた中山卿のそれと比較した「昔の公卿《くげ》の粘《ねッ》たりとしたる中に自づから剛毅を含んだる形容《ありさま》より云へば、或ひは優の仕内、その実際に近しと云ふべきか」▼注[37]といった評や、同じく雀右衛門の佐々木高綱（「鎌倉三代記」）に対する「是れぞ名高き大音羽屋民蔵（日置注、二代目尾上多見蔵）そつくりの型ぞと聞けり。ア、実に優ならざれば斯る派出《ママ》な芸を見せて江戸人の目を驚かし、後世の心得を示す者他になし」▼注[38]という絶賛、五代目嵐徳三郎の苅屋姫（「菅原実記」）への「美しく、口跡彼地質《あちらだち》の舌甘《したゝる》き調子、今東京《とうけい》には類少なく珍らしきが好し」▼注[39]という評価などは、いずれも東京の他座では見る事のできない演技・演出、芸風への肯定的な評価であり、「大阪風」への異国趣味的憧れであった。

しかし、その「大阪風」の「大阪」とはどのようなものであるかには注意すべきである。第三章第一節において、明治前期の大阪劇壇において「東京風」を指向した様々な変革が起きたことを述べたが、その影響は春木座で人々が見た「大阪」の中にも見出すことができる。例えば、春木座で頻繁に上演された諺蔵作品は、東京の黙阿弥からの影響を強く受けたものであり、黙阿弥作品の筋の借用や、黙阿弥作品に極めてよく似た場面が見られるものであった（第三章第一節参照）。春木座に出演した役者たちも、大阪で多くの諺蔵作品に出演していた他、「三人吉三廓初買《さんにんきちさくるわのはつがい》」大阪初演（明治十一年四月角の芝居）で駒之助はお嬢吉三、二十六年に春木座に出演した初代市川右団治は和尚吉三を演じるなど、黙阿弥作品へも出演している。東京の観客が春木座に見出した「大阪」とは、「東京風」の影響を受けた大阪だったのである。

春木座が万事大阪風であると見なされながら、そこに「東京風」の味付けが必要とされたことは、同座の番付の様式からも窺える。鳥熊芝居の時期、春木座では上方式の上下二段に狂言の外題、配役と狂言作者の名前等が記される形式の役割番付を発行し、この形式は鳥熊撤退後も二十一年三月まで続くのであるが、四月興行からは東京式に戻ることが指摘されている。[注40] ここからは、大阪風の目新しい芝居を求めつつ、番付等の形式は慣れ親しんだ東京式を求める観客の態度を読み取ることができるのではないだろうか。

右で紹介した春木座の芝居への評価は、こうした大阪風の要素を肯定的に捉えたものであったが、必ずしも春木座の大阪風に対して絶賛が寄せられたわけではなく、むしろ批判的な評も多い。そのいくつかを以下に挙げる。

中にも小伝次といふ俳優《やくしや》、上方調子の悪達者。其くせ此小伝次、演る事は下手といふではなし、下卑て騒々しきゆゑ、総体を安芝居にして仕舞なり。

（竹の屋主人「春木座劇評（続き）」『東京朝日新聞』明治二十三年二月二十七日）

（日置注、雀右衛門の鳥居又助の）今際《いまは》の台詞凄き処へ大分高島屋といふ声かゝり、昔の小団次出たるが如くなりしは適れなる仕内なり。併し近来日本の上等社会とか云へる人々には、斯様な血まぶれ惨酷《こん》なる仕内は見ぬものとして、皆な下を向き、顔を掩ふが例と成り居れば、優も東京《とうけい》にては以来淡泊《あつさり》と、切られても血を出さず、無血虫の死様を工夫せらるゝが肝要なり。

（芋兵衛「春木座評判」『読売新聞』明治二十五年三月二日）

高島屋は慶応二年に亡くなった四代目市川小団次の屋号。観客は雀右衛門の演技に、黙阿弥の「加賀見山再岩《かがみやまごにちのいわ》藤《ふじ》」初演（安政七年三月市村座）で又助を演じた名優小団次の面影を見出したらしい。

（日置注、「楠公遺訓軍歌誉」は）右団次が大阪で当た新狂言の由。是こそ諺の「亭主の好を客に振舞ふ」にて、大阪では大喝采取りしならんが、江戸にてはチト油臭く〔後略〕

（竹の屋主人「春木座略評（一）」『東京朝日新聞』明治二十六年二月一日）

大坂では唸らせた所なるべけれど、余り風紀を乱りたる事にて、東京《こつち》では舞台に上せられぬものなり。

（竹の屋主人「春木座略評（二）」『東京朝日新聞』明治二十六年二月二日）

一体此狂言（日置注、「碁太平記白石噺」）は江戸吉原の遊女屋でござるぞ。優は京坂にて誰かの型を見られての誂らへならんが、東京の劇場《しばゐ》にて斯様な事はなさらぬがよろし。

（幸堂得知「春木座劇評」『東京朝日新聞』明治二十七年二月二十七日）

このように、新聞劇評においては、春木座の上方役者の芸風や大阪風の演出は、「下卑」たもの、「上等社会」の人々が顔をしかめるもの、狂言の設定を無視した場当たり的なものと見なされることが多い。そして、劇評家たちは上方役者の演技ではあっても、「東京風」を意識したあっさりとした演技に賛辞を与えた。

宗三郎の二の宮新吾、当座の役者は多く西方《かみがた》出にして優も大坂と聞けば、亦粘《ねん》ばりかと思ひの外妙に江戸肌

にして、二の宮の半道其の軽きこと不思議なり。（芋兵衛「春木座評判（続き）」『読売新聞』明治二十四年十二月二十四日）

（日置注、右団治の後藤兵衛は）しかし先年上京の折に比ぶれば、大坂風の当振もよほど少くなり、総体にさらりとしてこられたは、全く御出精の効見えたるものとの評判はお仕合せ、お仕合せ。

（三木竹二による明治二十六年一月興行「義経腰越状」評）[注41]

しかし、雀右衛門が演じた、「上等社会」の人々が「皆な下を向き、顔を掩ふ」ような「血まぶれ惨酷なる仕内」に対して、客席から賛辞が飛んだことからもわかるように、劇評家たちが批判する演技・演出を支持する観客が、春木座にはかなりの数存在していた。当の劇評家たちもそれは承知であったことは、「村に入ては村に随ふの本文、少しの当込も成べく、場当りもやられるがよしと云ふ。余も此略評に場当好みたればなり」[注42]、「向正面は大うけ、此座では此位にせねば請ますまい」[注43]といった言葉から窺える。最初に引いたように服部幸雄は、鳥熊芝居の興行法が「活歴に象徴される高尚趣味が幅を利かせるなどの風潮によって、大歌舞伎から多くの庶民の観客が離反していこうとする」時期にあって、東京の観客に鮮烈な印象を与えたことを指摘していたが、鳥熊芝居以後の春木座は、雀右衛門や右団治といった大阪において一線級の役者が出演したという点で鳥熊芝居以上に大きな存在感を東京劇壇において示していたと言えるのではないだろうか。

すでにいくつかの劇評を引いた芋兵衛こと鈴木彦之進は三十二年七月の逝去時五十六歳、いわゆる「天保老人」に当たる世代であり、歌舞伎役者では四代目小団次をもっとも称賛していたという。[注44]その彼は、二十四年に春木座の再開場にあたって次のように記している。

〔前略〕当座俳優《やくしや》扱ひの最も珍しく新奇なる事は、〔中略〕多くの腕利を集めて此間に少しも優劣の区別を立てず、誰を座頭に据ると云ふ事もなく、其の時々狂言の都合に拠り、中に最も身分高く品位ある役柄に当りたる者を以て一時の座頭に定むと云ふが如きは、宛《あた》かも宇内の共和国に於て其の大統領を撰むの趣に似たれば、評者は以後春木座を指して日本創立共和大劇とでも名付くべし。今や演劇改良競争の時代とて、世間至ッて八か間しく、一方には壮士活劇の旗を挙げんと謀るものあれば、他方には男女合同を唱へて互ひに騎虎の勢を示さんとせり。左れども茲に梨園の中華を以て自から任じ、傲然として世に誇れる彼の貴族的団隊の為に取り、最も恐るべき対敵と云ふは、決して是等出没処を定めざる浮遊の徒にはあらずして、今回屹然高く北方に旗揚したる此の新立共和国が大いに其の内政を新にし、勉めて衆民の任期を収め、遠く南侵の大望を懐けること、其の形跡已に明かならんには、之ぞ是れ最も侮り難き強敵なるべし。▼注〔45〕

幾分洒落も混じった文章ではあるが、ここでは東京劇壇に現れた「共和国」である春木座が、「傲然として世に誇れる彼の貴族的団隊」、すなわちこれより一年前に開場した「演劇改良競争の時代」を象徴する劇場である歌舞伎座の強敵となるであろうと、期待を込めて語っているのである（「北方」「南侵」は本郷の春木座が木挽町の歌舞伎座に対して北に当たることを言っている）。

おわりに

以上、従来あまり詳しく触れられることのなかった鳥熊芝居以後の春木座における歌舞伎興行について、狂言作者の変遷や、同座で上演された芝居に対する評価等を中心に見てきた。春木座には上方役者に加え、竹柴（勝）進助、佐橋五湖、竹柴（勝）諺蔵といった京阪で活動していた作者が一座しており、彼らが上演する芝居は「大阪風」であることが観客にも意識されていた。しかしながら、その「大阪」あるいは「上方」とは、すでに明治初年から東京劇壇の影響を様々な方面で受けて変革を迎えていた「大阪」「上方」なのであり、例えば春木座で頻繁に上演された諺蔵の作品は、黙阿弥の作品から多大な影響を受けていた。また、役者の演技や番付の様式の変遷を見てもわかるように、春木座の「大阪風」の芝居が東京で受け入れられるためには、東京のやり方に対する幾分かの譲歩が必要であった。

とはいえ、春木座の芝居は明らかに歌舞伎座に代表される東京劇壇の主流派の傾向とは異質なものと認識されていた。▼注[46] そして、そのような異色の存在が一般大衆による一定の支持を集め、新聞劇評家等からも「下卑」ているというような言葉を受けつつも、歌舞伎座への対立軸としての役割を期待されていたことは注目すべきであろう。春木座とは、「東京風」の影響によって変化を促された上方歌舞伎が、逆に東京劇壇に影響を与えた、いわば「還流」の場だったのである。

【注】

［1］ 佐藤かつら「明治期新興劇場の興行」『歌舞伎の幕末・明治 小芝居の時代』ぺりかん社、平成二十二年、二〇六頁。

[2] 木村錦花「本郷座」『演劇百科大事典』平凡社、昭和三十五～六年。ちなみに登美三郎はのちに九代目団十郎門下で五代目市川寿美蔵となる。
[3] 川添裕「勢州松坂　鳥屋熊吉（上）」『歌舞伎　研究と批評』第二十七号、平成十三年六月。
[4] 『朝日新聞』明治十三年六月二十四日、七月四日。
[5] 藤田儀三郎「大阪新町高嶋座のことども」非売品、昭和四十六年、三十三頁。
[6] 服部幸雄「鳥熊芝居の興行」『歌舞伎の原郷　地芝居と都市の芝居小屋』吉川弘文館、平成十九年、二八五～六頁。
[7] 岡本綺堂「鳥熊の芝居」『明治劇談　ランプの下にて』岡倉書房、昭和十年。
[8] 伊原敏郎『歌舞伎年表』第七巻、岩波書店、昭和三十七年、三二五頁。「家根弥こと安藤弥五郎」は、黙阿弥作「満二十年息子鑑」（明治十七年四月新富座）三幕目の台詞に「外にもあらふが浅草で、人に知られた家根屋の弥吉」（『明治文化全集　第十二巻　文学芸術篇』日本評論社、昭和三年、四七二頁）と謳われている浅草の侠客であろう。
[9] 文京ふるさと歴史館編『本郷座の時代――記憶のなかの劇場・映画館――』文京区教育委員会、平成八年。
[10] 鳥熊芝居以後の歌舞伎興行に関する資料としては、役者絵二点と辻番付一点の図版および、興行日数・観客数の表（『歌舞伎年表』第七巻による）が掲載されている（注9前掲書、十八頁）が、鳥熊芝居や新派に関する図版や解説の充実ぶりに比べて、かなり手薄であると言わざるを得ない。
[11] 明治二十六年の春木座の興行日数は二六六日、観客数は五十二万四千九百四人。同年の歌舞伎座は一五四日、二十六万一千百五十二人。二十七年は春木座の二二四日、四十三万二千九百九十三人に対して、歌舞伎座が一〇六日、十六万三千八百三十四人（伊原『歌舞伎年表』第七巻による）。
[12] 『読売新聞』明治二十年七月十三日、『歌舞伎新報』第八二三号（明治二十年九月）。
[13] 阿部優蔵『東京の小芝居』演劇出版社、昭和四十五年、四十四頁。
[14] 「春木座競売請求の訴へ」『東京朝日新聞』明治二十九年四月二十六日。
[15] 『読売新聞』明治二十九年十一月二十二日。同記事によると、「午後零時廿分より開会」した総会の「出席株主は委任状共

二百四人」であり、「創業以来の経歴を報告し、次で建物買入契約及創業費の承認を経、夫より定款の確定を為したる上、役員の撰挙を為して午後三時散会した」という。

〔16〕宮永孝「幕府イギリス留学生（上・下）」『社會勞働研究』第三十六巻第三・四号、平成元年十二月・二年三月。

〔17〕『読売新聞』明治十二年四月二十五日。

〔18〕『読売新聞』明治二十三年七月三十一日。

〔19〕「春木座の重役改選」『東京朝日新聞』明治三十三年五月一日。

〔20〕「春木座の破産決定」『東京朝日新聞』明治三十五年四月十五日。

〔21〕三木竹二による二十五年五月興行評。三木竹二『観劇偶評』岩波書店、平成十六年、二〇八頁。

〔22〕「春木座評判」『読売新聞』明治二十四年十二月二十二日。

〔23〕勝諺蔵と私と」『歌舞伎』第三十二号、明治三十六年一月。

〔24〕勝進助「勝諺蔵と私と」（『歌舞伎』第三十二号、明治三十六年一月）で、「私が狂言作者見習になりましたは、明治十三年十月で、私が二十四歳の時でありまして」と述べている。

〔25〕佐藤かつら「円朝作品の劇化――五代目菊五郎以前――」『鶴見大学紀要　第一部日本語・日本文学編』第四十五号、平成二十年三月。なお、岡本綺堂は明治二十年に春木座で円朝の「怪談牡丹灯籠」の脚色狂言を見た思い出を語り、「後に聞けばそれは座附の佐橋五湖といふ上方作者の筆に成つたのであつた」と記している（「寄席と芝居と」『思ひ出草』相模書房、昭和十三年）。

〔26〕勝進助「勝諺蔵と私と（続）」『歌舞伎』第三十四号、明治三十六年三月。

〔27〕注26前掲記事。

〔28〕注26前掲記事。

〔29〕新築開場の明治二十四年十二月興行の役割番付は未見。二十五年一月興行番付の作者欄は墨板になっている。

〔30〕『歌舞伎新報』第一四五七号に、三月十三日に大阪を出発したことが報じられている。

[31] 竹の屋主人「春木座略評（四）」『東京朝日新聞』明治二十六年二月四日。
[32] 明治二十九年十月弁天座「毎日新聞羽衣廼阿夏」。
[33]『歌舞伎新報』第一四三八号、明治二十六年一月。
[34] 芋兵衛「春木座評判」『読売新聞』明治二十七年四月七日。
[35] 芋兵衛「春木座評判」『読売新聞』明治二十六年二月一日。
[36] 芋兵衛「春木座評判（承前）」『読売新聞』明治三十年十二月二日。
[37] 芋兵衛「春木座評判（続）」『読売新聞』明治二十五年二月十四日。
[38] 芋兵衛「春木座評判（続）」『『読売新聞』明治二十七年二月六日。
[39] 芋兵衛「春木座評判（承前）」『読売新聞』明治三十年三月十二日。
[40] 寺田詩麻「近代東京の歌舞伎の辻番付――館蔵の明治期の資料を中心に――」『演劇研究』第二十五号、平成十四年三月。
[41] 注21前掲書、三三二頁。
[42] 劇童只好（関根只好）「春木座わる口評」『読売新聞』明治二十二年十月二十三日。
[43] 大凹山人、関根只好、森田思軒、久保田米僊、幸堂得知、立川猿馬、午野午前「春木座評判記（六）」『東京朝日新聞』明治二十五年六月十七日。
[44]「故芋兵衛翁（上）」『読売新聞』明治三十二年七月十日。
[45]「春木座評判」『読売新聞』明治二十四年十二月二十二日。
[46] なお、こうした「上方風」「大阪風」の雰囲気が濃い東京の劇場としては、明治五年に開場し二十年に焼失した中島座を挙げることができる。しかし、「大阪風」摂取の度合いでは、しばしば大阪の一線級の役者が出演し、作者も諺蔵や五湖を擁した春木座には及ばないであろう。中島座の上方的な要素については、佐藤かつら「中島座の芝居」（注1前掲書所収）で言及されている。

附録　東京都立中央図書館加賀文庫蔵『合載袋』

――明治期狂言作者の手控え――

はじめに

東京都立中央図書館加賀文庫に所蔵されている『合載袋』は、明治期に主に大阪において活躍した狂言作者三代目勝諺蔵の明治十五年二月頃の手控えで、内容は当時諺蔵が接していたと思われる諸書からの抜粋である。引用は役者評判記、浮世草子、俳文集、実録等から行われているが、その中に井原西鶴の浮世草子四作（『本朝桜陰比事』、『西鶴織留』、『日本永代蔵』、および『好色五人女』の改題本である『当世女容気』）が含まれていることは興味深い。加賀文庫には他に二点の諺蔵の著作の稿本が残されており、そこからは彼が芝居に関する考証随筆のようなものを執筆しようとしていたことが推測できる。以下、『合載袋』の翻刻を掲げるとともに、それらの資料との関連も含めて簡単な考察を行いたい。

書誌

東京都立中央図書館加賀文庫蔵（一〇五八九）。写本、一冊。半紙本（二十四・七×十七・一糎）。黄土色布目地表紙。題簽、「合載袋　勝諺蔵稿本」（墨書、左肩、白色無地短冊形（十五・二×三・〇糎））。丁数、七丁。行数、十二行・十四行・十六行・十七行。蔵書印、「東京都立図書館蔵書」（扉、五・〇×五・〇糎、朱方印）、「加賀文庫」（本文第一丁表、二・五×〇・六糎、朱、無枠印）。

翻刻

〔凡例〕

一、原則として通行の字体を用い、原文に適宜句読点、濁点を施した。
一、引用文には適宜鉤括弧を施した。
一、原本に誤字・脱字が見られる場合は「ママ」のルビを付した。
一、本文の各丁末に（1オ）（1ウ）の形で改丁を示した。
一、便宜上、各記事の先頭に【1】、【2】、……の形で記事番号を付した。

〔扉〕

明治十五午年二月十五日ヨリ之控
合載袋
第壱号

〔本文〕

【1】京　役者返魂香（正徳四年其磧作京の巻序文）に、「上略とうから〱と打太鼓の役は、十二人のやぐら男。八人の木戸は切手返の無《ム》をとめ、高間が場所に銭とゞまん」と云々。

【2】京　本朝桜陰比事（元禄二年板）「人の名をよぶ妙薬」といふ条に、「俄に栄花仕やうもしらねば、明暮札銭出して芝居見るより外はなく、いまだ遊山の同道もなく、半としあまりも暮して、京とてもさのみおもしろ

からぬやうに思ひぬ」云々。

【3】食類 同書「仏の夢は五十日」といふ条に、「其家主は一向宗にて、隠れもなき精進嫌ひ。霜月廿八日もかまはず、杉《スギ》焼のまはり振舞して」云々。

【4】○瀬川竹之丞伝 内侍所 元禄十六癸未年俳師三千風の序。又正保元甲申年貝原篤信の序アリ。正保元年は元禄改元の年なり。に『播州杉原』を引て曰、「折にふれては宮川町に行て、其比瀬川竹之丞といふ野良を呼で遊びしが、歌舞妓を勤る者は所作に凭れて夜は草臥《クタビ》る事甚しき者なればとて、一夜遊ぶべき覚語《ママ》に究めて宵の内僅に酒盛して、我も退屈の体にもてなし、はやくいねて遊党を心安く休息させけるにぞ、竹之丞悦び、大石ならで客といふものなきやうに（1オ）心得、参会の度々むつまじく挨拶して良雄が志にめでけるが、是に付大石死後に寺町広山寺に墓をもふけて、忌日弔ひけると也」云々。

【5】○狂言の趣向 本朝桜陰比事「昔都の町静にして、めづらしき取沙汰絶て何がなと聞耳たつる折ふし、五月雨のにごり水に桂川の瀬を不思義《ママ》なる物の流れきたれり。新しき長櫃に錠を相おろして、その上に白幣《ハクヘイ》をさして置ぬ。里人の何がし、是を見付ておの〱呼に来りて、是は何とも合点しかねて、「兎角《トカク》此まゝにはおかれじ、先神職の物と見ゆれば、吉田、萩原《ハギハラ》の御家へたづね見ん」といふ。近《チカ》道に御前《ゴゼン》へと内証極《キハ》めて持参いたし、ことがましく子細をこめて申上る時に仰せ出されしは、先《マツ》錠前を明させてご覧なされけるに、年ひさしき瀑首《サレカウベ》五つ、女の黒髪入乱《ミダ》れし。いづれも驚き、「是はいかなる事ぞ」といよ〱不

思義《ママ》の顔付せし時、何の御詮義《ゴセンギ》もも《ママ》なく、「此長櫃《ヒツ》はそも〳〵壱人して見付るか、又は大勢して見るか」と御たづねあそばされし時、是に罷在候何がし一人して見付候段申上る。「おのれ無用の物を見つけ、其一里の者どもに難義《ママ》を掛たる過怠《クハタイ》に、是よりすぐに四条川原に行て、今度《コンド》桂川を流《ナガレ》し長持の（1ウ）噂を浄瑠利《ママ》狂言に取組仕る事、かく曲事のよし、芝居中へ急度触《フレ》わたすべし」と仰せ付れ、子細なく相済けるとや。是は役者ども狂言の種に拵へ、かつら川に流しけるが、彼の里人たのまれしを、はやく御気を付させられ、外へさわらぬ御仕置。長持は野寺へあげ、いかなるむかしのしれぬ瀑首《シャレカウベ》、おもひもしらぬ御弔ひ請けると也」云々。〔画様《ママ》ハ同書ニアリ。〕

【6】坂　河竹の考　和漢文操 巻の三双六行に、「此世を夢のふしみ《伏見》なるすみぞめの奥にすむ人あり中略　むかしをきけばなにはめ《難波女》の名に流れたるかわたけ《河竹》やふしみ《伏見》の里の住ゐとても皆たゞかりのちぎりなりけらし」云々下略。此文の注に曰、「難波女の芦のしのやのしのすゝき一夜のふしもわすれやはする。按スルに此詞は難波ノ遊女ヲ請出シテ今ノ伏見ニ住セケン。河竹ハ例ニ節ノ鎖ナリ」云々。又評ニ云、「さて此行の奥書に難波に潮江のなにがしといふ者ありて、都がよひの雨やどりに此女を伏見に住せたるが、墨染は彼が古郷なるよし。今のありさまを此行につくりて一軸の記念に残し侍れど老のにげなき口ずさみなれば、我名を例の華表人《トリイ》にゆづりぬ下略」云々。

【7】天和二年　当世女容気 貞享頃の印本「きのふは嶋原に、もろこし、花崎《サキ》、かほる、高橋《ハシ》に明し、けふは四条川原の竹中吉三郎、唐松歌仙、藤田吉三郎、光瀬《ミツセ》左近など愛して、衆道《ダウ》、女道を昼夜のわかちもなくさま〴〵

遊興つきて、芝居過《スギ》より松屋といへる水茶屋に居ながれ云々。此書出しに天和二年の暦、正月一日吉書《キッショ》万よし」とあり。（2オ）大経師の物好きをいふ条也。

【8】吉弥　当世女容気女の風俗といふ条。大経師の条に、「其跡に廿七八の女さりとは花車《キャシャ》に仕出し。三つ重《カサネ》たる小袖、皆黒はぶたへに裾取の紅うら、金のかくし紋、帯は唐織寄嶋《ヨリシマ》の大幅、前にむすびて。髪はなげ嶋田に平髻《ヒラモトユヒ》かけて、対のさし櫛、はきかけの置《オキ》手拭。吉弥笠に四つがはりくけ紐を付て、顔自慢にあさくかづき、ぬきあし中びねりのありきすがた」云々。

【9】藤田　当世女容気大経師茂兵衛の事といふ条に、「明れば都の名残とて東山しのび〳〵に四条川原にさがり、「藤田狂言づくし、三番つゞきのはじまり」といひけるに、「何事やらん、見てかへりておさんに咄しにも」と、円座《エンザ》かりて遠目をつかひ、「もしも我をしる人も」と心元なくみしに、狂言も人の娘をぬすむ所。是さへきみあしく、ならび先のかた見れば、おさんさまの旦那どの。たましゐ消てぢごくのうへの一足飛《ソクトビ》、玉なる汗をかきて木戸口にかけ出、丹後なる里にかへり」云々。

【10】嵐三右衛門　薩摩源五兵衛　当世女容気薩摩源五兵衛の事といふ条に、「互《タガイ》に世をわたる業とて都にて見覚し芝居事種となりて俄に顔《カホ》をつくり髭、恋の奴の物まね、嵐三右衛門がいきうつし、「やつこの〳〵」とはうたへども、腰さだめかね、「源五兵衛どこへ行、さつまの山へ鞘が三文、下緒が二文、中は桧木《ヒノキ》の」あらけなき声して、里々の子共をすかしぬ。おまんはさらし布の狂言奇語《キギョ》に身をなし、露の世をおくりぬ」

云々。

【11】長太夫　色道さん気男作者善教寺猿算宝永四年印本　「たのしみきはめぬさきを花とやめで、けふはおつ《ツ》うが女舞の七兵衛が花火見物の人形のたらわぬ長太夫のあやつりもおかし」云々。

【12】祭文　色道さん気男に、「ちとお気ばらしにぎおんさまや清水へまいらんせ。今はみやうがの丸がさいもん。おもしろい事でござんす。」（2ウ）

【13】男色　飛子やといふ事　色道さん気男「宮川町によすが有て、付めしくふて、ねぢぶくさのかるうなるに気をへらし居けるに、是でもすまずとそこのあるじをたのみ、飛子屋へ奉公しけるに、それしやどものしいれやうは、まづ長崎のあらひこに身内を一皮むきて、よそほひみよし野の初花をあざむき、髪はひすいのごとくすき、入る花の露のまも身のきめあれぬやうにと、かりにもすいもの、からいものくはず、くびすぢ、ひたゐのおくれをおぎなひ、紅粉《ベニ》おしろひに顔は極さびしきにけつらひければ、みかはすやうになるに、おやかたもゆく〳〵は我にかゝらんと悦けれど、もとより此道のしろとなれば、酒事おかしからず、座敷つきもまだきのふけふのしこなしにて、さばけかねけるを、おやかたかけまはり、方々の旦那といふ人へつきつけ売しけるに、後にはぼつ〳〵三味線小歌も間をあわせ、公儀《こうぎ》合もよくなるにしたがひ、来年は舞台をふませうといひける」云々。

【14】朝比奈もさ詞 同書 白人に首尾して逢ふ条に、「今宵は売《ウリ》きつた身なれば、他の客なぞにそんなぶさほうはならねど、こなしやすいはそれだけがいなかのもさ。はりあひをかけて酒を言つけ、ゑひふさせ」云々。

【15】猿ごうの対 同書 白人に袖を着がへて客に出る条に、「客どもは小袖数《カヅ》見せがほにと、いはぬ斗のわるごういふにとりつき、大きなさかづきにてせめかけて、もりつぶせば」云々。

【16】絵草子 同書「つま琴のおとこけいせゐ」の条に、「此の亭主は元来、都団栗《ドングリ》のづ《づ》しに絵草子のあきないいたせしに、いつの頃にか此所に後家ととり合《あい》て、諸家中へ奉公人のきもいりして世をわたり居る」云々。

【17】水木辰之助 同書「たそがれの不心中」の条に、「芝居の役者などになつては、よいきぬきて、人に名をしらるゝのみで、不断借銭たへず、そのうへもし評判わるければ、何くふまいとまゝになる事ぞかし。仕合よふて給銀《キウギン》とりあげるほど、衣装に物がいりて、仲間のつけとゞけ振舞《マフ》たり、ふるまはれたり、相応に世威《ぜい》をやらねばならず、それ〳〵の風が吹く。世の人、「そんじよ（3オ）その役者は、三百両の給金取りながら質をく事、奢がつよいか」といふは、みなわけしらぬゆへ也。きやうげんのかはり〳〵に、二つか三つか小袖こしらへぬといふ事なし。その外上下帯のまはり、芸によつて大口、ひたたれ、かづらなど、あらましなんぼしまつしても二百両余も入事也。残百両で茶屋、みそ屋、魚《うほ》屋、青物、薪屋賃《タキヤチン》、六七人口の世帯、壱分もあまるはづなし。古着は小づめ、下《した》役者にやりしが、今は中々はりなをし、色あげ、つかはるゝだけはつかふて、ぬけめのない事ぞかし。もしも太鼓に行て少の花もあれど、是友達のつきあひ義

理にせまつて茶屋あそびなどすれば、たまらず。女がた、わかしゆがたの色に、夜の公儀《コウギ》斗りをあてにするは、わづか五十両かずいぶんようて七十両の給金なれば、衣装代にたらず。座本へ入立して奉公する事なれども、舞台ふ《フ》まねば若衆がうれず、又百五十両から二百両此うへの給金取ル野郎はとし廿八九過ざれば、高給金とれず。その時は又客がならず、よい事は二つなし。大坂斎藤新八が子に牛《うし》松とて、こちがおぼへし迄飛ありき、あないちせしが、ふと大和屋甚兵衛世話にして、鶴川辰之助とてこしもと役をせしに、鶴の字御法度の折から水木とかへしが、是しぜんと女方の上手にて、京へ来てたぐひもなくあたり、江戸へ行ては猶よく、武士がたへしのび〳〵によばれて様子よく、かれこれと金子二千両ためて親の方江戸よりかはせにしておこし、家かはせけるが、役者に金でかしたるは是斗日本無双の上手にて、しかも仕合よくてやう〳〵二千両なれば、いはゞわづかなり。あきんどの、でつちの三蔵から十万両出来たものは、京、大坂その外にも数をしらず」云々。

【18】三味せん名人ノ名　色道さん気男「有馬山の美人茶」の条に、「「わたしがひなびたるおさかないたしませふ」と、孫兵衛忠兵衛が的伝《テキデン》（3ウ）かとおもふほどなる、かくばちの小うた。一期のはれとやおもひけん」云々。

【19】小佐川重右衛門　色道さん気男「其後此十内に似たる男、大坂嵐三右衛門芝居に小佐川重右衛門とて立役の名人あるが、十内に瓜《ウリ》二つと也」云々。本文に述る所は、姫路の者にて十内といへる人の事をいへり。此頃に小佐川重右衛門に似たる人物と見へり。

【20】山下宇源太　城久米の琴　沢都の三味せん　色道さん気男「けいせいのたなおろし」の条に、「伊勢講に茶臼山へ行て終日《ヒメモス》遊び、戻りあしに足代屋《アジロヤ》へ山下宇源太をとりよせ、勝手に京下りの白人の目見へをむりにかりよせ、呂別はききやうのきよ、さくらのあざあふぎの類ひ。是でおかしからず中《ナカ》へおせとて、九軒の京屋がざしきに高田小ふぢ、八重桐《やえぎり》、うてなどよびよせるに、我も見てはゐられずぎりづくになつて、和泉屋のみよし野をよびけるに、城久米《じやうくめ》が琴、沢都《さはいつ》が三味線も更行月に酒もとらせて、水ぞうすいもくはずに引舟の歌仙にけんべきひねらせ、いつねぶるともしらず」云々。

【21】けいせい沖の石の狂言　弁当持　色道さん気男「さんじきの玉《ぎよく》ふよう」の条に、「片岡仁左衛門芝居にけいせい沖の石といふ狂言、よしざはあやめ一世一代の出来もの。我も朋《ほう》友にさそはれ行けるに、近年おぼへぬ大入、木戸口までつまりて、さじきの下、舞台のうへ、すしのごとくの見物。狂言は見ずして、みな西の方へかほむけてゐるを、何事ぞとおもへば、さんじきにはたち斗の女房。そのおもかげみるに、ほとりまばゆく、きゆるごときのようぎなり。さればにや、かほどにうつくしき女も世に又なきものなればこそ、貴賤男女はいふにおよばず、きやうげんするやくしやまでも、此女に見とれ〳〵て、せりふ何とするやら、わけもなし。べんたうもちの作介にとへば」云々。

【22】小歌岩井　嘉太夫ぶし　西鶴織留 正徳二年印本 親の手に合ぬ子といふ条に、「惣じて音曲鳴物、四座の直伝とならひ請、連歌は新座池《しんざいけ》へ立入、俳諧は難波の梅扇を里にむかへ。立花は池の坊に相生《あいおい》迄習ひ、鞠は（4オ）

紫《むらさき》腰をゆるされ。茶の湯は金森の一伝、物読は宇都宮に道を聞、碁所に二つまで打なし、揚弓は一中《ちう》がゝりに大金貝《かながい》の看板、十炷香《じしゆかう》は山口円休《ゑんきう》に聞覚へ、有《ゆう》職の道者《みちしや》にしたひ、此外、琵琶《びわ》、琴は葉山、小歌は岩《いわ》井、嘉太夫ぶし。弥七が文作、あふむが物まね、おかし仲間のする事までも口拍子にまかせ、「かゝる器用人の有《ある》事、此所の外聞」と皆人もてはやせば、其身渡世の事をかつてしらず、殊に肝大気《きもたいき》に生れつき、当座に思案なく、金銀手にもたせ置ば、おそろしき虎落《もがり》ともかたられ、新田、金山《かなやま》、芝居の銀本《かねもと》、博奕《ばくち》の筒《どう》にかゝり」云々。

【23】幸若の事　西鶴織留　「昔日舞太夫の幸若、越前より都にのぼる時、山《さん》中にてむら猿舞を望みて後、太刀を一ふりほうびに出しける。是猿太刀とて幸若の家に伝へり」云々。

【24】朝比奈の紋　西鶴織留　「惣じて絵馬は万人の目にかゝれば、かりそめながら大事の物なり。都の清水に長谷川長蔵が筆にて五郎朝比奈が力くらべを書り。此袴のまちのひだ折たる上に、心もなく舞鶴の紋がら書たる所、猪熊《ゐくま》の染物屋の下女が見出して、洛中是沙汰になり、長蔵一生これをわづらひけると也」云々。

【25】道頓堀芝居　西鶴織留　「此程の道心《だうしん》のむすびし新庵、気を付て見るに皆おかし。東高津に毎日薄おしろいをする出家あり。塩町に常住ひりんずの内衣《ゆぐ》して居る尼あり。長町に魚《うを》釣針して売る坊主《ぼうず》あり。道頓堀にしのびがへしうつたる草庵あり。天王寺に鉢坊主に衣の日借《ひがし》をとせいにする出家あり。又藤の棚近くに十日切の借銀《かね》して明暮十露盤に心をつくす坊主もあり。あたまを剃、墨衣着て形《かたち》は出家になれども、中々

内心は皆鬼にころも也。鉦たゝきて念仏申て、それぱかりにてすむ世の中にはあらず」云々。

【26】寛濶曽我外題 風流倭《日本トモ》荘子 此草紙の初に元禄十四年辛巳今月今日と書出しと画風を見るに宝永頃の印本と思わる。に、「世智《セチ》を思ふはにくからず。判官の御事を太郎（4ウ）冠者に取なし、御前《ごぜん》義経記と改め、富士野ゝ夜打を寛濶《クハンクハツ》曽我と題号して、家暮《ヤボ》てんの教《ヨシヘ》とするも、みなこれ世智のなす所」云々。

【27】三勝拵らへ 世之助の事 風流日本荘子「世之《ヨ》助が嶋《シマ》渡り、山勝《サンカツ》が心中、椀久がもんさくなどに心をうつし、色を色として賢に易《かへ》たる浮気男の沙汰」云々。

【28】西国兵五郎 南北三ぶ 風流日本荘子「結納《ゆいいれ》の遣損《やりぞん》」といふ条に、「夢にも着た事のない絹布類《けんぷるい》、犬に肩衣、乞食に朱椀。不相応なる出立にて俄にやつす口上。立ふるまいのおかしさは、西国兵五郎がむこ入。南北三舞《さぶ》が公家の真似にその侭なり」云々。

【29】風流日本荘子「或人の申されしは、「狂言芝居で心中を研《みがく》貞女の意気地を丸裸にしてみせるは、性悪《シヤウワル》女房の手本に能事じや。此春江戸から帰り新参荻野左馬之丞が、山下半左衛門芝居に出て、新嫁鑑といふ狂言を勤《つとめ》、京上郎の白顔をくわつと赤くさする事度々なり。何と見ヤクの米立覚があろふ。そふじやないか。」」 評にいはく荻野左馬之丞事、江戸にては沢之丞と申候へども、京へ帰り候ては昔の名に改申候已上云々。

此草紙に山下半左衛門芝居の図あり

【30】山崎与次兵衛吾妻が事、『浪花の聞書』といふ書に、

○河辺郡山本村に一宇の庵室有り。山本常念仏といふ。則与次兵衛吾妻が二像を置。是与次兵衛が旧地也とぞ。与次兵衛が称号は坂上氏なり云々。

【31】享保九辰年三月大坂大火御改書附に、

・道頓堀芝居　五軒焼失　（5オ）

但　若太夫座　竹田座　出羽座　津川万太夫座　嵐三右衛門座

松嶋万太郎座　榊山小四郎座　筑後座

右三軒残る云々

右は享保九辰年三月廿一日午の刻、堀江橋通り三丁目金屋喜兵衛借屋金屋妙智方より出火にて、同廿三日朝火鎮る。

・大坂三郷町高六百八丁の内焼失四百八丁　大坂　三百八町

天満　七拾町

・家数六千七百六十九ヶ所　大坂　六千二百四十七ヶ所

天満　五百拾八ヶ所

・竈数六万千二百九十二軒　大坂　四万七千八百卅九軒

天満　壱万三千四百五拾三軒

・土蔵千九十七ヶ所

・橋数五十三橋之内

大坂　七百七拾八ヶ所
天満　三百拾八ヶ所
難波橋　天満橋　天満《神》橋
高麗橋　本町橋　農人橋
日本橋　右七橋公儀橋
外町橋　四十六橋焼失

此外諸家邸、船焼等おびたゞしき事也。（5ウ）

【32】朝比奈の鶴の紋の事　貞享五戊辰年上木の日本永代蔵品々をいふ条に、「中将姫の手織の蚊屋、人丸の明石縮、阿弥陀の涎かけ、朝比奈が舞鶴の切、達磨大師の敷蒲団」と云々、並べて出せり。

【33】大和や甚兵衛　日本永代蔵諸芸をならべていふ条に、「浄るりは宇治嘉太夫節、おどりは大和屋の甚兵衛に立ならび、女郎狂ひは嶋原の太夫高橋にもまれ、野郎遊びは鈴木平八をこなし、噪《さは》ぎは両色里の太鼓に本透《ほんすい》になされ、人間のする程の事、その道の名人に尋ね覚へ」云々とあり。

【34】玉川玉《ママ》之丞　〇『日本永代蔵』に。「惣《ソウ》じて役者子供の取銀は、当座の仇花ぞかし。玉川千之丞女形して河内通ひの狂言一番《バン》を一日小判壱両に定め、一年三百六十両づゝ取ぬるも、伊勢へ引込み、死る時は昔の舞台衣装も残らず。其時の栄花楽しめる外なし」と云々。（6オ）

解題

『合載袋』は初めに述べたように、明治期の狂言作者三代目勝諺蔵の手控えである。原表紙に「明治十五午年二月十五日ヨリ之控」とあり、執筆開始の時期を知ることができるが、どれほどの期間にわたって書かれたものであるかは不明である。「第壱号」と記されていることから、これよりも後の時期の手控えも存在することが想像されるが未見である。南木芳太郎は「明治の大阪劇壇と勝諺蔵」（『歌舞伎研究』第十四号、昭和二年四月）の中で「私が所蔵せる諺蔵の手記した諸事書留帳」を資料として用いている。南木が文中で引くのは諺蔵の家族関係等に関する部分であるが、「この控帳にはいろんな心覚えが記されてゐる」といい、あるいは『合載袋』に続くものかと思われる。▼注[1]

資料の内容について触れる前に、執筆者である三代目勝諺蔵について、筆者が以前執筆した記事を引いて紹介しておく（『最新歌舞伎大事典』〔柏書房、平成二十四年〕の「勝諺蔵」の項目）。

弘化元年（一八四四）―明治三十五年（一九〇二）十月二十七日。勝能進の子。江戸諏訪町に生まれる。本名彦兵衛。のちに本姓も勝とする（一時、杉立姓を名乗る）。三代目瀬川如皐に入門して文久二年（一八六二）正月より浜彦助を名乗り中村座へ出勤。明治五年（一八七二）大阪へ赴き勝と改姓、以後は主に父との合作で多くの作品を執筆。明治十一年に三代目を襲名。明治十七年、竹柴と改姓。明治二十五年から大阪各座と東京春木座の立作者を兼ね、翌二十六年に上京して再び勝姓に復す。明治三十四年再び下阪し同地で歿する。明治十年代半ばから『朝日新聞』などの新聞小説を盛んに脚色したが、その内容は後の新派につながるものと評価される。また、新聞記者・作家の宇田川文海らとともに大阪における演劇改良の動きにも積極的に関与した。作品に『撮紋鮮血染野晒《つまみしぼりちぞめののざらし》』、『ヴェニスの商人』の翻案『何桜彼桜銭世中《さくらどきぜにのよのなか》』など。

幕末期以来、新作狂言が払底していた大阪劇壇にとって、明治五年頃に、東京で河竹黙阿弥の高弟として活躍し、短い時期ではあるが市村座の立作者をも勤めた河竹能進（当時は二代目諺蔵）と、その息子である諺蔵が来阪したことは非常に大きな意味を持っていた。能進・諺蔵親子は、明治期の大阪において多くの新作を執筆するとともに、黙阿弥の作品や作風の移入にも重要な役割を果たした。▼注[2]

『合載袋』が引く文献は以下の通りである。

【1】役者評判記『役者返魂香《やくしやはんごんこう》』（江島其磧作、正徳五年刊）京の巻、開口部
【2】浮世草子『本朝桜陰比事《ほんちょうおういんひじ》』（井原西鶴作、元禄二年刊）巻一の五「人の名を呼ぶ妙薬」
【3】同、巻二の三「仏の夢は五十日」
【4】実録『赤穂精義内侍所《あこうせいぎないしどころ》』
【5】『本朝桜陰比事』巻四の七「仕掛物水になす桂川」
【6】俳文集『和漢文操《わかんぶんそう》』（各務支考編、享保八年刊）巻の三「双六行」
【7】【8】浮世草子『当世女容気《とうせいおんなかたぎ》』（享保五年刊、西鶴『好色五人女』改題本）巻三の一「姿の関守」
【9】同、巻三の五「身の上の立聞」

【10】同、巻五の五「金銀も持ちあまつて迷惑」
【11】浮世草子『色道懺悔男《しきどうさんげおとこ》』（善教寺猿算作、宝永四年刊）、巻六の二「しもく町の銀のこゑ」
【12】同、巻一の三「しほれかゝれる都のやさ女」
【13】同、巻一の四「白人のほんにあだぼれ」
【14】【15】同
【16】同、巻二の一「つま琴のおとこけいせゐ」
【17】同、巻二の二「たそがれの不心中」
【18】【19】同、巻二の四「有馬山の美人茶」
【20】同、巻三の三「けいせいのたなおろし」
【21】同、巻四の三「さんじきの玉ふよう」
【22】浮世草子『西鶴織留』（井原西鶴作、元禄七年刊）巻一の一「津の国のかくれ里」
【23】同、巻二の一「保津川のながれ山崎の長者」
【24】同、巻四の三「諸国の人を見しるは伊勢」
【25】同、巻五の一「只は見せぬ仏の箱」
【26】【27】浮世草子『風流日本荘子《ふうりゅうやまとそうじ》』（都の錦作、元禄十五年刊）巻一の一「恋の棚をろし」
【28】同、巻三の三「結納の遺損」
【29】同、巻五の二「夫婦のむつ言」
【30】『浪花の聞書』（未詳）

【31】享保九辰年三月大坂大火御改書附（未詳）
【32】浮世草子『日本永代蔵』（井原西鶴編、貞享五年刊）巻一の四「昔は掛算今は当座銀」
【33】同、巻二の三「才覚を笠に着大黒」
【34】同、巻四の三「仕合の種を蒔銭」

十一種の文献から三十四の記事が引かれているが、そのうち六種、記事数では二十八が浮世草子である。その中には四作の西鶴浮世草子が含まれる。西鶴作品は近世後期から明治前期の時期にかけても全く読まれなかったわけではないが、淡島寒月らによる西鶴「再発見」▼注[3]とほぼ同時期に歌舞伎の狂言作者が何らかの形での利用を念頭に置いて、西鶴作品に触れていた事実は、西鶴受容の一例として興味深い。浮世草子以外には正徳五年正月刊（諺蔵は四年とする）の役者評判記『役者返魂香』、赤穂事件を描いた宍戸円喜（都の錦）の実録『赤穂精義内侍所』、各務支考編の俳文集『和漢文操』等、元禄から享保頃の文献で占められている。

諺蔵がこれらの文献を閲読していたのは、芝居に関する考証随筆的著作の構想を持っていたためであろう。もちろん、自作の狂言執筆に生かすという意図もないわけではないだろうが、▼注[4]『合載袋』に引かれるのは、いずれも狂言や役者に関する言及や、作中人物の観劇場面、遊里に関する記述などで、小説等だけでなく「享保九辰年三月大坂大火御改書附」（未詳）▼注[5]というような文書からも引用を行っており、元禄前後の芝居やその周辺の文化に対する強い関心が窺える。『風流日本荘子』巻五の二の引用（記事番号【29】）の後には、実際に図版を掲げてはいないが、「此草紙に山下半左衛門芝居の図あり」という注記が見える（図13）。

『合載袋』所引の記事は、『色道懺悔男』の巻六の二からの引用が巻一の三の引用の前に置かれる（記事番号【11】、

図 13『風流日本荘子』巻五挿絵
〔大阪府立中之島図書館甲和 751〕

【12】のを唯一の例外として、原則として原本中の登場順序通りに書き抜かれており、読書ノート的性格の強いものと思われる。これに対して同じ加賀文庫に収められる諺蔵の自筆稿本である『歌舞伎濫觴』と『芝居考』は、より体系的な著作の体を成している。前者は天正三年から文禄四年までの各年の見出しに続いて、歌舞伎に関わるその年の出来事を記した年代記的なもので、引用文献としては『明月記』『歌舞妓事始』『和漢三才図会』『室町殿日記』『雍州府志』等が見える。後者は、「狂言作者部類」「芝居」「大坂芝居旧地」等の章からなり、過去の狂言作者の事蹟、歌舞伎の歴史、各劇場の来歴等を様々な文献を引用して考証したものである。『芝居考』の方には、半丁分を空白にして図版の指示のみを書き込んである箇所が複数存在し、出版を意図した稿本である可能性が高い。『合載袋』と『歌舞伎濫觴』または『芝居考』で重複して引用されている記事は見出せないが、諺蔵が『合載袋』という形で諸文献中の芝居に関係する記事を書き留めていたのは、こうした考証随筆的著作に用いるためであったと考えられる。

おわりに

諺蔵が女歌舞伎から元禄歌舞伎までの比較的早い時期の歌舞伎や大坂の劇場について考証を行い、また『芝居考』でも近松門左衛門にかなりの紙数を割くなど、前期の上方歌舞伎に強い関心を持っていたと見られるのは、主に大阪において活動し、宇田川文海らとともに大阪文藝会を組織した彼の経歴も影響しているであろう。近世期の大坂の文化に対する関心の高まりは、文海も主な執筆者の一人であった大正期の『上方趣味』や昭和初期の『上方』といった雑誌の刊行へとつながっていくが、諺蔵をそうした流れの先駆者と見ることもできるかもしれない。

諺蔵の江戸時代前期の上方文化への関心の中でも目を引くのは、すでに触れたように彼が西鶴浮世草子を複数読んでいる点である。狂言作者の著述中で西鶴に触れたものとしては、西沢一鳳『伝奇作書』初編（天保十四年成）冒頭に、西沢一風、八文字屋自笑、近松門左衛門、江島其磧、竹田出雲とともに西鶴の伝が記されている例があり、また、同じ一鳳の『皇都午睡』初編下（嘉永三年成）にも西鶴の矢数俳諧に関する簡単な記事が見える。しかし、一鳳はこれらの書中で扇屋夕霧や吉野、八百屋お七等に触れながらも、西鶴の浮世草子には言及していない。改題の最初に記したように、この『合載袋』はごく限られた時期の諺蔵の読書内容を反映しているにすぎないと思われるが、明治初期の狂言作者が西鶴浮世草子のどのような箇所に興味を示したのかを、具体的に知ることができるという点では興味深いものと言えよう。

【注】

［1］現在の所在は不明。大阪城天守閣所蔵の南木コレクション中にも見出すことができない。戦災によって失われた可能性が高いか。

［2］詳しくは第三章第一節において論じた。

［3］淡島寒月「明治十年前後」『早稲田文学』第二二九号、大正十四年三月。

［4］浮世草子と演劇の関係では、出版と同時代の歌舞伎との関係が注目されがちであるが、幕末・明治期の歌舞伎における摂取の状況等、後代への影響についても改めて考察すべきであろう。

［5］享保九年三月の大坂大火、いわゆる「妙知焼」の被害状況について、焼失件数等を挙げて詳しく記したものとして、「春のかりや物かたり」（『大阪編年史』第七巻、大阪市立中央図書館、昭和四十四年所収）や、諺蔵も目にする機会があったのではないかと思われる、狂言作者浜松歌国の随筆『摂陽落穂集』巻八等が挙げられるが、『合載袋』所引の数字とこれらの資料の数字には若干の齟齬がある。

おわりに

本書では、幕末・明治期という日本の社会そのものが大きく変化していく時代の歌舞伎の、多様な全体像に迫るべく考察を行ってきた。最初に述べたように、従来この時期の歌舞伎に関しては、最初の通史である伊原敏郎『明治演劇史』以来、明治十年代の新富座および二十年代以降の歌舞伎座、明治座が「正統」とされ、それ以外の劇場や、東京以外の地域は「傍流」的に見られてきた。そして、研究においてもっぱら扱われてきたのは「正統」派の劇場であり、そこで演じた役者、彼らに作品を提供した作者などであった。たしかに、新富座・歌舞伎座の系統の芝居は今日の歌舞伎に直接連なるものであり、この枠組み自体は有効である。しかし、あまりそれにとらわれすぎれば、「正統」なるものの全貌も見えてこないし、「傍流」のなかにある今日の歌舞伎とのつながりを見落とすことにもなってしまう。

そうした問題意識のもと、まず第一章では右の枠組みでいう「主流」の劇場や、当時一流と目された九代目市川団十郎、五代目尾上菊五郎、初代市川左団次といった役者、河竹黙阿弥やその門弟といった作者が関与した作品に関して考察を行った。

明治初年、変わりゆく世にあって五代目菊五郎は、家の芸である「四谷怪談」を上演するにあたって、すでに祖父三代目菊五郎や五代目坂東彦三郎が試みていた、大詰に祭礼の場を置く演出をとった。しかし、その祭礼を於岩稲荷の祭礼としたところが新しく、その背景には役名に実名を用いるなどの動きが生じつつあった当時の劇界の状況があった可能性がある。なお、五代目以降この演出は彼の直接の後継者たちには引き継がれなかったが、小芝居や上方役者によって戦後まで命脈を保ったのであった。

このように古典作品が時代の変化から影響を受けた一方で、新時代の世相を反映した新作の中にも、既存の古典作品の要素が利用されていた。黙阿弥最初期の散切物であり、初めて本格的に明治の社会を描いた作品である「東京日新聞」の主人公鳥越甚内は、単なる旧士族としてではなく、同じ興行の一番目狂言に登場した平家の遺臣・悪七兵衛景清のイメージを投影する形で描かれていた。

黙阿弥はその後の散切物のなかでも、さまざまな形で古典のイメージを利用し続けた。そのなかで登場したのが、上方狂言「乳貰い」などのイメージから生まれた「水天宮利生深川」の主人公船津幸兵衛であった。黙阿弥は観客がすでに共有している古典的イメージを用いることで、新時代に適応しきれない甚内や、極めて生活力に乏しい幸兵衛といった人物を印象的な形で創造した。こうした散切物における「旧時代の残滓」は、長らく散切物が演劇として発達途上の未熟な形態であることの証のように捉えられてきた。しかし、黙阿弥の古典的イメージに対する態度は、新たなものを作り出すための積極的な利用として捉えるべきである。さらに踏み込んでいえば、黙阿弥の試みは、ある意味では景清や「乳貰い」といった古典的登場人物、古典作品の、明治初期における

「読み直し」であったと位置づけることもできるのではないか。

「西洋噺日本写絵」も、散切物全般と同様、「誤解」を受けてきた作品である。従来のこの作品の評価は近世以来の世話狂言の定型を脱しない、というものであった。しかし、初演台本を検討すると、この作品からは批判にさらされつつも「改良」への意志を捨てなかった団十郎の意気込みや、原作に極めて忠実な脚色を行いつつも、そこに新しさを盛り込もうとする黙阿弥の姿勢を感じ取ることができる。

第二章では、「正統」派と目される劇場や人々にも当初は盛んに取り上げられながら、今日では忘れられた存在となっている戦争劇や災害劇について論じた。

まず、上野戦争を題材とした黙阿弥および竹柴其水の作品の分析を通じて、同一の題材の描き方の変遷や、黙阿弥・其水と他の系統の作者の作品の傾向の違いを明らかにした。黙阿弥や其水の場合、作中で戦争そのものを描くだけでなく、「戦後社会」を丁寧に描くことで、観客に舞台と「現在」とのつながりを感じさせる仕掛けが施されていた。

其水は、こうした黙阿弥以来の方法を日清戦争期に及んでも用いた。それが「会津産明治組重」であった。会津戦争の「戦後社会」を描いていき、それが上演当時の「現在」である日清戦争に至るという形のこの芝居の仕掛けはしかし、必ずしも当時の観客に受け入れられたとはいえなかった。

演出面ではこれら戦争劇と災害劇には多くの共通点があり、いずれも「真に迫る」表現を欲した当時の観客の嗜好に応えたものと考えられる。

第三章では、従来あまり顧みられてこなかった明治期の上方劇壇について考察を行い、「正統」たる東京の主要劇場からの影響がどのような形でそこに現れたか、また、逆に上方から東京への影響はあったのか、などを探った。

明治初期の大阪では「東京風」と称してさまざまな形の改革が行われた。そこには東京から大阪へ移住した黙阿弥の門弟河竹能進と三代目勝諺蔵の親子の狂言作者が大きく関与していたと考えられ、黙阿弥作品の移入や、黙阿弥風の新作の上演等が行われた。しかし、この「東京風」とは、必ずしも東京のやり方「そのまま」ではなく、そこには「上方化」「大阪化」とでもいうべき変化が加えられていた。そして、こうした上方の「東京風」の事象の一部が、東京へ逆輸入される「還流」とでもいうべき動きも生じていた。黙阿弥の「三人吉三廓初買」などは、こうした流れのなかで命脈を保った作品といえる。

「東京風」の影響は、上方で初演された散切物のなかにも見出せる。第一章で見たように、「現在」とのつながりを強く意識する黙阿弥の散切物と異なり、大阪で初演された散切物には、古典作品の筋の安直な丸取りにとどまり、そこにさしたる新しさを生み出せていないといわざるを得ないものがある。しかしながら、そうした作品が当時広く親しまれた背景には、舞台の上に「東京」を描き出すという面白さがあった。

こうした新奇性そのものの魅力という点でいえば、明治初年に上方で活動を始め、のちに東京の春木座にも出勤した佐橋富三郎は、明治前期の雰囲気を体現した狂言作者であったといえる。

第二章第一節では東京の上野戦争の芝居について考察したが、幕末・明治維新期の事件のなかで、上方でもっとも好まれた題材は桜田門外の変であった。その脚色上演史をたどっていくと、幕末期の地方興行から大阪の中芝居、大芝居と場所を変えながら上演を続けていったことがわかる。そして、こうした明治維新期の題材に対する姿勢や、桜田門外の変の芝居の東京での上演との比較からは、東京の劇場のより慎重な態度や、変革期を迎えつつもなお、幕末の地方興行などから引き継いだ要素が混在する上方劇壇のあり方が浮かんで来る。

新聞は明治期に登場した新たなメディアであるが、明治期の歌舞伎、特に大阪のそれに大きな影響を与えた。大阪の歌舞伎で新聞が本格的に題材の源として用いられるまでには、まず講談や俄といった周辺芸能での新聞の摂取があり、その後錦絵新聞や雑報記事の歌舞伎への利用が生じる。そして、さらに新聞続き物の脚色が始まり、明治十年代半ばから『朝日新聞』と大阪の劇場の間に提携関係が生まれる。こうして誕生した新聞続き物の脚色は、大阪劇壇に、これまで以上に原作に忠実な脚色態度を根付かせることとなった。

先に述べた「東京風」の影響は、歌舞伎の周辺の出版物にも及んだ。明治期に上方で出版された役者評判記のうち、櫓連という観劇団体が編集したものは、独自の形式で誕生しながら、直後に東京で刊行が開始された六二連の『俳優評判記』の影響を受け、形式を一変する。一方、浮世絵師歌川芳瀧こと中井恒次郎の編による役者評判記は、近世期の評判記さながらの木版印刷で出版されたが、これは出版の時期から記念出版的意味合いを持つものと推測される。

明治期に「東京風」の名の下で変貌を遂げた上方の歌舞伎は、一方的に影響を蒙るだけでなく、東京に「還流」していった。東京本郷の春木座はそうした流れが顕著に現れた劇場であり、東京の観客は歌舞伎座という「正統」に対抗する勢力として、同座に期待を寄せていた。

これらの考察に加え、附録として狂言作者三代目勝諺蔵の手控えを翻刻した。ここからは、彼の考証随筆的な著作執筆に対する意欲や、西鶴浮世草子への興味等が窺え、当時の狂言作者の関心の在処を知る上でも貴重な資料である。

以上、本書では、いわゆる「正統」派だけでなく、「傍流」とされてきた上方劇壇等にも目を向けることで、明治期歌舞伎の全体像をより明確にすることを目指してきた。従来あまり指摘されてこなかった、同時代の他の作者と黙阿弥の作風上の具体的な相違点や、明治期上方歌舞伎の実態等について明らかにすることで、その目的をある程度は果たすことができたかと思う。

今後の課題としては、以下のようなものがある。

①本書では部分的に触れるにとどまった、役者の演技や観客に関する、より一層の考察。
②「活歴」に関する考察。
③明治前期の京都劇壇の動向の把握。

①であるが、本書では団十郎の「改良」を意図した演技・演出(第一章第四節)や五代目菊五郎の用いた演出や、「天野八郎」という隠れた当たり役の存在(第一章第一節、第二章第一節)などに触れたが、彼らの演技の特質について具体的な言及を行うには至らなかった。また、散切物における「士族」の表象の成立に五代目彦三郎の人となりが影響を与えた可能性を指摘したが、幕末の四代目市川小団次と団菊左の間の代表的役者である彦三郎と四代目中村芝翫に関する研究は現在までのところ極めて少ない。演劇史の空白を埋める作業として、彼らの研究が必要となってくるであろう。

次に②だが、本書では散切物とともに明治期の歌舞伎が生んだ新しいジャンルとして重要な活歴に触れることができなかった。これは本書の大きな問題点である。活歴にも、第二章第三節で戦争劇、災害劇について指摘した「真に迫る」表現を求める当時の世相が反映していると考えられる。この点を突き詰めていけば、散切物や、団十郎の時代物など古典の新演出をも含んだ形で、明治歌舞伎の大部分のジャンル、そして地域を包み込んだ形で論じることが可能になるように考える。しかし、その一方で活歴に関しては、いわゆるブレーンとしてその創作に関与した人々（特に依田学海など漢学知識人たち）との関係を始め、個別に考えるべき問題が多い。これらについては、現時点では残念ながら力が及ばない。

そして、③であるが、本書では上方の歌舞伎について言及する場合、大阪劇壇について触れる場合がほとんどであった。これは残された資料の量の違いや、当時の京都では大阪に本拠を置く役者や興行師が興行を行うことが多かったという事情による。しかし、例えば第三章第三節で紹介した佐橋富三郎の活動初期のように、明らかに京都を本拠とし、大阪劇壇にはあまり関わらないという態度を取った人物もおり、また小芝居などのレベルでは両都市の差はより大きいのではないかと思われる。本書を、今後こうしたより大きな問題に挑むための足がかりとし、さらに研鑽を積んでいきたい。

最後に、これまで研究を進めてくる中でお世話になった方々にお礼を申し上げたい。長島弘明先生には修士課程・博士課程を通じて温かいご指導をいただき、学部では演劇学を学んでいた筆者に、演劇を研究する上でも同時代の小説や詩歌の知識が重要であることや、その研究方法を教えていただいた。古井戸秀夫先生には、学部時代、大学院時代を通じてご指導いただき、台本を読むことは単に文字を追うだけではなく、それを演じた役者の姿や息遣いを蘇らせる作業なのだということを教わった。児玉竜一先生には学部の卒業論文をご指導いただき、その後も幅広い資料に目を配ることの大切さをお教えいただいている。安藤宏先生、高木和子先生、鉄野昌弘先生には、本書の元となった博士論文の審査をしていただき、歌舞伎研究や近世文学研究以外の観点から、さまざまなご指導、ご助言を頂戴した。

多くの先生方、先輩・後輩の皆様、「近松の会」「演劇研究会」の参加者の皆様からは、折に触れご指導や励ましをいただいた。中でも金子健さんには、学部時代から資料の扱い方の基本など研究に関わることを教わっただけでなく、私生活でもさまざまな相談に乗っていただくなど、大変お世話になった。こうした方々や家族の存在があってこそ、これまで研究を続けてくることができた。心より感謝の念を捧げたい。貴重な資料の閲覧をお許しいただき、本書での図版使用の許可をいただいた各所蔵機関の方々にも感謝したい。

快く本書の出版をお引き受けいただいた笠間書院の池田つや子会長、池田圭子社長、橋本孝編集長に、またさまざまなご相談に乗っていただいた岡田圭介氏に感謝申し上げる。

なお、本書の出版にあたっては、独立行政法人日本学術振興会平成二十七年度科学研究費補助金（研究成果公開促進費・課題番号 15HP5034）の助成を受けた。

平成二十七年九月

日置　貴之

初出一覧

本書は平成二十六年三月に東京大学大学院人文社会系研究科で博士（文学）の学位を取得した論文「明治維新期歌舞伎研究——江戸からの継承と断絶——」をもとに、その後の研究成果を加えたものである。各論考の初出は以下の通りである。なお、いずれも加筆・修正を行っている。

第一章　散切物と古典

第一節　「於岩稲荷験玉櫛」と五代目尾上菊五郎——「四谷怪談」大詰の演出をめぐって——
『朱』第五十五号、平成二十三年十二月

第二節　黙阿弥「東京日新聞」考——「四谷怪談」大詰の演出をめぐって——
『国語と国文学』第九十巻第九号、平成二十五年九月

第三節　黙阿弥散切物と古典
書き下ろし。

第四節　三遊亭円朝「英国孝子之伝」の歌舞伎化
『近世文藝』第九十五号、平成二十四年一月

第二章　戦争劇と災害劇

第一節　上野戦争の芝居――黙阿弥・其水の作品を中心に――
『国語と国文学』第八十八巻第十二号、平成二十三年十二月

第二節　「会津産明治組重」考――其水の日清戦争劇にみる黙阿弥の影響――
『国語国文』第八十二巻第二号、平成二十五年二月

第三節　幕末・明治の歌舞伎と災害
井戸田総一郎、相原剣編『カタストローフェ・都市・文化――東京・ウィーン――』明治大学文学部、平成二十六年三月

第三章　上方劇壇と「東京」

第一節　明治初期大阪劇壇における「東京風」
『日本文学』第六十二巻第十号、平成二十五年十月

第二節　上方における初期の散切物について――「娼妓誠開花夜桜」を中心に――
書き下ろし。

第三節　狂言作者佐橋富三郎
書き下ろし。

第四節　桜田門外の変の劇化について
書き下ろし。

第五節　明治期大阪の歌舞伎と新聞――続き物脚色狂言の誕生――
　書き下ろし。
第六節　明治期上方板役者評判記とその周辺
　『日本文学』第六十巻第十二号、平成二十三年十二月
第七節　東京の中の「上方」――鳥熊芝居以降の春木座――
　歌舞伎学会平成二十六年秋季大会での口頭発表にもとづく書き下ろし。

附録　東京都立中央図書館蔵『合載袋』――明治期狂言作者の手控え――
　『東京大学国文学論集』第九号、平成二十六年三月

人名／書名・作品名索引

人名索引

・本書の本文・図表・注に登場する主要な人名を五十音順に列挙した。
・俳優等の代数は丸囲みの数字で示した。
・同一人物が複数の名称を持つ場合は、代表的なものを示し、括弧内にその他の呼称を記した。

作品名・書名索引

・本書の本文・図表・注に登場する作品名・書名を五十音順に列挙した。
・作品名・書名には「」『』を付した。
・芝居の題名の読みは初演番付に従い、初演番付によって確定できない場合は、『近代歌舞伎年表』索引等を参考に慣用の読み方によって並べた。
・「桜田門外の変もの」「津波劇」「日清戦争劇」「四谷怪談」に関しては、多くの作品が登場するので、それぞれの項目にまとめて掲げた。

人名索引

■あ
饗庭篁村（竹の屋主人、竹の舎主人） 133, 142, 160, 161, 292, 294, 295, 301
青山牧太郎 288
赤塚錦三郎 267
赤松吉治郎 281
秋庭太郎 14, 287
浅尾友造 251
渥美清太郎 32, 75, 109, 110, 111, 112, 119, 121, 143, 148, 163, 196, 202, 222, 225, 229, 230, 231, 232, 239, 243, 258, 262
阿部優蔵 11, 287, 299
天野八郎 104,105,107,108,109,111,112, 113,114, 120, 220, 330
嵐珏造 251
嵐珏丸① 229, 230
嵐吉三郎⑤ 87
嵐三右衛門③ 309, 312, 316
嵐大三郎⑤ 110
嵐徳三郎⑤ 293
嵐璃珏② 226
嵐璃丈 87
淡島寒月 321, 323
庵逧巌 79, 83, 84, 88, 92, 96
安藤弥五郎（家根弥） 286, 299
■い
伊井蓉峰 156, 157
池山晃 266, 279
石井研堂 53, 54, 71, 77, 242
石川一口 199, 201, 247, 248, 251, 261
市川荒五郎③ 188
市川荒次郎① 127
市川右団次（右団治）① 125,188,211,277,293, 295, 296
市川猿之助③（猿翁②） 31, 77
市川九蔵③（団蔵⑦） 288
市川小団次④ 223, 225, 294, 295, 296, 330
市川小団次⑤ 91, 94, 113, 127, 129
市川権十郎 127
市川左団次① 39,41,46, 62, 82, 83, 91, 94, 109, 110, 112, 113, 123, 125, 127, 129, 135, 152, 160, 221, 282, 326
市川左団次② 283
市川猿蔵（猿造）② 251
市川寿美蔵⑤（坂東佳根三郎、奥田登美三郎） 127, 129, 283, 299
市川団十郎⑨ 8, 9,13,19, 34, 36, 46, 62, 68, 82, 83, 91, 92, 93, 94, 95, 96, 97, 124, 125, 151, 162, 211, 282, 284, 285, 293, 299, 325, 327, 330
市川団十郎⑪ 8
市川団蔵⑦→市川九蔵③
市川団之助⑤ 24
市川八百蔵⑦（中車⑦） 124, 129
市川米蔵③ 127
市村羽左衛門⑰ 31
伊東橋塘 265

犬養毅　190, 251
犬丸治　68
井原西鶴　305, 319, 320, 321, 323, 329
伊原敏郎（青々園）　9,10, 11, 13, 41, 42, 46, 47, 53, 98, 162, 167, 168, 172, 173, 184, 196, 202, 216, 242, 282, 287, 299, 325
李賢貞　54, 77
今岡謙太郎　30, 244
今尾哲也　10, 43, 44, 45, 47, 49, 54, 58, 75
芋兵衛（鈴木彦之進）　143, 294, 296, 301
岩井紫若③　22
岩井半四郎⑧　59, 62
岩井松之助④　154
■う
宇治嘉太夫　317
歌川国周→豊原国周
歌川国政（国貞③）　32
歌川豊国③　146
宇田川文海　246, 253, 254, 255, 256, 257, 258, 261, 262, 271, 272, 319, 323
歌川豊斎→香朝楼豊斎
歌川芳幾→落合芳幾
歌川芳梅→中島芳梅
歌川芳瀧→中井恒次郎
歌川芳虎　120
内田正雄　210
■え
江島其磧　306, 319, 323
榎本武揚　110
■お
大木豊　103
大凹山人　301
大久保遼　164
大谷正　135, 142
大谷友右衛門⑤（紫道）　173
大谷門蔵③　109
大沼枕山　242
小笠原幹夫　92, 174, 185, 201, 245, 261, 263
岡田のぶ　288
岡野徳之助　288
岡野半牧　191, 246, 252, 254
岡本綺堂　82, 130, 131, 134, 139, 141, 285, 299, 300
岡本武雄　221
岡保義　288
荻田清　268, 275, 276, 278, 279
荻野左馬之丞　315
奥田登一郎　283, 286, 288
奥田登美三郎→市川寿美蔵⑤
奥田富蔵　283
奥村柾兮　271, 272
小佐川重右衛門　312
尾崎久彌　287
大佛次郎　37
尾澤良三　11, 172, 173, 174, 184, 185, 214, 240, 255, 259, 262
落合芳幾　41
尾上卯三郎①　229
尾上菊五郎③　19, 21, 24, 27, 29, 31, 64, 66, 76, 326
尾上菊五郎④（梅幸④）　21, 24
尾上菊五郎⑤　8, 9,12,13, 19, 20, 21, 22, 24, 25, 26, 27, 28, 29, 30, 31, 32, 36, 37, 38, 46, 52, 53, 62, 64, 65, 66, 67, 72, 108, 109, 111, 112, 113, 119, 124, 125, 151, 154, 158, 162, 198, 214, 221, 223, 225, 282, 284, 326, 330
尾上菊五郎⑥　8, 27, 72, 162, 223
尾上松鶴　226
尾上松緑②　8, 162
尾上多見蔵②　277, 293
尾上多見太郎　229, 230
尾上多見丸①　229
尾上梅幸⑥　27
尾上松三郎　226
尾上松助①　20, 27, 66
尾上松助④　112
小野米吉　191, 252
■か
貝原篤信（益軒）　307
各務支考　319, 321
加賀山直三　223, 225
香川蓬州　271, 272
片岡愛之助⑥　13
片岡我当③（仁左衛門⑪）　284
片岡我童③（仁左衛門⑩）　284
片岡仁左衛門①　313

片岡仁左衛門⑧　24
勝言二　255, 257
勝諺蔵③（竹柴諺蔵、諺造）　13, 84, 103, 171, 172, 173, 174, 182, 184, 185, 193, 202, 204, 206, 207, 212, 213, 214, 216, 240, 245, 251, 255, 262, 271, 272, 273, 276, 290, 291, 292, 293, 298, 300, 301, 305, 318, 321, 322, 328, 329
勝進助（竹柴進助）　206, 290, 291, 292, 298, 300
勝能進→河竹能進
仮名垣魯文　57, 265, 273
神山彰　10, 11, 35, 36, 37, 67, 76, 123, 141, 162, 163, 164
唐松歌仙　308
川上音二郎　124, 288
川崎巨泉　275, 279, 280
川尻宝岑　137, 143
河竹繁俊　75, 99, 122, 126, 130, 139, 141, 168, 242
河竹新七②→河竹黙阿弥
河竹新七③（竹柴金作）　36,82, 103, 202, 222, 225, 290
河竹能進（勝能進、竹柴諺蔵②）　171,172,173, 174, 182, 184, 193, 204, 206, 207, 212, 213, 214, 216, 262, 272, 273, 276, 318, 319, 328
河竹黙阿弥（河竹新七②）　10,12,26,30,34, 35, 36, 37, 39, 41, 42, 43, 47, 51, 53, 55, 56, 58, 60, 61, 63, 65, 66, 67, 68, 69, 70, 72, 73, 74, 75, 79, 80, 82, 92, 96, 97, 103, 104, 108, 109, 111, 114, 117, 118, 119, 120, 123, 133, 137, 138, 139, 140, 143, 171, 173, 174, 176, 177, 181, 182, 183, 185, 187, 189, 191, 192, 198, 199, 200, 202, 203, 204, 213, 217, 220, 222, 223, 224, 225, 226, 239, 241, 259, 260, 262, 273, 274, 282, 293, 294, 319, 326, 327, 328, 330
翫菊庵訥山　265
■き
菊地大麓　288
岸村誠具　265, 268, 271, 281
帰天斎正一　151
木村錦花　151, 163, 171, 184, 202, 214, 283, 299
曲亭馬琴　133, 149
■く
久保田彦作　251
久保田米僊　301
久米良作　288
倉田喜弘　32, 119, 215, 228, 237, 238, 239, 243, 244, 261
グラント、ユリシーズ　288
クレイ、バーサ＝M　212
郡司正勝　32, 120, 242
■こ
小池正胤　262
香朝楼豊斎　154
幸堂得知　161, 164, 295, 301
小二田誠二　132, 141
小櫃万津男　10, 11, 169, 170, 183, 184
権藤芳一　167, 184
■さ
佐伯江南斎　271, 272
榊原鍵吉　71、110
榊山小四郎①　316
相模屋政五郎　171, 173
桜田治助③　30
佐藤かつら　11, 42, 53, 185, 196, 201, 202, 214, 245, 247, 261, 283, 298, 300, 301
佐藤歳三　124, 157
佐橋五湖→佐橋富三郎
佐橋富三郎（五湖）　12, 35, 37, 188, 204, 205, 206, 207, 210, 211, 212, 213, 214, 290, 291, 292, 298, 300, 301, 328, 331
澤村田之助③　26, 149
澤村訥子⑦　156, 157
澤村訥升②（助高屋高助④）　40, 108, 149, 223
澤村訥升③（宗十郎⑦）　156, 157
三栄（三河屋栄吉、妻吉）　169, 171, 172, 173, 177, 183, 184, 186, 229
山々亭有人→条野伝平
三遊亭円朝　66, 79, 80, 87, 92, 93, 94, 95, 96, 97, 133, 191, 207, 212, 213, 214, 258, 290, 300
■し
宍戸円喜→都の錦
静間小次郎　125

実川延三郎① 149
実川延若① 24, 188, 193, 197, 198, 201
実川延童① 229
実川若松 229
篠田仙果 114
四文舎戯笑 265
守随憲治 205, 213, 265
城鴎汀 292
條野伝平（採菊、山々亭有人） 41, 238
笑門舎福来 120, 241
松林伯円② 221, 247, 248
ジョン万次郎（漁師万次郎） 227, 243
白井松次郎 183
■す
末松謙澄 212
スマイルズ、サミュエル 188, 205
■せ
瀬川如皐③ 32, 38, 56, 92, 117, 173, 196, 217, 244, 272, 318
瀬川如皐④ 156
瀬川竹之丞 307
関三十郎③ 148
関根只好（劇童只好） 301
善教寺猿算 310, 320
■そ
染崎延房（為永春水②） 238
■た
大清（和田清七） 205, 206, 214
高須高燕 99, 265
高田実 154, 283
高畠藍泉 114, 120
高村光雲 120
高谷伸 11, 98
高安月郊 92, 97, 184
竹柴其水（進三） 12, 28, 29, 36, 67, 82, 103, 104, 108, 112, 113, 116, 117, 118, 119, 123, 125, 131, 133, 137, 138, 139, 140, 143, 220, 222, 327
竹柴金作→河竹新七③
竹柴銀蔵 290
竹柴諺蔵②→河竹能進
竹柴諺蔵③→勝諺蔵③
竹柴繁造 290
竹柴昇三 290
竹柴進助→勝進助
竹柴進三→竹柴其水
竹田出雲① 323
竹中吉三郎 308
竹の屋主人、竹の舎主人→饗庭篁村
立川猿馬 301
田中悟 136, 142
玉川千之丞 317
田村成義 53, 74, 98
為永春水②→染崎延房
談洲楼燕枝 212
■ち
近松徳三 197, 198
近松半二 58
近松門左衛門 210, 323
近松八十助→嶺琴八十助
千澤専助 288
■つ
津川万太夫 316
土屋礼子 261
鶴川辰之助 312
鶴屋南北④ 58, 224
■て
寺田詩麻 121, 186, 210, 215, 301
■と
戸倉忠雄 265, 268, 281
豊島左十郎 271, 281
富田砂燕 265
豊竹古靭太夫① 251
豊原国周 108, 120
鳥屋熊吉（鳥熊） 182,284, 286, 287, 289, 292, 299
■な
内藤彦一 281
中井恒次郎（恒治郎） 265, 268, 275, 276, 277, 278, 279, 281, 329
中込重明 142
中島棕隠 186
中島芳梅 275
中西貞行 193, 240, 244, 262
中村歌右衛門④ 87, 148
中村梅太郎 285

中村勘三郎⑰　8, 27, 72, 162
中村勘三郎⑱　20, 27
中村翫雀③　39, 40, 109, 113
中村鴈治郎①　83, 87, 88, 98, 125, 276
中村鴈治郎②　28, 31
中村吉右衛門①　8, 162
中村吉蔵　103
中村狂遊　271
中村喜代三　251
中村駒之助④　288, 293
中村芝鶴②（伝九郎⑥）　285, 288
中村芝翫③　87
中村芝翫④　20,22,32, 46, 47, 52, 109, 148, 149, 197, 284, 330
中村芝翫⑦　31
中村芝三郎　229
中村雀右衛門②　293, 296
中村寿三郎③　127, 129
中村宗十郎　14, 59, 62, 68, 69, 168, 169, 170, 183, 184, 198
中村鶴助⑤　87
中村鶴助④　226
中村仲蔵③　20, 62, 105, 120, 224, 242
中村福助⑧（梅玉④）　31
中村福助［高砂屋］③（梅玉②）　291
中村福助④（歌右衛門⑤）　112
中村正直（敬宇）　35, 37, 188, 205
奈河三根助　291
並木五柳（五瓶④）　243
並木正蔵　290
南木芳太郎　318
■に
西神常吉　193
西沢一風　323
西沢一鳳　167, 214, 323
■の
延広真治　80, 197, 202, 203
■は
梅素薫　99
梅素玄魚　265
ハインリヒ　288
長谷川勘兵衛⑫　146
長谷川勘兵衛⑭　149, 150, 160, 163
長谷川貞信②　213
長谷川時雨　202
長谷川伸　37
八文字屋自笑　323
服部幸雄　225, 284, 296, 299
華本文昌堂（安次郎、安治郎）　268, 271, 272, 275, 279, 281
浜田彦蔵　243
浜松歌国　324
坂東家橘　154
坂東佳根三郎→市川寿美蔵⑤
坂東秀調②　40, 127, 128
坂東彦三郎⑤　20, 24, 29, 39, 41, 46, 47, 52, 53, 109, 110, 113, 193, 196, 197, 198, 326, 330
■ひ
土方武　288
午野午前　301
■ふ
福井純子　249
福井茂兵衛　124, 156, 157
福島清　157
福地桜痴　60, 80
藤田儀三郎　299
藤田吉三郎　308
船橋藤助（舟橋藤輔）　286, 288
ブルワー＝リットン、エドワード　60, 99
■ほ
北條秀司　103
本田康雄　202, 262
■ま
前田菊松　193
前田夏繁　114, 120
前田正名　211
槇野儀三郎　281
桝井市二郎　291
松嶋万太郎　316
松林伯円→しょうりんはくえん
松村春輔　238
松本幸四郎⑦　8, 162
松本幸四郎⑧（白鸚）　8
松本伸子　10, 185
■み
三河屋栄吉（妻吉）→三栄

三木竹二　161, 164, 296, 300
水木辰之助①　311
溝口権三郎　288
三田村熊吉→鳥屋熊吉
光瀬左近　308
嶺琴八十助（近松八十助、奈河七五三助④）　206, 276
都の錦（宍戸円喜）　320, 321
宮田繁幸　249, 250, 252, 261
■む
村上耕一　288, 289
村上耕一郎　289
■も
茂中貞次　246
守住月華　157
守田勘弥⑫　30, 36, 46, 282, 287
森田思軒　301
■や
矢内賢二　61, 75, 113, 119, 131, 141
山上定之助　279, 281
山口伊之助　265
山口定雄　124, 125, 154, 155, 156, 158
山崎年信　213
山下宇源太　313
山下半左衛門①　315, 321
山田仙魚　265
大和屋甚兵衛②　312, 317
山本重助　281
山本二郎　35, 76, 98
■よ
吉田順夫　288
吉田弥生　14, 74
依田学海　143, 331
■り
リード、チャールズ　80
梨月散人　265
柳亭種彦　256
■わ
和田修　74
和田清七→大清
渡辺保　10, 42, 43, 45, 49, 53, 54
渡辺喜之　60, 75, 99, 163
和田風月　271, 272

書名・作品名索引

■あ
「嗚呼忠臣楠柯夢」　171, 174, 218
「会津戦争夢日誌」　137, 143
「青砥稿花紅彩画」　174, 176, 189
「明烏花濡衣」（明烏）　61, 75
「明烏夢泡雪」　75
『赤穂精義内侍所』（内侍所）　307, 319, 321
「朝桜日本魂」　254
「朝日輝夢の手枕」　253
「朝日新聞雲間月」　254
「東下向天明日記」　291, 293
「油商人廓話」　197, 198
「一新開化十二時」　218, 230, 239
「粟田口霑一節截」　208
■い
「伊勢音頭恋寝刃」　198
「一谷嫩軍記」　163
「魁駒松梅桜曙黴」　149
「今様松の寿」　196
「妹背山大和名所」　208
「色男十人員三価文」　208
「岩田八十八のはなし」　250
■う
『ヴェニスの商人』　191,319
『上野戦争実記　原名、鸛休録』　114
「誘謂色合槌」　75
「打哉太鼓淀川浪」　170, 171, 218
「梅婀娣浪花扇記」　30, 237
「梅柳桜幸染」　224
「怠惰勉強心組織」　190, 191, 254
■え
『英国孝子之伝』（『西洋人情話英国孝子ジョージスミス之伝』）　79, 80, 82, 83, 85, 86, 87, 90, 91, 92, 93, 98, 258
『蝦夷錦古郷之家土産』　133, 142
『演劇雑誌』　272, 273, 274, 279
■お
「奥州安達原」　62
『大岡政談』　133
『大久保武蔵鐙』　149

『大阪歌舞伎新報』　272, 274
「大汐噂聞書」　170
「大地震尾濃実記」　144, 154, 155
「西南雲晴朝東風」　60, 78, 158
「後開榛名曙」　208
「早教訓開化節用」　103,174, 185, 189, 190, 192, 193, 196, 198, 199, 200, 201
「教草仮名書新聞」　192
「御伽話夢の手枕」　253
「音駒山守護源氏」　43, 44, 46
「音聞浅間幻灯画」　144, 154, 164
「祖先光輝磨鉈切」　138
「婦女復讐草履諍」　208
■か
「怪談月笠森」　26, 28, 174
「怪異談牡丹燈籠」（「怪談牡丹灯籠」）　27, 300
「鏡池操松影」　208
「加賀見山再岩藤」　223, 224, 225, 242, 294
「影写朝日紫藤花」　254
「籠釣瓶花街酔醒」　202
「敵討常陸帯」　207
『学海日録』　143
「仮名手本硯高島」　174
「仮名手本忠臣蔵」　23, 257
「蒲冠者後日聞書」　138
『歌舞妓事始』　322
『歌舞伎新報』　96, 99, 163, 164, 214, 215, 266, 272, 273, 291, 300, 301
『歌舞伎濫觴』　322
「鎌倉三代記」　293
「神明恵和合取組」　67
「雁信壺の碑」　253, 254, 256, 258
「勧善懲悪孝子誉」　57, 58, 59, 61, 67, 78, 189
「勧善懲悪新聞集」　174, 192
「勧善懲悪雅文談」　189, 190, 247
「邯鄲廻転閨白浪」　191, 192, 252
■き
「網模様燈籠菊桐」　174
「君臣浪宇和嶋」　170
「極付幡随長兵衛」　290
『近世会津軍記』　132
『近世紀聞』　238
『近世史略』　218
『近世七小町』　205
「近世開港魁」　217, 218, 239, 244
■く
「鞋補童教学」　35, 37, 38, 39,188,201, 205, 206, 209
「熊坂」　65
「雲間月」　254, 257
「繰返開花婦見月」　52,56,58,64,67, 70, 78, 174, 189, 192
■け
「けいせい稚児淵」　68
「現金」（Hard Cash）　80, 98
『源平盛衰記』　44
■こ
「恋闇鵜飼燎」　78
『好色五人女』　305
「巷説二葉松」　253, 256, 257
「黄門記八幡大藪」　207
「高根雪伊達実記」　269
「極彩色娘扇」　58, 75
「五十三次義士道」　208, 290
「館扇曽我訥芝玉」　149
「御所模様荻葵葉」　219, 220, 221, 222
「古代形新染浴衣」　63, 67, 78
「碁太平記白石噺」　295
「御殿山桜木草紙」　219, 221, 222
「新年第一筆」　253
「木下蔭狭間合戦」　107
「木間星箱根鹿笛」　25,27,29, 63, 70, 71, 73, 74, 77, 78
「小堀精談天人娘」　208
■さ
『西鶴織留』　305, 313, 314, 320
『西国立志編』　35,37,38,188,205,209,212,214
「当世花書生気質」　208
桜田門外の変もの
「讐怨解雪赤穂記」　104,217,218, 235, 236, 237, 238, 239, 240, 241
「近世好東都新織」　120, 238, 239
「近世桜田雪紀聞」　218,230,231, 232, 233, 234, 240, 243
「桜田雪嶋田実記」　171, 218, 230
「桜田雪の曙」　226, 227, 228, 229, 243

「桜田拾遺藤坂下」 171, 218, 230
「桜田雪後日文談」 170,171, 218, 230, 231, 232, 233
「桜田雪盛忠美談」 104,118, 170, 171, 218, 229, 230, 231, 232, 233, 234, 235, 236, 237, 240
「吹雪桜田武士鑑」 231
「病例服吹雪桜田」 120, 219, 238, 239
「何桜彼桜銭世中」 190, 191, 254, 319
「桜姫東文章」 58, 75, 198
「皐月晴上野朝風」 67,112,113,114,116,117, 118, 119, 137, 139, 143, 153, 158, 161, 219, 220
「薩摩潟浪間月影」 219
「讃岐梅朝日新聞説」 190
「三国妖婦伝」 66, 67
「三世相錦繡文章」 58
「三題噺魚屋茶碗」 74, 290
「三都名所写真彩」 234
「三人片輪」 75
「三人吉三」(三人吉三廓初買、三人吉三廓初会、三人吉三巴白浪」) 174, 182, 185, 293, 328
「三府五港写幻灯」 144, 151, 152, 160
「楼門五三桐」 96
■し
『色道懺悔男』 310, 312, 313, 320, 321
「四季摸様白縫譚」 171
「茂辰影慶応日記」 51, 117, 219
『自助論』(Self-Help) 188, 205, 209
「四千両小判梅葉」 119, 121
「紫藤花」 254, 257
『芝居考』 322
『劇場珍報』 279, 281
『劇場の脚色』 279, 280
「島衛沖白浪」 208, 212
「島衛月白浪」 37, 52, 63, 64, 78, 149
「霜夜鐘十字辻筮」 37,61,67, 68, 70, 72, 73, 78, 198
「十二時義士廻文」 174
「十勇士尼子実説」 209
「生写賢処女油画」 291
「正説慶安太平記」 171
「娼妓誡開花夜桜」 52, 103, 187, 188, 190, 192, 200
「児雷也豪傑譚話」 284
「新形蒔画護謨櫛」 208
「森鏡記安永政談」 208
『新局玉石童子訓』 133
「新皿屋舗月雨暈」 26, 27, 29
『信長記』 108
『信長公記』 108
「新聞翌日噂」 251
「新聞詞錦絵」 189, 190, 247
「新聞准貞操投書」 190
■す
「水天宮利生深川」 37,52,53,64, 65, 67, 68, 69, 70, 71, 72, 73, 76, 77, 78, 187, 198, 326
「菅原実記」 293
「隅田川乗切講談」 149
■せ
『醒世恒言』 197
「誠忠誉強勇」 170, 218, 229
「西南夢物語」 190, 201, 217, 251, 255
「西洋噺日本写絵」 66,70,76,78, 79, 80, 82, 83, 88, 89, 90, 91, 92, 93, 94, 95, 96, 97, 191, 258, 274, 327
「関原神葵葉」 95, 97, 99
『関ヶ原軍記大成』 99
『摂陽落穂集』 324
「千石積湊大入船」 170, 259
「千載一遇祝大典」 208
「戦地直報」 190, 201, 251, 255
■そ
「其粉色陶器交易」 35,37,38, 39, 188, 201, 205, 206, 207, 209
■た
「太平記忠臣講釈」 235, 236
『太平記評判秘伝理尽鈔』 63
「高木織右武実録」 148
「高橋於伝毒婦小説」 192
「谷間姫百合」 208
『谷間の姫百合』 212
「霊魂祀牡丹燈籠」 208
「玉藻前御園公服」 66
「田簑月写俤」 259
「団泰二の話」 191, 252

■ち
「千種稚嵯峨月影」 83
「乳貰い」→「花雪恋手鑑」
「忠臣いろは実記」 237, 244
「蝶千鳥須磨組討」 119, 222, 226
「蝶千鳥曾我実伝」 174
「蝶千鳥曾我実録」 174
■つ
「月梅薫朧夜」 65, 66, 67, 78, 191
「月宴升毬栗」 38, 39, 56, 74, 78, 203
「月暈明治廼国定」 259
「月見瞻名画一軸」 148
「蔦模様血染御書」 152, 160
「土蜘」 64
津波劇
「大海嘯」(浅草座) 156, 157
「大海嘯」(都座) 156, 157
「大海嘯」(真砂座) 156, 157
「大海嘯見聞実況」 155, 156, 158
「三陸大海嘯」(『大海嘯』) 155, 156, 163
「三陸海嘯後日噂」 156, 158
「三陸海嘯」 156, 158
「撮紋鮮血染野晒」 185,190,191, 201, 245, 252, 263, 319
「梅雨の梅短夜談」 192
「梅雨窓短夜物語」 190
「梅雨の窓短夜談」 191, 252
「入梅晴朝日新聞」 190
■て
『手前味噌』 105, 120, 242
『伝奇作書』 167, 323
■と
「東海道汽車先歩」 208
「東京日新聞」 12, 34, 36, 37, 39, 41, 42, 43, 46, 51, 53, 55, 56, 58, 61, 67, 70, 73, 78, 189, 193, 197, 198, 326
『当世女容気』 305, 308, 309, 319
『東台戦記　一名松廼落葉』 114, 120
『東台戦争記』 114
「時得物千曳網船」 174
「緘合赤穂城聞書」 170, 171, 244
「綴合於伝仮名書」 61,65, 66, 78, 191, 192, 262
「富山城雪解清水」 153
『ドラ・ソーン』(Dora Thorne) 212
「鳥追於松海上話」 149, 190, 252
「鳥追お松の伝」 191, 202, 251
■な
『内侍所』→『赤穂精義内侍所』
「短夜夢朝日手枕」 253
『浪花の聞書』 316, 320
「浪花春梅子聞書」 252
「盛名橘北国奇談」 253
「鳴渡浪花噂」 170
「楠公遺訓軍歌誉」 295
■に
「廿四時改正新話」 202, 262
「日誌記英支戦争」 210, 211. 215
日清戦争劇
「会津産明治組重」 119,121, 122, 123, 124, 125, 133, 137, 138, 139, 140, 141, 143, 159, 219, 220, 221, 327
「朝日の旗風」(「朝日廼旗風」) 124, 125
「海陸連勝日章旗」 125
「勝軍」 125
「凱歌日本魂」 125
「征清捷報噂聞書」 125
「大日本全勝」 125
「日清事件噂凱旋」 124
「日清事件日本廼全勝」 125
「日清事件報国美談」 124
「日清戦争」 124
「日清戦争栄誉廼凱旋」 125
「日清戦争記」 125
「日清戦争大和魂」 124
「日清大激戦」 124
「日清大戦争」 125
「日本大勝利」(春木座) 124, 159
「日本大勝利」(弁天座) 125
「日本誉朝鮮新話」 130
「日本軍万歳」 159
『日本永代蔵』 305, 317, 321
「日本勝利歌」 159
「人形筆有馬土産」 254
「人間万事金世中」 37, 60, 61, 78, 97, 99, 191
■ね
「鼠小紋東君新形」 173

■は
「売炭翁青馬曳綱」 208
「狭間軍紀成海録」 104,105, 108, 111, 113, 118, 158
「八幡祭小望月賑」 56, 174, 189
「初霞空住吉」 96
「二十日月中宵闇」 62
「侠競廓日記」 197
「花茨九尾罠」 209
「花雪恋手鑑」（乳貰い） 68, 69, 73, 198, 326
「花上野皐月雨雲」 117, 118, 219
『春雨文庫』 238
『播州杉原』 307
■ひ
「東山桜荘子」 243
『東山新聞』 132, 141
「彦山権現誓助剣」 263
「一筆画両面団扇」 59
「日出国五字旗風」 291
「漂流奇談西洋劇」 78, 149, 160, 213
「広井盤之助復讐始末」 250
■ふ
『風流日本荘子』 315, 320, 321
「富士額男女繁山」 52,57,67,70,75,78, 189, 198
■へ
「平家女護島」 210
『平家物語』 44
『皿皿郷談』 149
■ほ
「紡績会社縁撚糸」 163
「星月夜見聞実記」 225, 226
『戊辰始末』 221, 222
「北国奇談檐の橘」 253
「時鳥水響音」 74, 290
『本朝桜陰比事』 305, 306, 307, 319
「本朝三河風土記」 170
「飜訳西洋話」 79,80,83,84,86,87,88,89, 90, 91, 92, 95, 96, 97, 258, 259
■ま
「偽甲当世簪」 78
「門松宝双六」 225, 226
『マネー』（Money） 60, 99
「真似浪花朝日俤」 253
「満二十年息子鑑」 70, 77, 78
■み
「都鳥廓白浪」 174, 234
『皇都午睡』 323
『都繁昌記』 186
■む
「昔鐙文武功」 149
「処女翫浮名横櫛」 56
「娘八犬史里遊艶」 208
『室町殿日記』 322
■め
『明月記』 322
「明治年間東日記」 52, 57, 70, 71, 78, 109, 110, 111, 113, 114, 116, 117, 118, 119, 120, 137, 138, 139, 158, 189, 198, 217, 218, 219, 220, 241
■も
「文覚上人勧進帳」 143
■や
『役者返魂香』 306, 319, 321
「宿桜瓢蕈襟」 224
「ヤマト」（Yamato） 211, 215
『大日本誠談』 211
「大和錦朝日旗揚」 170, 171, 216, 218
『日本美談』 211
■ゆ
「雪中松貞忠美談」 254, 256, 257, 259, 260, 262
「豊臣世千鳥聞書」 207
「胡蝶夢戯洋行」 269
「夢の手枕」 253
「夢の余波」 250
「夢結蝶鳥追」 173
「夢物語筐碑」 138
「夢物語廬生容画」 95
■よ
『雍州府志』 322
「義経千本桜」 65, 257
『輿地誌略』 210, 212
四谷怪談
「いろは仮名四谷怪談」 31
「於岩稲荷験玉櫛」 19, 20, 22, 23, 24, 29, 30
「形見草四谷怪談」 24, 27

　　「勢肌祭浴衣」 27
　　「東海道四谷怪談」 23, 31, 32, 63
　　「昔尾岩怪談」 24
　　「四谷怪談忠臣蔵」 31
　　「四谷怪談」 12, 19, 20, 21, 24, 25, 27, 28,
　　　29, 30, 31, 74, 326
「澱屋形黄金の二世鶏」 252
「淀屋橋黄金の鶏」 252
「与話情浮名横櫛」 38, 56

■り
「旅順口閉塞」 159
「輪廻応報小車物語」 253
「輪回応報小車譚」 253, 259

■ろ
「老女村岡九重錦」 219

■わ
「若葉梅浮名横櫛」 74
「若緑二葉松」 253, 256, 257, 258, 260, 262
『和漢三才図会』 322
『和漢文操』 308, 319, 321

■アルファベット
Dora Thorne →『ドラ・ソーン』
Hard Cash →「現金」
Money →『マネー』
Self-Help →『自助論』
Yamato →「ヤマト」

変貌する時代のなかの歌舞伎

幕末・明治期歌舞伎史

著者

日置　貴之

（ひおき・たかゆき）

1987 年東京都生まれ。早稲田大学第一文学部総合人文学科演劇映像専修卒業。東京大学大学院人文社会系研究科修士課程・博士課程修了。博士（文学）。現在、白百合女子大学文学部講師。
共著に、国立劇場調査養成部編『未翻刻戯曲集 21　東山桜荘子』（独立行政法人日本芸術文化振興会、2015 年）、井上泰至・田中康二編『江戸文学を選び直す』（笠間書院、2014 年）などがある。

平成 28（2016）年 2 月 28 日　初版第 1 刷発行

ISBN978-4-305-70798-7 C0095

発行者

池田圭子

発行所

〒 101-0064

東京都千代田区猿楽町 2-2-3

笠間書院

電話 03-3295-1331　Fax 03-3294-0996

web :http://kasamashoin.jp/

mail:info@kasamashoin.co.jp

装丁 笠間書院装幀室

印刷・製本 モリモト印刷